U0727879

混合教学模式下的学前音乐教育教学研究

张媛 著

吉林出版集团股份有限公司
全国百佳图书出版单位

图书在版编目（ＣＩＰ）数据

混合教学模式下的学前音乐教育教学研究 / 张媛著
. -- 长春 : 吉林出版集团股份有限公司 , 2022.10
ISBN 978-7-5731-2555-2

Ⅰ . ①混… Ⅱ . ①张… Ⅲ . ①学前儿童—音乐教育—
教学研究 Ⅳ . ① G613.5

中国版本图书馆 CIP 数据核字 (2022) 第 194826 号

混合教学模式下的学前音乐教育教学研究

HUNHE JIAOXUE MOSHI XIA DE XUEQIAN YINYUE JIAOYU JIAOXUE YANJIU

著　　者　张　媛
出 版 人　吴　强
责任编辑　冯津瑜
助理编辑　李　瑶
装帧设计　优盛文化
开　　本　710mm×1000mm　1/16
印　　张　13.75
字　　数　250 千字
版　　次　2022 年 10 月第 1 版
印　　次　2022 年 10 月第 1 次印刷
出　　版　吉林出版集团股份有限公司
发　　行　吉林音像出版社有限责任公司
　　　　　（吉林省长春市南关区福祉大路 5788 号）
电　　话　0431-81629667
印　　刷　三河市嵩川印刷有限公司
ISBN 978-7-5731-2555-2　　定　价　68.00 元
如发现印装质量问题，影响阅读，请与出版社联系调换。

　　高校学前教育专业中的学前音乐教育课程，是为祖国培养高素质学前音乐教育工作者的重要课程。通过高校学前音乐教育课程，能够培养学前教育专业学生，使其具备必备的学前音乐教育知识、品格以及学前音乐教育能力，从而更好地促进我国学前教育事业的发展，并且为我国的学前教育事业培养出更多全面发展的学前音乐教育人才。

　　本书基于"混合教学模式下的学前音乐教育教学研究"主题，在第一章中详尽分析了高校学前音乐教育教学现状，在第二章中具体解析了高校学前音乐教育施行混合教学模式的必要性，在第三章中系统地分析了高校学前音乐混合式教学的开展基础，在第四章中充分分析了混合教学模式在学前音乐教育中的应用思路，在第五章中基于教学实践经验分析了混合教学模式在高校学前音乐教学中的落实策略，在第六章中系统地阐明了高校落实混合教学模式时的注意事项，最后在第七章中介绍了混合教学模式的教育效果检验途径。

　　希望通过本书的研究，能够让高校学前音乐教育者及学前教育专业学生明白"混合教学模式"在学前音乐教育教学中的重要作用，并让高校学前音乐教育工作者积极在高校学前音乐课程体系内推广"混合教学模式"，以此不断加大高校学前音乐教育的力度。与此同时，本著作致力于阐述"互联网+"教育在高校学前音乐教育中的必要性及其开展的方式方法，通过对"互联网+"教育与传统教育形式相结合的"混合教学模式"的实施策略进行研究，为高校学前教育工作者展示出一条具有创新性及实用价值的高效率学前音乐教学路径，在帮助专业教师充分了解"混合教学模式"在高校学前音乐教育中的开展对策基础上，为更多高校学前教育教师揭示出"混合教学模式"的优势，从而更好地提升高校学前音乐教学的质量。

　　最后，由于时间仓促，笔者专业水平有限，本书中难免出现一些瑕疵与错误，希望广大读者能够多多指正。希望通过本书，能有效地促使各高校的学前教育专业充分关注"混合教学模式"下的学前音乐教育教学；并希望借助此书，进一步促进高校学前教育专业教学研究事业的发展。

Contents
目　录

第一章

高校学前音乐教育教学现状

第一节　教师的教学理念

一、教师的教学理念对于学前音乐教育教学的影响

（一）先进的教学理念能够有效提升学前音乐教学的质量

教学理念泛指教师在教学中的观念，教师的一切教学活动都受到教学理念的影响。在高校学前音乐教育教学的开展过程中，先进的教学理念能够有效提升学前音乐教学的质量，还能够让学生在教师先进教学理念的引导下，有效发展学前教育专业的专业能力，从而成为未来学前音乐教育领域的应用型人才。

具体到高校学前音乐教育过程中，教师具备先进的教学理念体现在对于学生知识与能力、过程与方法、情感态度与价值观三维目标方面。首先，对于学生知识与能力的发展，取决于教师教学理念的完善性，教师可在先进的教学理念的指导下改变知识传授的方式，从"灌输式"的知识传授方法发展为"引导性"的知识传授方法，从而促使教师由"知识的传授者"转变为"学生学习的引导者"，促使高校学前教育专业学生通过主动学习提升自身知识与能力，从而获得良好的学习效果。其次，在教学过程与教学理念完善过程中，虽然采用生动有趣，以学生合作探究、自主展示为主的教学方法能够有效地提升高校学前音乐教学的质量，但是这样的教学模式在既定课时内一般无法有效地完成教学任务。因此，就需要教师深化现代化信息技术与高校学前音乐教学深度融合的教学理念，利用翻转课堂、导学 PPT、微课、思维导图、教学任务清单等，让学生提前探索、思考、解决问题，在课堂教学中留给学生更多实际操作、小组合作学习的机会，从而在高校学前音乐教育中形成有效的混合式教学模式。最后，就情感态度与价值观的教学理念渗透而言，高校学前音乐教育教师应当引导学生产生责任感与对幼儿园的爱心，促使学生充分关注幼儿的成长与发展，同时充分利用学生对教育事业的热情，有效地提升学生的学前音乐教育职业道德，从而促使学生在未来的职业发展过程中获得成功。

（二）教师的教学理念对于学生的学前音乐学习成果具有重要影响

在高校学前音乐教育教学过程中，教师的教学理念对于学生的学前音乐学习成果具有重要影响。高校学前教育专业音乐教师应在有效贯彻"立德树人"教育理念的基础上，努力实现应用型人才培养的教学目标，从而将学生培养成为具备良好专业素养的学前音乐教育应用型人才。在传统的高校学前音乐课堂教学中，由于受到既定课时的影响，教师的先进教学理念无法充分发挥作用，从而难以在高校学前音乐教育过程中体现教师先进教学理念的积极作用。而在混合式教学过程中，通过多种教学模式的融合，能够将教师先进的教学理念有效地融入学前音乐教学的各个方面，从而更好地促进学生音乐素养的发展。

总体而言，在高校学前音乐教育专业混合式教学过程中，高校学前教育专业音乐教师应基于培养学前音乐教育应用型人才的教学理念，能够充分地利用小组合作学习、探究式学习、翻转课堂、活动教学等先进的教学模式，在线上线下相结合的教学过程中，促使学生在学习实践中在完成学习任务的基础上，有效地拓宽自身学前音乐学习的宽度和广度，从而更好地促进学生专业素养的发展。

高校学前教育专业的音乐教师的教学理念的完善与创新，既需要关注学生的学习接受效果，又需要关注可测评的量化教学标准。基于"发展式"教学理念的应用，时刻关注学生的学习发展，根据对于学生的学习效益测评，不断调整教学方法，利用利于学生发展、便于学生学习的教学理念，积极创新高校学前音乐教育的模式与方法，促使学生能够在提升学前音乐教育应用能力的基础上，基于高校学前音乐教育策略的完善与创新，切实提升自身的学习效果，并且利用与教师的积极互动，充分提升自身学习质量。

（三）教师需要在平等和谐教学理念的基础上转变教学角色

高校学前教育专业音乐教师需要在秉持平等和谐教学理念的基础上转变教学角色，从学生的"教导者"转变为学生学习的"引导者"。在平等和谐的教学理念的指导下，教师能够更好地与学生拉近距离，甚至成为学生的朋友，使学生在充分信赖教师的基础上，有效地提升自身的学习质量。要贯彻平等和谐的教学理念，需要教师放下传统教学中"师道尊严"的架子，去主动接近与亲近学生，在高校学前音乐教育范围内以及学生成长范围内，充分地关心学生、帮助学生，如此才能营造出平等和谐的教学氛围。

在教师转变教学角色的过程中，教师需要想方设法地了解学生的学习情况，并根据学生的学习效果来确定下一步的高校学前音乐教育教学目标。通过建立平等和谐的师生关系，利用自身的职业素养以及人生经验，为学生提供专业的指导，促使学生在对教师产生充分信赖的基础上，更好地提升学习积极性，从而获得良好的专业化发展。

在高校学前音乐混合式教学过程中，教师应充分利用和谐平等的教育理念，积极发挥"学生学习引导者"的作用，通过混合式教学模式下教学活动的有序开展，为学生提供更加符合学生学习特点与学习现状的高校学前音乐教育。高校学前教育专业音乐教师应在与学生建立平等和谐师生关系的基础上，有效收集学生对于高校学前音乐混合式教育模式的学习反馈，并根据学生的学习反馈，有效完善混合式教学模式，围绕"一切以学生为中心"的理念，积极与学生的沟通和交流，以此掌握学生的学习效果，并根据学生的学习效果不断完善混合式教学模式的实施途径，促使学生的专业技能得以发展。

二、发展式教学理念对于学前音乐教育教学的促进作用

（一）发展式教学理念的内涵研究

对于发展式教学理念的定义，有人是这样描述的："关注学生的进步和发展。首先，要求教师有'对象'意识。教学不是唱独角戏，离开'学'，就无所谓'教'，因此教师必须确立学生的主体地位，树立'一切为了学生的发展'的思想。其次，要求教师有'全人'的概念。学生发展是全面的发展，而不是某一方面或某一学科的发展。教师千万不能过高地估计自己所教学科的价值，而且不能仅把学科价值定位在本学科上，而应定位在对一个完整的人的发展上。"在发展式教学理念的运用过程中，教师需要时刻围绕着学生的专业发展与道德素养发展，进行有利于学生全面发展的教育。提出发展式教学理念的初衷，就是为了促进学生全面发展，不仅要在教育领域开展相应教学，更要在道德素养、思维品质、美育修养、体育发展、劳动观念养成的"德智体美劳"全面发展中开展相应的教育与教学。通过发展式教学理念的运用，能够在更好地促进学生全面发展的基础上，注重统筹"教与学"的关系，根据学生的学习效果，进行教学方法的调整，从而使高校学前音乐教育更加适应学生的具体学习情况，也能够更好地促进学生通过学习专业知识获得良好的专业性发展。

对高校而言，发展式教学理念时刻围绕着"促进学生全面发展"的教学目标，积极关注学生学习发展、心理发展状况。基于"立德树人"根本任务的有效落实，积极根据学生的具体发展需要，调整教学内容以及教学方法，从而

更好地使教学过程适应学生的全面发展，以此获得更好的教学效果。在发展式教学理念的落实过程中，教师需要注重"以学生为主体，以教师为主导"的新型师生关系的构建，从而在建立平等和谐师生关系的基础上，引导学生主动学习，从而更好地提升学生的学习效果。

（二）运用发展式教学理念有效提升学前音乐教育教学质量

学者黄瑾、阮婷在著作《学前儿童音乐教育与活动指导》中指出："教育是有目的、有计划地对教育对象施加影响，并使他们在思想、情感、行为等方面发生变化的过程。学前儿童的音乐教育是人类社会进步所特有的一种社会活动，也是儿童发展的需要。它作为学前儿童教育必不可少的组成部分，无论是从社会的发展还是儿童个体的发展来看，都具有十分重要的价值与作用。"[①] 由此可见，发展式教学理念不但对于高校学前教育专业学生的发展具有良好的促进作用，而且对于社会的发展也具有重要的推动作用，并能够将发展式的思维传递给高校学前教育专业学生，促使他们在成为幼儿教师之后将这种发展式的理念传递给幼儿。

具体到高校学前音乐教学过程中，教师应积极地利用发展式教学理念，引导和促进学生与教师通过合作的方式有效地完成如乐理学习、视唱练耳、奥尔夫音乐教学法、学前儿童音乐教育、儿童歌曲钢琴弹唱、合唱与指挥等各种高校学前音乐教育专业的学习任务，促使学生在全面发展理念的引导下，积极地参与高校学前音乐教育专业的教学活动，并且利用线上线下相结合的混合教学模式，积极拓展自身的学习空间，促使学生真正在发展式教学理念的指导下有效提升音乐素养，从而成为一名高素质的学前音乐教育工作者。

对于高校而言，发展式教学理念基于师生角色的转变，利用"以学生为主体，以教师为主导"的教学模式，积极贯彻"全面发展"的教育理念，使学生在平等和谐的高校学前音乐课堂中，积极主动地参与教学活动，并能够通过线上线下相结合的混合教学模式，有效拓展自身的学习空间，发展专业技能，有效提升学前音乐教育教学质量。

（三）通过发展式教学理念培养学生积极的学习态度

在高校学前音乐教育对发展式教学理念进行落实的过程中，应着重培养学生积极的学习态度。学生一旦具备了积极的学习态度，其学习的效率必将事半功倍。就乐理学习、视唱练耳、奥尔夫音乐教学法、学前儿童音乐教育、儿

---

① 黄瑾、阮婷：《学前儿童音乐教育与活动指导》，华东师范大学出版社，2014，第16页。

童歌曲钢琴弹唱、合唱与指挥等高校学前音乐教育活动而言，高校学前教育专业音乐教师应当积极引导学生主动参与上述的教学活动，在充分突出学生主体性的基础上，促使学生主动学习高校学前教育音乐知识，从而促进学生素养的发展。

高校学前教育专业学生作为未来的学前教育工作者，应树立正确的教育观念，认识到学前音乐教育具有的重要教育意义，在促进自身全面发展的基础上，培养自身作为学前教育工作者应有的教育态度、教育理念以及教育素养，促使自身在真正成为学前教育工作者之前，能够充分做好成为一名教育者的能力准备、精神准备、思想准备，促使自身积极利用发展式理念培养积极的学习态度，从而在有效掌握高校学前音乐教育专业知识的基础上，成为一名合格的学前教育工作者。

总而言之，在发展式教育理念的引导下，高校学前教育专业的音乐教师应努力帮助学生培养积极的学习态度，使学生从被动学习转变为主动学习，并且认识到自身在高校学前音乐课堂中的学习将会影响自身的学前音乐教育能力的形成。在促使学生做足成为一名学前音乐教育者准备的同时，积极引导学生利用学习态度的转变，提高自身的学习效果，从而在为高校学前教育专业学生打造出过硬专业技能的同时，有效地帮助他们获得良好的学习心态，从而从根本上提升高校学前音乐教学质量。

三、教师对于教学理念的创新

（一）有效利用线上线下相结合的混合教学模式拓展高校学前音乐教育范围

在传统高校学前音乐教育理念下，高校学前音乐教学是按部就班地完成相应的教学任务，这样的教学理念使学生的专业素养很难得到全面发展，从而无法获得更佳的教学效果。虽然小组合作学习、研究性学习、自主探究式学习等创新型学习方法能够有效地提升学生的学习质量，但是高校学前音乐教育课时有限，过多地采用小组合作学习、研究性学习、自主探究式学习等创新型学习方法，很难在既定时间内完成任务。因此，高校学前教育专业音乐教师应有效利用线上线下相结合的混合教学模式的创新理念，切实拓展高校学前音乐教育范围，在线上线下相结合的教学过程中，有效地为学生构建起完善的高校学前音乐教育学习体系，促使学生形成更为积极的学习态度，并帮助学生为未来成为一名学前音乐教育工作者做足充分的准备，从而在整体上提升高校学前音乐教育的质量，拓展高校学前音乐教育的宽度和广度，促使学生提高音乐素养。

具体到线上线下相结合的混合教学模式中，高校学前教育专业音乐教师应充分利用线上线下教学相结合的优势，为学生提供翻转课堂教学、导学PPT、微课、思维导图、教学任务清单等线上教学资源，促使学生利用课外时间，积极主动地根据教师提供的混合教学资源，有效地开展课外自主学习。同时，为了更好地提升线上线下相结合的混合教学质量，教师还应倡导学生在课堂小组合作的基础上，有效利用课外时间开展相应的小组合作学习活动，努力促使学生利用好翻转课堂教学、导学 PPT、微课、思维导图、教学任务清单等线上教学资源，在发展主动学习能力的基础上，积极适应线上线下相结合的混合教学新模式，从而在既定教学时间内，出色地完成规定的教学任务，并且实现高校学前音乐教育教学质量与教学效率的同步提升。

（二）积极引导学生开展合作探究学习，促进学生提升学习品质

在高校学前教育专业音乐教师教学理念的创新过程中，积极引导学生开展合作探究学习，对于提升高校学前音乐教育质量起着良好的促进作用，能够切实促进学生提升学习品质。由于课时的限制，学生开展合作探究学习主要应在课外时间利用线上线下相结合的混合教学模式实现。在线上线下相结合的混合教学模式开展过程中，教师需要引导学生树立起有效的合作探究学习观念，利用学生间的有效合作，有效探究高校学前音乐教育专业知识，从而真正地促进学生良好学习品质的培养。

对于合作探究学习的开展，应当建立在组建合作学习小组的基础上。教师应引导学生自主组建合作学习小组，并充分利用小组合作的模式，发挥学生学习过程中的优势互补作用，促使各小组学生能够在线上线下相结合的混合教学模式中，充分开展合作探究学习活动，利用学生主动的学习过程，切实加深学生对于高校学前教育专业的理解，并且为将来成为一名卓越的学前教育工作者，做好充分的心理准备，以此为学生勾勒出一条有效的专业与职业发展路线。

总体而言，学生的合作探究学习应当充分发挥线上线下相结合的混合式教学模式的优势，以及学生的学习积极性，引导学生基于对高校学前教育专业音乐教师提供的翻转课堂教学、导学 PPT、微课、思维导图、教学任务清单等教学资源的合作探究学习，切实提升学生的学习能力与学习品质，帮助各个小组的学生在自主、合作、探究学习过程中更好地拉近距离，并有效地培养团队

合作的意识与凝聚力。

（三）对于教学内容进行有效整合，整体性提升教学效率

在高校学前教育专业音乐教师教学理念的创新过程中，整合式教学理念的创新是一种重要的教学理念创新途径，通过对课程教学内容的科学整合，能够从根本上提升高校学前音乐教学效率。例如，在整合式教学理念下，高校学前教育专业音乐教师能够将钢琴教学与儿童歌曲弹唱整合起来，以及将视唱练耳与合唱及指挥课程整合起来，在钢琴教学与儿童歌曲弹唱中渗透视唱练耳、合唱与指挥课程的教学内容。又如，高校学前教育专业音乐教师能够在整合型教学模式下，对奥尔夫音乐教学法与学前儿童音乐教育、乐理知识、舞蹈教育进行有效整合，从而在根本上提升教学效率。这样的高校学前音乐教育整合教学过程，不仅能够有效加强学生对于高校学前音乐课程的认同、理解以及掌握，还能够使其更为直观、清晰地认识到各门高校学前音乐课程之间的关联性、重要性，促使学生更为积极高效地完成高校学前音乐学习任务，从而提升学习能力。

例如，在进行"音乐节奏与节拍"这一乐理知识的整合式教学过程中，高校学前教育专业音乐教师能够将奥尔夫音乐教学法中关于节奏与节拍的儿童音乐活动课例加入整合式教学体系中，在加入钢琴左右手弹奏的教学内容的基础上，充分融入视唱练耳抑或是合唱与指挥的二声部合唱，甚至能够加入学前儿童音乐教育课程中关于引导幼儿感受节奏与节拍的音乐活动案例。在这样的整合式教学过程中，通过对教学内容的有效整合，能够将所有的音乐课程整合成一个整体，在充分加强学生对于节奏与节拍概念理解的基础上，促使学生获得良好的学习体验和学习感受，从而有效强化了整合式教学理念对于高校学前音乐教育的作用。由此可见，整合式教学理念对于高校学前音乐教育具有十分重要的促进作用与教学意义，高校学前教育专业音乐教师应当积极利用整合式教学理念，有效地提升高校学前音乐教育的教学质量，促使学生取得更佳的学习效果。

第二节　教师的教学方法

一、教师教学方法的基础

（一）我国传统的教学方法

我国传统的教学方法包括启发式教学法、问答式教学法、读书指导法。学者吕春枝在专著《民国课堂：教学方法的变革》中指出："启发式教学法是一种有着悠久历史的教学方法，在教育工作者不断批判继承的基础上，包含着丰富的内涵。'中国的第一位私学教师'——孔子正式提出启发式教学理论，历代的孔门弟子进行了详细阐发。子善教人，鼓励学生'存疑'，学习思考。教师的责任是珍视学生固有的求知欲望，准确把握分寸、火候，'不愤不启，不悱不发。举一隅不以三隅反，则不复也'。……问答法也是一种传统的教学方法，是个别教学中最常采用的方法。'问答法'又称'谈话法'，是指教师根据学生已有的知识和经验，通过提问和回答的方式，使学生获得知识、发展智力和提高思想觉悟的方法。'问答法'的核心是促发教师和学生之间的积极互动。但要做到积极互动谈何容易！关键是要调动学生认识上的自我矛盾，引发学生的思考。教师运用'问答法'时，需要在课前明晰教学目的，围绕教学内容设计问题。在准备问题时要考虑到学生的知识准备和心理准备，设计具体的问题及问题提出顺序。课堂上，不要为备课设计模式所束缚，可根据教学情景随时调整。……纵观历史，我国古代关于教授法的记载存留不多，读书法著作却汗牛充栋。例如，《论语》《中庸》以及后世儒生撰写的众多版本的《读书法》，其中朱熹的'朱子读书法'评价最高，很多人认为'朱子读书法'是儒家读书经验的经典总结。从某种意义上讲，读书法是教师指导学生自学的心得体会。书本是获得新知识的手段，培养阅读能力和发展智力的重要途径。读书是学生自学的有效途径，'不读书'则'不知所以为学之道'。读书指导法以'自学'为主，'辅导'为辅，适用于已具有一定的知识积累，基本能够自己阅读，粗略领会学习内容的学生，但要全面、准确、透彻的理解，需要教师必要的辅导和帮助。"传统的启发式教学法、问答式教学法、读书指导法在当今的高校学前音乐教育领域仍具有积极的应用价值，尤其是在高校学前音乐理论教学过程中，能够有效提升学生对于乐理知识的学习效果。

（二）基础的教师理论教学方法研究

在借鉴我国传统的启发式教学法、问答式教学法、读书指导法的同时，高校学前音乐教育的理论教学部分还运用了讲授法、谈话法、讨论法等具体的理论教学方法，组织学生学习学前音乐教育基础理论知识。讲授法是教师通过简明、生动的口头语言向学生传授知识、发展学生智力的方法。它通过叙述、描绘、解释、推论来传递信息、传授知识、阐明概念，引导学生分析和认识问题。谈话法是利用教师与学生的对话过程，促使学生有效地理解理论知识，并且在师生谈话的过程中，加深学生对于理论知识掌握的一种基础的教学方法。讨论法则是在教师的指导下，学生以全班或小组为单位，围绕教材的中心问题，各抒己见，通过讨论或辩论活动，获得知识或巩固知识的一种教学方法。其优点在于可以培养学生的合作精神，引起学生合作意识，提高学习效率。

在运用讲授法、谈话法、讨论法进行学前音乐教育理论教学的过程中，教育专业音乐教师应当注意用深入浅出的教学语言，引导学生准确地理解学前音乐教育的相关理论知识；通过讲授法、谈话法、讨论法的有效实施，促使学生能够通过师生交流、生生交流，积极有效地树立学前音乐教育理论学习观念，从而准确地把握学前音乐教育理论知识。讲授法、谈话法、讨论法作为最为基础的学前音乐教育理论教学方法，其运用具有广泛性及普及性，是其他创新性教学方法的创新基础。在运用讲授法、谈话法、讨论法开展学前音乐教育理论教学的过程中，教育专业音乐教师应注重这三种基础教学方法的结合运用，利用口语化的教学语言为学生解释深奥的高校学前教育音乐理论，从而促使学生有效地将高校学前教育音乐理论内化为自身的音乐素养，外化为自身的自觉行动。

（三）基础的教师实践教学方法分析

在高校学前音乐教育领域中，实践教学是整体教学内容的重点与核心，而基础的教师实践教学方法包括直观演示法、练习法、任务驱动法、自主学习法。直观演示法是教师在课堂上通过对各种高校学前音乐教育实践知识进行直观演示，来促使学生通过观察获得感性认识的教学方法。直观演示法是一种辅助性教学方法，要和讲授法、谈话法等教学方法结合使用。练习法则是学生在教师的指导下，运用高校学前音乐教育实践过程，逐渐形成技能技巧的方法。例如，高校学前音乐教育中的儿童歌曲钢琴弹唱、合唱与指挥、视唱练耳等实践内容，都需要通过学生的不断练习来形成实践技能。而任务驱动教学法，通过教师为学生布置探究性的学习实践任务，引导学生通过高校学前音乐的实践过程，对自身的高校学前教育音乐知识体系进行整理，再选出代表进行讲解，最后由教师进行总结。任务驱动教学法可以小组为单位进行，也可以个人为单位进行，它要求教师布置任务要具体，学生要积极开展合作与实践活动，以达到共同学习的目的。任务驱动教学法可以让学生在完成"任务"的过程中，培养分析问题、解决问题的能力，还可以培养学生的合作精神。自主学习法主要应用于高校学前音乐教育的视唱练耳、儿童歌曲钢琴弹唱、合唱与指挥等实践教学内容中，促使学生在自主实践的过程中，有效提升专业素养。

在高校学前音乐教育的实践过程中，应更为充分地拓展学生的音乐实践能力，培养学生的自主学习习惯和自主学习实践能力，以此达到锻炼学生音乐实践能力的目的。在运用自主学习法进行高校学前音乐教学的过程中，教师通常会向学生提出自主学习实践的目标，让学生通过自主实践练习的方式有效地提升自身实践能力。这四种基础的高校学前音乐实践教学方法，通过自主实践与合作实践相结合，能够有效发展学生的自主、合作、探究学习能力。

（四）奥尔夫音乐教学法

奥尔夫音乐教育体系是当今世界最著名、影响最广泛的三大音乐教育体系之一。在高校学前音乐教育过程中，通过系统性、整体性的改革，积极发挥奥尔夫教学法综合性、创造性、原本性教育原理，结合其"本土化"或者说是"中国化"的新创造加以有机整合和拓展，从而形成独特的具有"中国特色的奥尔夫音乐教育体系"。通过对奥尔夫音乐教学法的学习，能够促使学生学会将音乐作为最好的手段进行学前音乐教育，运用经过自身融会贯通的学科的传统的和现代的观点，分析和解决自己遇到的各种问题。

奥尔夫原本性音乐教育的原理可以归纳为以下六点：一是综合性；二是即兴性；三是亲自参与、诉诸感性、回归人本；四是从本土文化出发；五是适于开端；六是为所有人。其中的"即兴性"是奥尔夫音乐教学法的核心。"其中即兴是奥尔夫音乐教育体系最核心、最吸引人的构成部分。奥尔夫的音乐教育原理是指原本性的音乐教育。原本的音乐是指人们不是作为听众，而是作为演奏者参与其间，把动作、舞蹈、语言紧密结合在一起，是一种人们必需自己参与的音乐；原本的音乐是接近自然，源于生活，能为每个人学会和体验的，非常适合于儿童的。奥尔夫音乐教育体系作为 20 世纪流传甚广，对世界音乐教育产生重大影响的音乐教育体系，在其创立之初，就有远见地选择了'原本性音乐'作为自己教育体系的标识，同时以一种开放性的姿态，随世界音乐教育事业的发展而发展，随时代的变化而变化。"

总体而言，高校学前音乐教育对于奥尔夫音乐教学法的应用，是基于"本土化"抑或是"中国化"的发展与加工而进行的相应奥尔夫音乐教学法教学，通过"中国特色的奥尔夫音乐教育体系"的建立，使学生能够融汇中外的先进音乐学习理念，有效地掌握奥尔夫音乐教育体系的核心内容，从而切实提升学生的音乐学习能力与实践能力。

二、教师教学方法的拓展

（一）师生互动教学法

在传统的高校学前音乐教学过程中，主要注重教师的教导与讲授、示范，这样难以提升学生参与学习活动的积极性与主动性。随着高校学前音乐教育理念的改革，师生互动教学法在高校学前音乐教育课堂中逐渐显现出了教学优势，在围绕学前音乐学习内容开展师生互动讨论活动的基础上，能够促使高校学前教育专业学生及时向教师及同学展示自身对于学前音乐知识与技能的掌握程度，并同教师及同学及时分享自身的学习体验，以便高校学前教育专业音乐教师在后续的教学过程中，更加有针对性地指导学生开展学前音乐学习。

具体而言，师生互动教学法打破了传统高校学前音乐教学中以教师为主体的教学模式，通过引导学生有序地参与师生互动讨论过程，有效提升学生参与活动的积极性，促进学生及时地向教师反映自身的学习状况，从而更好地体现了学生在高校学前音乐课程之中的主体性学习地位。

（二）教学任务清单法

教学任务清单法是高校学前音乐教育中的一种重要教学方法，通过高校学前教育专业音乐教师为学生罗列教学任务清单，引导学生在课内外开展自主学习，从而达到促进学生有效提高学习质量的目的。在教师为学生罗列教学任务清单的过程中，应体现出高校学前音乐教学任务的整体性，并且充分体现教学任务的细化特点，促使学生能够在整体上了解高校学前音乐教学目标，在细化中把握具体学习任务，从而实现教学任务清单法的整体性与细化性的统一。

在教学任务清单法的运用过程中，高校学前教育专业音乐教师应有效利用教学任务清单的引导作用，发展学生的课内外自主学习能力，使学生在以课外自主学习为主的教学任务清单学习过程中，积极开展与同学的合作、探究学习，从而在自主、合作、探究学习的体系下，顺利地完成教学任务清单中所罗列的学习内容，并且在提升学生自主、合作、探究学习能力的基础上，培养学生的素养。

总体而言，教学任务清单法的运用，需要实现学生课外自主学习与课堂学习的有机统一。在学生根据教学任务清单开展课外自主学习的基础上，通过高校学前音乐教育的课堂教学，有效检验学生的课外自主学习效果，并在学前音乐教育的课堂教学过程中，积极对学生完成教学任务清单的状况展开科学、客观的教学评价，从而促使学生了解自身完成教学任务清单的情况。教学任务清单法能够通过对教学任务的系统化罗列，为学生提供正确的课外自主学习方向，引导学生自主、合作、探究学习的过程，使其顺利地完成教学任务清单中的各项具体学习任务，并达到教学任务清单中的整体性学习目标，从而促使高校学前教育专业学生在学习能力提升的基础上，更好地提升自身的学习质量。

（三）思维导图教学法

思维导图又称心智导图，是一种表达发散性思维的有效图形思维工具。同时，思维导图也是一种运用图片的表达方式，将多种相关的关键词进行罗列，并展开相应连接的思维性图片展示模式。思维导图教学法是通过思维导图的展示，为学生指明学习过程中各种知识的联系，并且有效拓展学生学习思维的一种先进教学方法。在运用思维导图教学法进行教学的过程中，教师需要将高校学前音乐教育的各种关键内容，利用图形化的形式向学生进行有效的展示，从而促使学生有效地了解高校学前音乐教育的各种关键知识点的内在联系。学者秦红斌在专著《思维导图——走向高效的教与学》中指出："在学生自主学习的过程中，思维导图作为认知工具，创设了以学生为中心的学习环境，在应用过程中促进了学生自主学习能力的提升。思维导图是一种学习资源，学生自主建构、反思、完善思维导图的过程，也是一个自主学习、知识内化与提升的过程。……思维导图在合作学习中的应用为学生的合作学习创设了信息化条件，培养了学生在生活和学习中尊重他人、独立思考、善于沟通的品质，从而大幅度提高学生的学业成绩，调节班级内的社会心理气氛使学生形成良好的心理品质和社会技能。"

总体而言，思维导图教学法能够为学生展示高校学前音乐教育的各项关键学习内容，并且为学生展示这些关键内容的联系，从而在引导学生开展思维活动的基础上，切实地提升高校学前音乐教育的质量。在思维导图教学法的运用过程中，学生应当利用客观的观察与分析，有效理解思维导图的内涵，从而通过对于思维导图的分析，为自身建立起完善的学习体系，从而有效提升自身的学习质量和学习效率。

三、教师教学方法的提升

（一）翻转课堂教学法

"翻转课堂"教学模式，是一种以能力为主导的高效教学模式。在"翻转课堂"教学过程中，首先由教师根据学生的具体学习需求，进行"微课"教学视频的制作，并在课前通过互联网将"微课"教学视频传给学生，组织学生利用课前时间观看"微课"教学视频，完成课前自主学习任务。在学生完成了课前自主学习任务后，教师需要引导学生总结学习问题，并在之后的课堂教学中，为学生集中解决学习问题。在课后，教师还能够利用互联网进行师生交流，帮助学生巩固学习知识，从而确保了"翻转课堂"教学质量的提升。

在实施翻转课堂教学法的过程中，高校学前教育专业音乐教师应在有效发挥翻转课堂教学优势的基础上，利用线下线上结合的混合式教学模式，促使高校学前教育专业学生有效地提起对高校学前音乐学习的重视，继而促进高校学前教育专业学生学习质量的根本性提升。就目前的翻转课堂教学法应用而言，高校学前教育专业音乐教师普遍表示，通过相关翻转课堂教学模式的开展过程，能够利用更为科学的方法提升高校学前音乐教育的教学质量，帮助学生形成热爱学习的学习品质与自主学习能力。而高校学前教育专业学生普遍认为，通过高校学前音乐教学中的翻转课堂教学过程，能够促使自身更加自主地展开高校学前音乐学习，积极有效地培养自身的学习能力及兴趣，并掌握了很多有利于自身发展的学习技巧。

总体而言，翻转课堂教学模式是高校学前音乐线上线下结合混合式教学的重要教学手段，通过翻转课堂的教学过程，能够节省大量的课时时间，促进学生更多地利用课外网络自主学习，发展自身的学习能力，提升自身的音乐素养。

（二）导学 PPT 教学法

导学 PPT 教学法与思维导图教学法相类似，即将高校学前音乐教育的专业知识通过导学 PPT 的形式发送给学生，从而促使学生通过对导学 PPT 的学习以及理解，有效地掌握高校学前音乐教学的重点与难点，从而有效地发展学生的学习能力以及提升学生的学习质量。在导学 PPT 的运用过程中，高校学前教育专业音乐教师应当在提升自身 PPT 课件制作能力的基础上，有效地将高校学前教育音乐知识通过 PPT 课件的形式传递给学生，从而促使学生通过对 PPT 导学案的学习，抓住高校学前音乐学习的重点，掌握高校学前音乐学习流程，取得良好的教学效果。

导学 PPT 教学法是高校学前音乐线上线下混合式教学模式的重要组成部分，通过 PPT 导学案的引导，促使学生在开展自主学习活动的基础上，更为明确高校学前音乐教育的学习方法与学习步骤，促使学生能够通过对 PPT 导学案的理解，有效地开展线上线下相结合的混合式学习，在线上对 PPT 导学案理解的基础上，更好地在线下高校学前音乐学习过程中，发展自身的音乐素养，并且具备 PPT 导学案中要求的实践能力基础，促使学生在 PPT 导学案的引导下，实现高校学前音乐理论与实践的融合式发展。

总体而言，利用导学 PPT 教学法，能够促使学生更为清晰、全面地了解自身的学习任务，促进学生在线上线下相结合的混合式学习模式中，有效地提升自身的学习能力，并且培养音乐素养，从而为自身将来成为一名出色的学前音乐教育工作者奠定坚实的专业技能基础。

（三）微课教学法

微课教学法是利用视频软件将教学内容制作成教学视频，让学生通过教学视频进行学习，以此提升高校学前音乐教育的直观性，充分激发学生的学习兴趣，有效提升学生的学习效果。学者马九克在专著《微课视频制作与翻转课堂教学：手把手，教你把课堂搬上网》中指出："微课程是指基于教学设计思想，使用多媒体技术，以音频、视频为主要载体，针对某个学科知识点（如重点、难点、疑点、考点等）或教学环节（如学习活动、主题、实验、任务等）而设计开发的一种情景化、支持多种学习方式的在线视频网络课程。除了主要的微课视频，它还应该包括任务单、导学案、测试题以及评价等教学环节。微课程也可以简称微课。"[①] 微课教学法与翻转课堂教学法相辅相成，在互相促进的过程中，微课教学法更加注重对课程整体知识内容的展示，而翻转课堂教学法能够通过线上线下相结合的混合式教学模式为学生带来完整的学习体验。

微课教学法的应用需要高校学前教育专业音乐教师有效地掌握微课教学视频的制作方法，从而利用自主制作微课视频的形式，为学生提供独特的学习体验。在微课教学法的运用过程中，高校学前教育专业音乐教师应当将微课视

---

① 马九克：《微课视频制作与翻转课堂教学：手把手，教你把课堂搬上网》，华东师范大学出版社，2016，第 7 页。

频控制在 15 分钟左右，以便学生记忆与学习，并且通过微课视频的展示，为学生充分展示高校学前音乐教学的理论与实践内容。微课视频既能够在课上运用，也能够引导学生在课外自主学习中运用，具有较强的教学灵活性。通过微课教学法的有效运用，可以激发学生的学习兴趣，使学生有效掌握微课视频中的理论知识以及实践知识，从而有效地提升学生的自主学习能力。

第三节　教师的教学态度

一、严谨认真的教学态度

（一）严谨治学是教师应保持的教学态度

严谨治学是教师应保持的教学态度，如果一个教师对于治学不够严谨，那么就会出现很多的教学失误与漏洞，从而导致课程教学质量的直线下降。在高校学前教育专业音乐教师的教学态度树立过程中，首先就要树立严谨治学的教学态度，并将严谨治学的教学态度作为教学的基础，有效促进高校学前音乐教学的整体性教学效果的提高。

就高校学前教育专业音乐教师而言，在树立严谨治学教学态度的过程中，高校学前教育专业音乐教师首先就要重视高校学前音乐教学，将高校学前音乐教学视为为祖国培养人才，为幼儿园培养音乐专业教育工作者的光荣事业，利用自身的责任感与使命感，有效地树立起严谨治学的教学态度，并充分发挥严谨治学教学态度的优势，利用课程教学的严谨性，有效地构建起规范化的高校学前音乐教育体系。

严谨治学的教学态度在高校学前音乐教学中表现在教育专业音乐教师备课、授课以及课后辅导的全过程之中，利用严谨治学的教学态度，能够有效地提高高校学前教育专业音乐教师的备课质量、授课效果以及课后辅导的实效性。在高校学前音乐教学过程中，高校学前教育专业音乐教师一定要有效地树立起严谨治学的教学态度，积极发挥严谨备课、授课以及课后辅导的优势，促使高校学前教育专业学生更好地获得有效的教育及引导，从而帮助高校学前教育专业学生积极地与教师形成良性互动，以此切实有效地提升高校学前音乐教学质量以及教学效果。

总而言之，严谨治学是高校学前教育专业音乐教师应保持的教学态度，在高校学前音乐教育的全过程中，严谨治学的教学态度都发挥着关键性的作用。高校学前教育专业音乐教师应充分注重自身备课、授课以及课后辅导过程中的严谨性，充分利用严谨治学的教学态度，为高校学前教育专业学生的学习与发展奠定坚实的发展基础。

（二）利用严谨认真的教学态度提升教学质量

在高校学前教育专业音乐教师树立严谨认真的教学态度的基础上，能够有效地提升教学质量。严谨认真的教学态度体现在教学中主要是高校学前教育专业音乐教师对于高校学前音乐教育的尊重，利用对自身职业的尊重，有效地发挥自身的教学能力与教学科研能力，在不断完善高校学前音乐课程教学体系的基础上，发挥高校学前音乐教学的优势。在具体的课堂教学过程中，如果教师保持严谨认真的教学态度，能够充分提升高校学前音乐课堂教学效率。

通过严谨认真的教学态度的树立，能够有效地提升高校学前教育专业音乐教师的教学能力，并且促使高校学前教育专业音乐教师养成严谨认真的教学习惯，从而全面发挥严谨认真教学态度在高校学前音乐教学中的作用，为学生打造高校学前音乐精品课程。

总体而言，严谨认真的教学态度是基于高校学前教育专业音乐教师"敬业"素养而发展出的一种教学态度，高校学前教育专业音乐教师应本着对于自身职业的尊重，在高校学前音乐课堂的方方面面保持严谨认真的教学态度，从而切实提升高校学前音乐教学质量。在严谨认真教学态度的影响下，高校学前教育专业音乐教师应为了学生的长远发展，付出更多努力，充分体现出教学的严谨性以及教育的认真态度，促进高校学前音乐课程的教学质量不断得以完善与提升。高校学前教育专业音乐教师应秉持严谨认真的教学态度，有效地为国家培养出未来的学前教育专业应用型人才，促使学生在获得良好职业发展前景的基础上，发展出更为专业的学习技能。

（三）通过严谨认真的教学态度带动学生的学习意识发展

高校学前教育专业音乐教师严谨认真教学态度的树立，不但对于教学质量的提升大有裨益，而且能够积极地带动学生学习意识的发展，从而有效地提升学生学习的自主性以及学生的学习效率。在利用严谨认真的教学态度带动学生的学习意识发展的过程中，高校学前教育专业音乐教师应为学生作出表率，从而将严谨认真的治学思维有效传递给学生，促使学生在养成严谨认真的学习态度的基础上，有效地拓展和完善自身的学习意识，并通过具体高校学前音乐学习过程中的学习表现，有效体现出严谨认真的学习风格，从而更好地促进学生学习的积极发展。

在高校学前教育专业音乐教师严谨认真教学态度的带动下，学生的学习意识一旦形成，就会与教师形成良性互动，并在整体的高校学前音乐学习过程中，形成一种教师教学态度与学生学习意识相互促进的可持续发展模式。随着高校学前教育专业音乐教师严谨认真教学态度的不断落实，学生的自主性学习意识也会得到充分的发展，促使学生更好地认识到自身的责任感与使命感，为自身将来成为学前教育专业应用型人才奠定坚实的发展基础。

总体而言，高校学前教育专业音乐教师严谨认真教学态度的树立，对于提升学生的学习意识，具有关键性的促进作用。高校学前教育专业音乐教师应不断地应用严谨认真的教学态度，积极带动学生学习意识的发展，并且在持续的教学过程中，利用严谨认真的教学态度持续性促进学生学习意识的提升，以此促进高校学前音乐教学的教师教学态度与学生学习意识的良性互动发展。学生在学习意识发展的背景下，能够充分利用积极的学习意识，展开课内外的自主学习，从而切实提升自身的学习效率。由此可见，如果教师保持严谨认真的教学态度，能够为学生构建起更为优质的学习环境，促使学生获得更为广阔的专业发展前景。

二、理性的教学态度

（一）理性教学态度的基础研究

就"理性"的定义而言，《理商：如何评估理性思维》中是这样描述的："理性的宽泛定义来源于亚里士多德提出的绝对理性分类（categorical）概念，他认为人类是唯一有理性的动物。正如德苏萨（de Sousa，2007）所指出的那样，理性的对立面不是非理性，而是没有理性。亚里士多德对理性的理解是绝对化的：一个有机体的行为要么是基于理性的，要么是没有理性的。按照这种理解，人类是理性的，其他动物是没有理性的，人类在理性思维方面没有个体差异。理性的严谨定义主要在认知科学和本书中使用。认知科学中所采用的最优判断和决策规范模型使理性的定义非绝对化，这种定义下的理性取决于思想或行为与最优模式之间的距离。因此，当认知科学家将一种行为称为非理性行为时，他的意思是指该行为偏离了特定规范模型所规定的最佳行为，而并不是在暗示这种行为背后没有任何思想或推理。"[1] 无论采用对于理性的宽泛定义还

---

[1]　基思·斯坦诺维奇、理查德·韦斯特、玛吉·托普拉克：《理商：如何评估理性思维》，肖玮译，机械工业出版社，2020，第7页。

是采用对于理性的严谨定义，高校学前教育专业音乐教师的理性教学态度，对于学生的学习都起着积极的促进作用。

在高校学前教育专业音乐教师的理性教学态度树立的过程中，应充分基于理性思维的发展，促使学生的学习具备规范化、条理化、系统化的特点，从而在高校学前音乐教育的各门课程当中，有效地提升高校学前音乐教学的效率。通过高校学前教育专业音乐教师的理性教学态度的发展，能够更好地完善与提升高校学前音乐教学质量，促使学生在理性学习的基础上，不断受到教师理性教学态度的影响，形成理性的学习思维，如此才能促进自身学习的条理化以及提高学习效果。

（二）理性教学态度的价值分析

在高校学前音乐教育过程中，理性教学态度具有重要的教学价值，通过对理性教学态度的应用，能够使高校学前音乐教育更加规范化、条理化、系统化，从而在整体上提升高校学前音乐教育的教学质量。

在高校学前音乐教育过程中，音乐教师的理性教学态度首先能够促使高校学前音乐课程更好地发挥出规范化的作用，促使高校学前音乐教育通过教师的理性教学态度而更加规范，从而在规范化的背景下，实现高校学前音乐教育的专业化发展。其次，高校学前教育专业音乐教师的理性教学态度能够使其更好地理清高校学前音乐教育的知识，分清核心教学内容、重点教学内容以及边缘教学内容，在强化核心教学内容教学的基础上，重视重点教学内容的教学，而对于边缘化教学内容，不必投入太多的教学精力，主要依靠学生课外自主学习来完成。这样的高校学前音乐教育模式能够在有效发挥高校学前教育专业教师理念教学态度优势的基础上，促使高校学前音乐教育有条不紊地开展，分清教学的主次，以此切实提升高校学前音乐教育的教学质量。最后，高校学前教育专业音乐教师的理性教学态度能够促使高校学前音乐教育体系更加系统化的发展，促进高校学前音乐教育中的各门课程相互整合，并且形成一个高校学前音乐教育的整体。在教师理性教学态度的引导下，充分发挥高校学前音乐教育的整体化教学作用，促使学生在整体化学习的基础上，更好地认识到高校学前音乐教育中的各门课程之间的内在联系，从而使学生形成学习素养与专业技能，为学生将来成为学前音乐教育工作者奠定良好的发展基础。

（三）利用理性思维提升高校学前音乐教学质量

在高校学前音乐教学的具体开展过程中，学前音乐教育工作者需要积极利用理性思维统筹各方面的线上、线下教学资源,以促进学生发展出真实可用的学前音乐教育能力为导向,积极通过高校学前音乐教学模式的优化,实现相应的教学质量提升。

在利用理性思维提升高校学前音乐教学质量的过程中,高校学前音乐教育工作首先应积极观察学生的学习效果,通过对于学生学习反馈的不断收集,准确把握各种线上加线下的混合式教学举措的实施成效,并且充分依照学生的学习效果反馈,不断调整高校学前音乐混合式教学的细节,从而为教学质量的持续提升建立起稳固的基础。

与此同时,在对于理性思维的运用过程中,高校学前音乐教育工作者还应积极地根据对于学生个体学习方式的观察,积极开展教学对比,科学明确不同学生个体的学习效果差异,总结出更加适合大多数学生开展学习的高校学前音乐线上加线下教学方法,从而促使高校学前音乐的混合式教学模式能够被更多学生所接受。

在此基础上,通过理性思维的运用,还需要高校学前音乐教育工作者充分利用抽象与概括相结合的理念,不断完善混合教学模式下的各种线上、线下教学课件的制作。通过不断提升线上、线下教学课件的科学性、严谨性、适用性,促使高校学前音乐混合教学的质量不断提升。

在总体上而言,运用理性思维,能够帮助高校学前音乐教育工作者在全面的教学资源统筹中,不断找到提升教学效果的方法途径,从而促使高校学前音乐混合式教学不断满足学生的实际学习需求,促进教师教学与学生学习的深度互动,以此实现对于高校学前音乐教学效果的不断提升。

三、为学生长远发展负责的教学态度

(一)为学生的人格与价值观发展负责的态度

在高校学前音乐教育过程中,不仅需要进行音乐专业技能的教育,更需要高校学前教育专业音乐教师积极贯彻落实"立德树人"根本任务,秉持"优先发展教育"理念,促进学生人格与价值观的发展与完善,从而将学生培养成为"德智体美劳"全面发展的社会主义建设者和接班人。在高校学前教育专业音乐教师进行对学生人格与价值观的塑造过程中,应基于"社会主义核心价值观"主线,不断完善人格与价值观教育的模式,并在具体的高校学前音乐教学过程中,有效渗透人格与价值观的教育发展观念,从而促使学生真正通过高校学前音乐课程学习,建立起完善的人格以及正确的价值观。

具体对学生的人格与价值观的塑造，需要高校学前教育专业音乐教师本着为学生的人格与价值观发展负责的态度，进行思想道德教育渗透，在专业化的高校学前音乐课程教学过程中，不断为学生渗透先进的思想道德理念，从而为学生构建起更为完善的人格与正确的价值观。

对于学生人格与价值观的发展与培养，高校学前教育专业音乐教师应担负起相应的责任，促使学生在毕业之后步入音乐教师专业岗位的过程中，能够基于健全的人格以及正确的价值观，有效形成职业道德，具备职业操守，从而为学生的长远发展，奠定坚实的人格与价值观发展基础。

总体而言，高校学前教育专业音乐教师在教学态度的树立过程中，应以为学生的人格与价值观发展负责的态度，帮助学生形成健全的人格与树立正确的价值观，突出学生的思想政治以及基础道德、职业道德的发展效果，努力地将学生培养成为具备良好职业道德素养的学前教育专业音乐教师，从而促使学生在终身的职业发展过程中，不断利用健全的人格与正确的价值观勉励自己，以此取得更为良好的职业发展效果。

（二）为学生的学习能力发展负责的态度

在高校学前音乐教育领域，高校学前教育专业音乐教师应本着为学生的学习能力发展负责的态度开展教学活动，基于对学生学习能力的培养，有效提升学生学习积极性，同时提高学生的学习效率与质量。在高校学前音乐教育过程中，高校学前教育专业音乐教师不仅要关注自身的教学方法，还要注意学生的学习体验，努力促使学生在与自身学习能力相适宜的教学环境中提升学习效果、发展学习能力。高校学前教育专业音乐教师对于学生的学习能力发展负责的态度，具体体现在高校学前音乐教育的方方面面，主要在于利用高校学前音乐教育过程，促进学生自主学习能力的发展，并且让学生养成良好的学习习惯。

高校学前教育专业音乐教师对于学生的学习能力发展负责的态度，能够有效地促进高校学前音乐课程教学向着适合学生学习、利于学生发展的方向发展，在促进高校学前音乐教学改革的基础上，不断完善乐理学习、视唱练耳、奥尔夫音乐教学法、学前儿童音乐教育、儿童歌曲钢琴弹唱、合唱与指挥等各个课程的教学模式，利用适宜学生学习的教学方法，积极促进学生获得良好的学习效果。学生一旦具备了良好的学习能力，就会与教师的教学改良形成一个良性的循环，从而促使教学不断向着适宜学生学习的方向发展，也促使学生不断通过学习获取丰富的音乐知识以及提高实践能力。在这样的教学背景下，

"教师的教"与"学生的学"相辅相成，互相促进，不仅能够充分体现教师的教学优势，还能够充分发挥并且发展学生的学习能力，促使高校学前音乐课堂成为一个教师与学生共同学习、探究的乐园，在从根本上提升学生学习能力的同时，更好地完善高校学前音乐课程体系，促进教师教学能力与学生学习能力的可持续发展。

（三）为学生的长远职业发展负责的态度

在高校学前教育专业音乐教师的种种教学态度当中，最重要的教学态度就是为学生的长远职业发展负责的态度。当前的高校学前教育专业学生将会成为未来的学前教育工作者，教师在培养学生的过程中，应当充分考虑到学生的长远发展，并以为学生的长远职业发展负责的态度，开展各种课内外的高校学前音乐教学活动，促使学生在形成音乐专业素养的基础上，形成良好的品德、品格与品性，使学生的思想道德素养能够真正适应学前音乐教育工作者的岗位要求。就高校学前教育专业音乐教师而言，他们的高校学前音乐教育过程，即为学生日后成为一名合格的学前音乐教育工作者打好基础，促使学生能够实现音乐专业教学技能与教育育人品质的协同发展。为了更好地促进学生的长远发展，高校学前教育专业音乐教师应当在高校学前音乐课堂内外有效地利用自身的师德师风影响和带动学生，促使学生能够在自身师德师风影响下，更好地具备一名合格的学前音乐教育工作者的道德素养。与此同时，在学生提升音乐专业能力的过程中，高校学前教育专业音乐教师也应本着为学生的长远职业发展负责的态度，对学生进行科学性、系统性、专业化的教育培养，从而利用高校学前音乐课程教学效果的提升，将学生塑造为具备良好音乐专业素养的应用型人才，从而使学生在日后的工作过程中能够更好地胜任学前音乐教育工作，促进学生获得可持续性的职业发展。

总而言之，高校学前教育专业音乐教师为学生的长远职业发展负责的教育态度，对于学生的长远发展至关重要。当前的高校学前教育专业学生在日后将会成为一名学前教育工作者，教师为学生的长远职业发展负责的教育态度能够有效地促进学生更好地适应职业与专业化的发展需要，从而使学生在日后的学前音乐教育工作中获得良好的职业发展前景。

第四节 学生的接受程度

一、学生对学前音乐教育类课程接受程度现状分析

（一）学生在整体上对于高校学前音乐教学的接受程度良好

根据调查发现，学生在整体上对于高校学前音乐教学的接受程度良好。基于高校学前音乐教育过程，能够使高校学前教育专业学生有效地提升各种实践能力，同时促使学生将高校学前音乐教育的各种理论与实践知识，发展成为自身的音乐素养，为学生在日后成为一名优秀的学前教育专业音乐教师奠定良好的发展基础。

从整体上来说，高校学前教育专业学生对于高校学前音乐课程中的各项知识能够基本理解与吸收，并且在课内外相结合的学习过程中，能够有效提升学生对于高校学前音乐学习的积极性。在学生整体上对于高校学前音乐教学接受程度良好的背景下，学生能够通过接受高校学前音乐课程教学知识，将其内化为自身的音乐素养，外化为自身的学习能力。基于这样的学生接受程度基础，促使高校学前音乐教育能够获得更为突出的教学成果，为学生在日后成为一名卓越的学前教育工作者提供相应的音乐能力基础。

从总体上来讲，高校学前教育专业学生对于课程教学的整体接受程度良好，能够有效地吸收各种教学知识，并且能够在自主学习与合作学习的过程中，积极主动地提升自身的学习能力。基于这样的学生专业学习接受程度背景，能够使高校学前教育专业音乐教师更好地进行教学方法的创新，将更多先进的教学理念有效地运用到高校学前音乐课程教学过程中，从而促使学生获得良好的音乐专业技能，为学生奠定成为一名卓越的学前教育工作者的能力基础。由此可见，在总体上完善高校学前教育专业音乐课程教学内容，不仅需要培养学生具备良好的接受能力，并且在教学的过程中还应培养学生具备积极主动的学习态度与学习观念，促使高校学前音乐教育能够获得更为良好的育人效果。

（二）学生在具体的学习过程中尚存在接受程度低的情况

虽然高校学前教育专业学生在整体上对于高校学前音乐教学的接受程度

良好，但是在具体的课程教学过程中，尚存在接受程度低的问题。例如，在基础的乐理学习过程中，学生通过学习的过程很难完整地将课程教学中的乐理知识全部消化，欠缺某些乐理知识。虽然学生对于高校学前音乐教学接受程度低的现象是局部的，但是会给学生的学前音乐教育专业发展带来一定的阻碍。学生在某些学习过程中接受程度低的问题，会影响到学生的整体学前音乐学习发展，并且为学生日后的音乐教育工作带来一定的阻碍。又如，在视唱练耳的学习过程中，部分学生对于音高概念的把握尚存在一定的困难，加之课时限制与学生课下练习强度不足的客观因素，使得很多学生对于听辨视唱练耳音高的音乐技能掌握出现了一定的困难。这样的视唱练耳学习问题，既展现出了学习能力不同的学生对于视唱练耳学习能力的差异，又体现出了高校学前音乐教学课时有限、学生课下练习缺失的客观问题，需要高校学前教育专业音乐教师在此后的视唱练耳教学过程中，对于此类学习问题加以关注。

对于学生在具体的学习过程中尚存在接受程度低的现象，高校学前教育专业音乐教师应积极改变教学策略，利用线上线下相结合的混合式教学模式，有效地促进学生开展课内外相结合的混合式学习，从解决自身学习难点入手，积极主动地提高自身的学习能力。在利用线上线下相结合的混合式教学模式解决学生在具体的学习过程中尚存在接受程度低问题的过程中，高校学前教育专业音乐教师要积极发挥主导作用，充分引导和帮助学生解决自身学习的困难，有效地促使学生在整体上以及具体方面上都能够获得良好的学习效果。

（三）部分学生对于高校学前音乐教学难点的接受程度较低

在学生具体的学习过程中尚存在接受程度低问题的同时，部分学生对于高校学前音乐教学难点的接受程度较低的问题也尤为突出。高校学前音乐教学具有很多难点，学生在对这些难点进行学习过程中，由于自身学习能力的限制，难免出现对于难点知识接受程度较低的问题。例如，在"调的五度循环与等音调"教学过程中，部分学生在理解等音调及调号的产生原理相关知识时存在接受程度较低的问题。又如，在"五线谱视唱练习"教育过程中，部分学生在唱准及正确写出所听的幼儿歌曲方面存在问题。面对这些教学难点，部分学生总是难以完美地掌握相应的音乐能力，使得这些学生的高校学前音乐学习出现了一定困难。

与此同时，部分学生对于高校学前音乐教学的难点接受程度较低的问题，也会影响到他们整体的学习和发展。高校学前音乐课程安排紧凑，如果学生不能在规定课时内突破学前音乐学习的重点及难点，那么在之后的课程学习中，就会产生相应的影响，影响到学生的后续学习。因此，如何有效地帮助高校学前教育专业学生突破学习中的重难点，成为每一名高校学前音乐教育工作者必须认真思考的问题。

面对部分学生对于高校学前音乐教学的难点接受程度较低的问题，高校学前教育专业音乐教师应当在有效了解问题出现根源的基础上，积极明确高校学前音乐教学的重点与难点，利用合理的教学方法，有效提升全体学生对重点、难点的学习能力，努力促使全体学生都能够充分掌握高校学前音乐教育的重难点知识，从而为高校学前教育专业学生打下良好的专业化发展基础，培养高校学前教育专业学生成为学前音乐教育的应用型人才。

二、基于平等和谐的师生关系提升学生学习接受程度

（一）平等和谐师生关系对于学生学习接受程度的影响研究

美国教育专著《提高学生学习效率的 9 种教学方法》中指出："学生和老师之间的关系，是影响学生学习成绩的最重要因素之一。如果你问任何一位学生，是什么造就了一位优秀的老师，他们的回答很可能从某种程度上反映了师生关系的重要性。和学生建立了良好关系的老师，会给学生人性化的关怀，并且对学生的学习也会给予关心。他们会对学生抱有较高的期望，并把这些期望传达给学生，帮助学生努力达到这些期望。优秀的老师会设计一些值得学生付诸努力的、与学生生活相关的并且要求进行高阶思考的学习活动。他们在课堂之内给学生温暖、同情，以营造融洽的氛围。老师尊重学生，学生也尊重老师，同时相互尊重别的同学。如果师生关系不牢固、不融洽，学生的学习便会受到很大的影响。"[①] 由此可见，构建平等和谐的师生关系，对于提升学生的学习接受程度大有裨益，学生在信赖与亲近教师的基础上，能够更为积极主动地开展学习，促使学生有效地将高校学前音乐专业知识内化为自身的学习能力，从而在根本上提升学生的学习效果。

具体到高校学前音乐教学过程中，教师应当亲近学生，消除传统教学模式下师生间产生的距离感，并在亲近学生的基础上，积极与学生共同学习、研究，将传统的"教师教学，学生接受"的教学模式，转化为"教师引导，学生自主学习"的新型教学模式，从而在和谐平等师生关系的基础上，进一步完善

---

① 塞瑞·B. 迪恩、伊丽莎白·罗斯·哈贝尔、哈弗·彼得勒：《提高学生学习效率的 9 种教学方法》，钟颂飞、王权、王正林译，中国青年出版社，2013，第 5 页。

高校学前音乐教学的整体结构，以此有效促使学生对于高校学前音乐课程知识接受程度的提升。

（二）平等和谐的师生关系有助于学生的全面发展

"在当今社会，重视青少年人格教育，已经成为时代发展的需要。现代社会是以改革为动力推进社会发展的，要改革就离不开创造与竞争。这一社会主题必然要求学校教育培养出来的人才不仅要有知识、有能力，还应具备良好的人格素养。对于国家发展的长远战略来讲，只有培养和造就出大批能适应未来竞争需要的，'德、智、体、美、劳'全面发展的高素质人才，才能使国家在未来的发展竞争中，占据有利的地位。"[1] 由此可见，高校学前音乐教育的目的不仅是培养学生的音乐素养，更重要的是培养出具有健全人格并且全面发展的应用型人才，从而有效地为学生的终身发展奠定良好的发展基础。

在平等和谐的师生关系背景下，能够积极地促使教师与学生成为亲密无间的好朋友，从而利用教师的人生经验，为学生提供一定的教育与指导。通过构建平等和谐的师生关系，能够使学生在充分尊重、信任教师的基础上，更好地通过接受教师的教育，促进自身的全面发展，使自身不仅能够获得良好的音乐素养，更能够在与教师成为朋友的基础上，有效地发展思想道德素养、学习态度、职业观与价值观，以此充分实现学生的全面发展。

总体而言，高校学前音乐教育的首要目标应定位在促进学生全面发展上，通过平等和谐师生关系的构建，积极促进学生与教师成为朋友，促使学生在遇到各种各样发展问题之时，都能够想到求助教师，将教师视为自身终身发展的引导者，并且通过教师丰富的人生经验，找出解决各种各样发展问题的答案。因此，在平等和谐的师生关系的背景下，更加有助于学生的全面发展。

（三）平等和谐的师生关系能够更好地提升学生的学习接受程度

正如上面所述，在平等和谐的师生关系背景下，通过教师对于学生的亲近，能够有效拉近师生之间的距离，促使学生更为信赖教师。在学生充分信赖教师的基础上，学生能够对教师的教学产生更为浓厚的学习兴趣。因此，平等和谐的师生关系能够更好地提升学生的学习接受程度。在高校学前音乐教学中，教师的教学需要建立在平等和谐师生关系的基础上，如此才能够更好地促进学生提升对于学前教育音乐知识的认同程度，从而也能够更好地提升自身的学习接受程度。平等和谐的师生关系一旦建立，学生就能够在与教师拉近师生

---

[1]　李卫平、李亚莉：《青少年健全人格教育故事全集》，石油工业出版社，2008，第2页。

距离的基础上，更为有效地理解与吸收高校学前音乐专业知识，从而在根本上提升自身的学习接受程度。

具体而言，在平等和谐师生关系的背景下，学生首先产生的是对于教师的人格认同，在认可教师人格的基础上，将教师视为自身的榜样及表率；其次，在对教师人格认同的基础上，不断提升学习积极性，从而有效地接受教师所传授的学前音乐专业知识。通过学生对于教师的人格认同基础，能够更好地促使学生以教师作为自身的榜样及表率，在高校学前音乐的学习过程中，有效地提升学习能力与学习接受程度。

总体而言，平等和谐师生关系的建立，不仅能在课外让教师和学生成为朋友，更能够在高校学前音乐教学过程中，促使学生基于对教师的人格认同，保持积极的学习态度，以此充分达到提升学生学习接受程度的目的。与此同时，平等和谐的师生关系还能够促使学生更加信任教师，并且通过对教师的信任，加深对于教师人格的认同感，使学生在高校学前音乐教学的过程中，有效地发挥出主体学习作用，充分且积极地参与各项高校学前音乐教学活动，从而达到更为有效地提升学生学习能力与接受程度的目的。

三、利用混合式教学模式下的课程改革提升学生接受程度

（一）充分利用线上线下相结合的混合式教学模式提升学生的接受程度

在提升学生接受程度的过程中，高校学前教育专业音乐教师应充分利用线上线下相结合的混合式教学模式，基于教学空间的拓展，达到有效提升学生接受程度的目的。由于既定课时的限制，在高校学前音乐教学过程中，如果单纯地进行课堂教学，就很难在完成既定课时任务的前提下，组织学生开展合作、探究学习。而利用线上、线下相结合的教学手段，可以使高校学前教育专业音乐教师在线上为学生提供翻转课堂教学、导学PPT、微课教学视频、思维导图、教学任务清单等教学资源，从而有效引导学生基于对这些教学资源的线上课外学习来有效形成音乐素养，并基于自身线上课外学习的成果，在线下课堂教学过程中有效地提升自身的课堂学习能力，从而获得良好的线上线下结合学习的效果，以此切实提升学生对于高校学前教育音乐知识的接受程度。

例如，在翻转课堂教学过程中，教师通过线上课外教学的途径，将事先制作好的微课教学视频发送给学生。之后由学生基于在线上课外学习过程中对于微课视频的浏览，从而展开有效的线上自主学习。在学生完成以微课教学视

频为素材的线上课外自主学习之后，需要将自身在学习过程中遇到的问题带到课堂上进行解决，从而使学生能够更好地接受相应的学前音乐专业知识，有效地提升了学生的学习接受程度。

总而言之，线上线下相结合的混合式教学模式不是对线上与线下教学的简单叠加，而是将线上线下教学的充分结合，取得"1+1>2"的效果。在提升学生学习接受程度的过程中，充分利用线上线下相结合的混合式教学模式，能够促使学生在有效拓展学习空间的基础上，更好地养成主动学习的良好习惯，从而在有效发挥学生主观能动性的基础上，切实提升学生对于学前教育音乐知识的接受能力与接受程度。

（二）引导学生基于混合教学模式积极开展课外自主学习

为了更好地提升学生对于高校学前音乐教育的接受能力与接受程度，在线上线下相结合的混合教学模式开展过程中，高校学前教育专业音乐教师应积极引导学生基于混合式教学模式进行课外自主学习，从而实现提升学生对于高校学前音乐教育的接受能力与接受程度的目的。正如学者萧枫、姜忠喆在专著《自主学习有办法》中指出："在社会发展迅速的今天，在教学领域，仅仅依靠老师讲授的方法来教育学生已经远远不能适应社会的前进步伐。对学生自学能力的培养已成为当今教育当中的重要内容，越来越受到教育专家和教育工作者的重视。"[①] 要想促使高校学前教育专业学生学习接受能力与学习接受程度的提升，仅仅依靠课堂学习是难以实现的，必须运用有效的课外自主学习手段来提升自身的学习接受能力与学习接受程度，从而促使音乐专业能力的发展。

学生的自主学习并不意味着自由学习，而是需要在课外自主学习的过程中，接受高校学前教育专业音乐教师的专业指导。在学生进行课外自主学习的过程中，高校学前教育专业音乐教师也需要通过在线教育的途径，向学生指导学习方向，解答学生在学习过程中遇到的问题，从而在切实发挥音乐教师指导作用的基础上，有效提升学生课外自主学习的效率与质量，从而为学生培养出良好的学习接受能力，提升学生对于学前音乐专业知识的接受程度。为了进一步提升学生自主学习的学习质量，高校学前教育专业音乐教师应在运用线上线下相结合的混合式教学模式的基础上，有效统合线上线下高校学前音乐教学资源，促进学生通过对这些教学资源的掌握与运用，充分地对课外自主学习与课堂学习学到的知识融会贯通，形成一个完整的线上线下相结合的混合教学体

---

① 萧枫、姜忠喆：《自主学习有办法》，吉林出版集团有限责任公司，2012，第7页。

系，以此从根本上提升学生对于学前音乐教育的接受程度。

（三）促使学生基于接受程度的提升发展学习质量

学生对于学前音乐教育的接受程度，客观体现出了学生的学习能力。在线上线下相结合的混合教学模式有效运用的前提下，高校学前教育专业音乐教师应当努力促使学生基于接受程度的提升发展学习质量。

具体而言，学生在接受新知后，一般只是掌握了知识，但是对于知识的运用尚不够熟练。而高校学前教育专业音乐教师就需要在学生充分接受高校学前教育音乐知识的基础上，引导学生进行实际运用，如此才能更好地帮助学生巩固知识，将高校学前教育音乐知识转变为自身内在的学习能力，从而在未来成为一名学前音乐教育工作者之后，有效运用学前教育音乐知识去教育幼儿。对于学生这样的学习能力的发展，可以简单地概括为"由理解变为掌握"。学生在接受高校学前教育音乐知识之初，对于高校学前教育音乐知识只能称之为"理解"，还不能够充分、灵活地去运用这些知识；而通过高校学前教育专业音乐教师的教育与指导，能够让学生在理解知识的基础上，真正地掌握这些关键性的学前教育音乐知识，从而从根本上提升了学生对于学前教育音乐知识的接受程度。

总体而言，学生对于学前教育音乐知识"由理解变为掌握"的过程，需要高校学前教育专业音乐教师的有效辅导。在学生开展课内外学习的过程中，高校学前教育专业音乐教师应本着促进学生基于接受程度的提升发展学习质量的目的，在学生自主学习的过程中加以指导，在课堂教学过程中更为系统地传授知识，促使学生有效地掌握如乐理学习、视唱练耳、奥尔夫音乐教学法、学前儿童音乐教育、儿童歌曲钢琴弹唱、合唱与指挥等学前音乐专业知识，从而促使学生真正具备一名优秀的学前音乐教育工作者的专业技能素养，在日后的学前音乐教育工作过程中，更好地将在学校所学的学前音乐教育知识进行灵活运用，以此促进学前音乐教育水平的提升。

第五节　学生的学习效果

一、影响学生学习效果的因素研究

（一）学生的智力因素

学生的智力因素会对学生的学习效果产生最为直接的影响，高校学前教育专业学生都是通过高考的选拔而进入高校的，均具有较强的智力基础。但是在具体的高校学前音乐教育过程中，学生的学习效果还是会受到智力因素的影响，显现出细微的差别，而决定学生智力因素与学习效果的主要因素是学生的记忆力。《学生智力因素的培养》中指出："记忆，就是人们将获取的知识与经验保存在头脑中，需要时回忆或提取出来的心理过程。记忆是智慧之母，培根说：'一切知识，只不过是记忆。'人们记忆的过程，可用电脑来比喻，识记好比输入，保持好比存储，再现好比输出，没有输入则没有电脑的存储和输出，没有识记也就没有人脑的保持和再现。"[①] 由此可见，在高校学前音乐教育过程中，学生智力因素对于学习效果的影响主要体现在记忆力方面。具有良好记忆力的学生，能够有效地在课内外学习过程中，将高校学前音乐知识进行存储，并且基于自身的理解，将这些音乐知识内化为自身的素养，外化为自身的学习能力，从而在未来成为学前教育工作者之后，具备良好的专业素养。

从整体上来看，影响学生学习效果的最直接因素就是学生的智力因素，虽然非智力因素对于学生的学前音乐学习也会产生一定的影响，但是那些都是间接的。学生的智力因素以及记忆力的发展，会直接影响到学生学前音乐学习效果，而高校学前教育专业音乐教师应当有目的地培养学生提升智力以及记忆力，促使学生能够利用更为合理的学习方法，有效提升高校学前音乐学习效果，同时令学生充分发挥自身的聪明才智，以提升学习能力。

（二）教师的教学方法

除了学生的智力因素外，教师的教学方法也会对学生的学习效果产生一定的影响。在传统的高校学前音乐教育过程中，教师主要采用讲授法、谈话

---

① 学生生命与心理教育指导小组：《学生智力因素的培养》，辽海出版社，2011，第3页。

法、讨论法等基础的教学方法，很难对于学生的学习效果产生深层次的影响。而在当代的学前音乐教育教学过程中，教师能够基于线上线下相结合的混合式教学模式，充分运用翻转课堂、导学 PPT、微课教学视频、思维导图、教学任务清单等先进的教学方法教育并引导学生，从而使学生的学习效果得以提升。

在教学方法完善过程中，教师需要依据先进的教学理念，利用发展式的教学思维，在有效促进学生学习效果提升的基础上，实现自身专业化发展，并有效提升自身的教学研究能力。学者胡庆芳在专著《优化课堂教学：方法与实践》中指出："正是因为教育教学研究在促进教师专业发展方面的重要性以及对教师在教育教学过程中进行研究的能力存在质疑，所以更加迫切地让广大一线教师掌握基本的研究方法。要让专业研究人员积极主动地投身到教育教学的实践情境中去，和广大一线教师一起寻找需要研究解决的问题，经过提炼聚合，从而转化为行动研究的小课题，再回到教育教学的实践过程之中进行问题原因的诊断和可能的解决方案的尝试探索，在取得明显效果的基础上，进一步提炼实践的经验，从而成为具有一定普适性和推广性的共识及结论，成为既适合于教师实践特点，又能改进教师实践的研究成果。广大教师身处教育教学实践的第一线，其研究往往更具有实践性、情境性和可操作性，比单纯基于逻辑推理和概念演绎而形成的经院学派式学术成果更具有反哺实践的实效性和推广价值。"因此，高校学前教育专业音乐教师应在教学过程中，积极根据课堂现状，研究与创新教学方法，从而促使学生获得良好的学习效果。

（三）课程内容的设置

除了学生的智力因素与教师的教学方法以外，课程内容的设置也会对学生的学习效果产生明显的影响。高质量的学前音乐课程内容设置，不仅重视教师的"教"，还重视学生的"学"，在"教学相长"的背景下，积极促进线上与线下、课内与课外、教学与学习的辩证统一。在当前的高校学前音乐课程设置的过程中，充分体现了这一教育思想，有效地将课程通过线上线下相结合的形式进行了拓展与提升，促使学生在课内外学习的过程中有效地提升了学习效率。

高校学前音乐课程主要包括乐理学习、视唱练耳、奥尔夫音乐教学法、学前儿童音乐教育、儿童歌曲钢琴弹唱、合唱与指挥等专业课程。在这些课程的教学过程中，教师可以通过线上与线下相结合的教学方法，有效地引导学生通过互联网自主学习的途径，对上述课程进行自主学习。通过有效的线上学习过程，能够使学生基本掌握上述课程的重点与关键点，再加之课堂教学中教师引导学生进行教学难点突破，从而帮助学生实现学习效率的提升。

就高校学前音乐课程设置的合理性而言，上述课程教学内容基本涵盖了学前音乐教育的方方面面，能够在高校学前音乐教学领域中，培养学生具备作为未来学前音乐教育工作者应具备的职业素养。利用上述课程设置的过程，还可以使学生形成完整与系统的学前音乐教育观念，促使学生在日后的学前音乐教育工作过程中，更为出色地完成学前音乐教学任务。

整体而言，对于高校学前音乐课程的设置，应当积极利用线上与线下、课内与课外、教学与学习的辩证统一的思维，有效地优化与完善课程教学体系，使学生能够通过多种渠道的高校学前音乐专业课程学习，丰富自身的学习体验，以此达到切实提升学生学习效果的目的。

二、提升学生学习效果的方法分析

（一）培养学生具备良好的学习能力

为了在当前基础上进一步提升高校学前教育专业学生的学习效果，高校学前教育专业音乐教师应有计划地培养学生具备良好的学习能力，从而促使学生取得更为重要的学习成就。在培养学生具备良好学习能力的过程中，首先需要高校学前教育专业音乐教师关注的是，对于学生学习态度以及学习观念的培养，基于学生的职业发展观念，有效地为学生树立起成为一名卓越学前音乐教育工作者的目标，积极促使学生在职业目标的引导下，不断加强课内外的自主化学习活动的开展，从而在自主、合作、探究的学习过程中，有效发挥自身的学习能力优势，不断取得学习进步。

具体而言，在高校学前教育专业音乐教师有计划地培养学生具备良好学习能力的过程中，首先要在为学生确立长远职业发展目标的基础上，培养学生形成积极的学习心态，让学生以成为一名卓越的学前音乐教育工作者为自身的职业发展目标，基于发展式教学理论，积极促进学生围绕高校学前音乐学习开展课内外学习活动，以此提升学生的学习效果。与此同时，在培养学生学习能力的过程中，高校学前教育专业音乐教师还应当注重把握学习与生活的关系，利用生活化的教学语言以及教学理念，积极促使学生基于生活化认知的过程，有效理解深奥、复杂的学前音乐教育知识，并促使学生充分理解高校学前音乐课程的设置作用，促使学生有效掌握高校学前音乐课程中所涉及的知识。

总体而言，学生的学习能力发展能够促使学生学习效果的提升，而在学生学习能力发展的过程中，离不开高校学前教育专业音乐教师的有效引导。通过高校学前教育专业音乐教师有计划、有目标的教育与引导，使学生树立长远发展的职业观念，并且在确定成为一名卓越的学前音乐教育工作者的职业理想的基础上，有序开展高校学前音乐学习活动，从而促使学生在职业理想的引导下，不断提升学习积极性与学习效果。

（二）积极完善线上线下相结合的教学方法

在高校学前音乐教育领域中，教师的教学方法对学生学习效果的影响是显而易见的，而通过积极完善教师教学方法，能够切实地提升学生的学习效果。在线上线下相结合的混合式教学的背景下，翻转课堂、导学PPT、微课教学视频、思维导图、教学任务清单等有效教学方法，能够充分发挥出线上线下相结合的混合式教学的优势，利用学生积极开展网络在线学习的基础，结合教师在课堂教学中的有效指导，从而形成一种完备的线上线下相结合的混合式教学体系，促使学生能够真正地通过教师教学方法的创新与完善，有效地提升学习效率。

学者张伟在专著《泛在环境下高师院校网络课程的构建研究与教学实践》中指出："现代教育的根本特征是以学习者为中心，以信息交流为中心，强化个性化学习，变被动教育为主动教育，变应试教育为素质教育，变知识教育为智能教育，变共性教育为个性化教育。这种新的教育思想、理论和观点在网络教学中得以体现。学习者可以根据自己的特点、兴趣和爱好来选择课程及其相应的教材和教学辅助材料，自主地选择学习的时间、地点和学习方式，选择授课教师，安排自己的学习计划，充分发挥学习的主动性和积极性；还可以通过师生之间、生生之间的异地交流，相互学习，相互促进，做到集思广益，教学相长。"[1] 由此可见，在高校学前音乐教学中充分利用网络教学的模式能够在有效提升学生学习积极性的基础上，使学生获得良好的学习效果。因此，笔者认为，基于线上线下相结合的高校学前音乐教学方法创新，能够切实地提升学生高校学前音乐学习的自主性，并且在学生充分开展线上线下相结合的学习过程中，从根本上获得学习效果的有效提升。

（三）合理化设置课程教学内容

高校学前音乐课程主要包括乐理学习、视唱练耳、奥尔夫音乐教学法、学前儿童音乐教育、儿童歌曲钢琴弹唱、合唱与指挥等课程。而通过对这些课

---

[1] 张伟:《泛在环境下高师院校网络课程的构建研究与教学实践》，新华出版社，2015，第6页。

程的合理化设置，能够有效发挥课程教育资源的优势，促使学生提升学习效果。在合理化完善学前音乐课程设置的过程中，应充分突出其"应用性科目"的特点，有效帮助学生正确认识和理解学前音乐教育领域内存在的各种理论和实践问题，使学生提高在未来开展学前音乐教育实践活动所需要的专业素养。高校学前音乐课程主要研究如何根据幼儿音乐发展的规律和年龄特点，以音乐为媒介，充分发挥其教育价值。学前音乐教育的主要目标如下：①了解并掌握学前儿童音乐教育的核心理念以及教育价值，意识到学前音乐教育通过音乐进行人格教育，树立良好的音乐教育观。②理解并掌握学前音乐教育的基本理论以及教学模式。③学习音乐活动设计的要点以及设计思路，掌握目标撰写的要求。④了解和熟悉歌唱活动、韵律活动、打击乐演奏以及欣赏活动的主要内容，基于幼儿年龄特点及相关领域能力的发展现状进行教学设计、引导。⑤通过学习音乐活动教学方法，增强对音乐相关学科的好奇心和求知欲，激发学习音乐的兴趣以及对学前教育事业的热爱精神。在高校学前音乐教学的过程中，教师要帮助学生达成上述目标，并根据具体课程的细化目标，使学生形成良好的学习能力。

总体而言，在高校学前音乐课程的教学过程中，应基于学生的职业发展导向，有目的地提升高校学前音乐课程的"应用性"价值，突出各门细化课程在实际学前音乐教育中的应用性，从而使学生获得在未来作为幼儿教师开展学前音乐教育的能力，以此基于课程设置提升学生的学习效果。

三、高校学前教育专业学生学习效果简述

（一）高校学前音乐课堂教学方法对于学生学习效果的影响

在高校学前音乐教学过程中，学生的课堂学习是整个教学的基础。对于课堂学习的理论部分，教师主要利用"讲授法""讨论法""小组合作法""辩论法"开展；对于课堂学习的实践部分，教师主要运用"讲授法""练习法""直观演示法""任务驱动教学法"开展。通过对课堂教学知识的讲授、讨论与练习，能够促使学生获得良好的课堂学习效果。在传统教学模式下，教师应积极进行高校学前音乐教育的创新，使学生能够在有效提升专业知识应用能力的基础上，取得更佳的学习效果。为了有效提升高校学前教育专业学生的学习效果，教师在运用"讲授法"的过程中，应注重利用生活化的语言为学生讲授高校学前音乐教育专业知识，运用教学理念，促使学生有效地理解高校学前音乐教育的各种理论知识以及掌握高校学前音乐教育的各项实践技能。教师通

过对"讲授法"的有效利用，使学生能够在理解相关知识的基础上，发展出相应的学习能力，从而为学生日后成为一名卓越的学前音乐教育工作者，奠定坚实的专业技能基础。而在运用"小组合作法"开展学前音乐教学的过程中，教师应引导学生基于合作小组基础，为小组共同的学习任务各尽所能，形成优势互补的局面，从而显著提升高校学前音乐学习质量。在"辩论法"的运用过程中，高校学前教育专业音乐教师需要根据学前音乐知识理论，为学生巧妙设计辩论命题，并且促使正反两方学生在充分运用高校学前音乐理论知识的基础上，论证自身论点的正确性，从而显著提升学生对于高校学前音乐知识的理解、掌握程度。而在高校学前音乐理论教学的过程中，"讨论法"也是一种重要的教学方法，运用师生互动式讨论方式，在平等和谐的讨论氛围中，帮助学生有效理解相关的高校学前音乐教育理论，促使学生能够通过充分的讨论，将相关的高校学前音乐理论内化为自身的音乐素养。在高校学前音乐教学的实践部分中，"练习法"是一种关键的教学方法，通过引导学生通过有效练习，具备相应的实践能力，从而让学生形成成为未来学前教育工作者应具备的音乐教学实践能力基础。而通过"直观演示法"的运用，能够以教师的直观演示作为示范，引导学生更好地提升自身的实际操作能力。就"任务驱动教学法"而言，通过教师为学生发布的学前音乐教育任务，可以在促进学生加强实践练习的基础上，更好地提升自身的自主学习能力，促使学生在自主、合作完成学前音乐学习任务的基础上，形成良好的音乐学习能力。由此可见，无论是运用"讲授法""讨论法""小组合作法""辩论法"还是运用"直观演示法""任务驱动教学法""练习法"，都能够为高校学前教育专业学生的学习带来实质性影响，并且积极提升学生对学前教育音乐知识的应用能力。

（二）高校学前音乐教育网络自主学习对于学生学习效果的影响

高校学前音乐教育的课外学习，主要通过学生的网络自主学习来实现，其学习的方式主要包括翻转课堂教学、导学 PPT、微课教学视频、思维导图、教学任务清单等。在学生的课外自主学习过程中，教师的引导性作用不容忽视，无论是教师进行翻转课堂教学课件的制作，还是教师进行导学 PPT 与微课教学视频的制作，或者是教师进行思维导图与教学任务清单的陈述，都需要积极发挥教师对于学生的网络自主学习的引导作用。学生利用教师为自己提供的网络自主学习资源，能够使自己更好地确立学前音乐网络自主学习的方向，从而以发展自己的"应用能力"为基础，充分地调动自己的自主学习能力，以此通过网络自主学习的方式来切实提升学习效果。

具体而言，高校学前教育专业学生在开展以翻转课堂教学、导学 PPT、微课教学视频、思维导图、教学任务清单为主的网络自主学习的过程中，能够基于对自身网络自主学习能力的提升，有效地理解教师所提供课件、思维导图或者教学任务清单的知识，并且能够通过对自身网络自主学习能力的发挥，获取良好的学习效果。学生的网络自主学习并不是孤立存在的，而是与学生的课堂学习紧密相关的。例如，在"翻转课堂"的学习过程中，学生在通过网络自主学习观看教师所提供的"翻转课堂微课视频"的基础上，将自身已经理解的知识内化，并对于自身尚未完全理解的知识进行重点关注，在课堂教学的过程中，与教师共同解决。由此可见，学生的网络自主学习是高校学前音乐课堂教学的一种延伸，学生的网络自主学习内容与高校学前音乐课程设置紧密相关。通过学生进行网络自主学习这一途径，既能够直接提升学生对于高校学前音乐学习的效率，又能够间接地促进高校学前音乐课堂教学效率的提升。因此，学生的网络自主学习对于整体性提升高校学前音乐教学效率起着重要的作用及具有一定的价值。

（三）高校学前教育专业学生的学习效果总览

在高校学前教育过程中，学生的学习效果受到了多方面的影响。首先在课堂教学过程中，教师的教学与指导能够直接促进学生学习效果的提升；而通过网络自主学习的途径，既能够促使学生提升自身学习效率，又能够促进课堂教育效率的提高。高校学前音乐教育的过程，应当是一种培养专业化、应用型人才的过程，学生需要在坚定成为一名卓越的学前教育工作者的理想目标前提下，积极开展课内外的种种学习活动，从而在充分提升自身学习能力的基础上，使自身获得良好的学习效果。

学生的高校学前音乐学习是一种专业化、应用性学习，其学习效果更多体现在自身的应用能力之上。为了更好地提升高校学前音乐教育效果，高校学前教育专业音乐教师应充分重视高校学前音乐课程的"应用性"，利用实用且利于学生学习与接受的教学手段，使学生形成本专业的应用技能。学生在提升自身应用技能基础上，能够更好地激发日后作为一名卓越学前音乐教育工作者的热情，从而充分激发学生学习音乐的兴趣以及对学前教育事业的热爱精神，促使学生在学前教育的岗位上获得可持续性的职业发展。

由此可见，在高校学前音乐的教学过程中，一切课内外教学内容都需要围绕着"应用性"主题展开，通过学生"应用性"能力的提升，让学生形成良好的音乐素养，促使学生在收获良好学习效果的同时，向着成为一名卓越的学前音乐教育工作者的职业发展方向不断前进，从而使学生有效地树立起基于高校学前音乐学习的职业发展观，引导学生以职业理想目标为导向，不断提升自身的学习效果。

第六节　教育实践的反馈

一、教师教育实践的反馈

（一）教师对于教学理念落实的反馈

在高校学前音乐教育实践过程中，教师对于教学理念的反馈普遍偏好。很多教师表示，在新型的高校学前音乐课堂中，自主、合作、探究的教学理念能够得到有效落实，以此切实提升了高校学前音乐教育效果。对于"教学理念"的定义，学者段作章在专著《教学理念如何走向教学行为》中指出："最早把'理念'作为哲学概念使用的是古希腊哲学家柏拉图。柏拉图的'理念'是指客观的精神存在，是具体事物所追求的一种理想标准。在柏拉图的视野里，理念是一个哲学术语。在教育界借用'理念'这个概念，则是从 20 世纪 80 年代开始的。学者们大都认同教学理念是一种思想观念体系，但在着眼点上有所分歧。有的侧重于对教学客观规律的认识，认为教学理念就是人们对教学活动内在规律认识的集中体现，是教师从教学实践中形成的对教学的基本观点和根本看法，以及在此基础上形成的相对稳定的思想观念体系。有的强调'应然追求'，因为柏拉图的'理念'本指'事物所追求的一种理想的标准'，据此而认为教学理念是教师对教学活动的理性认识。作为理性认识，教学理念不是教学实践在人们头脑中的直接凝结，而是从先进的教学理论中演绎出来的，它反映着人们对教学活动的理想追求。也有学者从'统一、融合'视角出发，认为教学理念是教学理想和教学观念的一种融合，是一种主客观的融合，是一种思想与行为的融合，是一种事实判断与价值判断的融合。"① 由此可见，在高校学前音乐教育过程中，教师对于教学理念的有效落实，是基于对高校学前音乐教育的深刻理解而进行的一种教学实践与教育理论的融合，通过教学理念的发展，能够有效提升高校学前音乐教育质量。

---

① 段作章：《教学理念如何走向教学行为》，华东师范大学出版社，2015，第 9 页。

（二）教师对于学生学习态度的反馈

基于高校学前音乐教学实践基础，教师对于学生学习态度的反馈，在整体上是积极的，但是部分学生的学习态度不佳的问题也存在于高校学前教育专业音乐教师的教学实践反馈中。高校学前教育专业音乐教师普遍表示，在平等和谐师生关系建立的基础上，大部分学生能够保持主动学习的学习态度，并且能够积极参与各方面的教学活动，但是部分学生依然存在学习态度不积极与学习态度不佳的问题。在高校学前音乐课堂中，学生的整体学习态度是良好的，只有部分学生存在学习态度不积极与学习态度不佳的现象。学生在积极学习态度的鼓舞下，能够更加积极地参与高校学前音乐课程的各项教学活动，并与教师及同学开展积极的师生互动、生生互动活动，从而有效地提升自身学习效果。对于部分学生学习态度不积极与学习态度不佳的问题，高校学前教育专业音乐教师应发挥自身的教育引导作用，帮助他们转变学习观念，树立积极的学习态度，从而促使高校学前音乐教学过程中的所有学生都能够以更为积极的学习态度面对高校学前音乐教学。

从整体上来讲，对于高校学前教育专业音乐教师对学生学习态度的反馈，我们应当站在客观的角度进行相应的辩证分析，即整体上学生具备积极、主动的学习态度，局部上部分学生存在学习态度不佳的问题。在当前的高校学前音乐课堂中，大部分学生都具有积极、主动的学习态度，这种学习态度能够引导他们更好地提升自身学习质量。对于部分学生学习态度不佳的现象，应当让高校学前教育专业音乐教师进行有效的引导，促使他们在学习观念转变的基础上，有效地树立积极、主动的学习态度，从而促使高校学前音乐教育过程中的全体学生都能够充分发挥积极、主动学习态度的优势，有效地提升自身的学习质量。

（三）教师对于教育实践效果的反馈

在教师对教育实践效果进行反馈的过程中，高校学前教育专业音乐教师普遍表示，由于线上线下相结合的混合式教学的有效开展，有效地提升了高校学前音乐课程的教学效果。就线上自主学习而言，学生通过对翻转课堂教学、导学 PPT、微课教学视频、思维导图、教学任务清单等内容的课外在线自主学习，能够有效地促进他们掌握高校学前音乐课程的专业知识，还能够有效地提升学生的网络自主学习能力。而在线下的课堂教学中，基于乐理学习、视唱练耳、奥尔夫音乐教学法、学前儿童音乐教育、儿童歌曲钢琴弹唱、合唱与指挥等的学习，能够使学生有效地将线上学习的知识与课堂学习的知识相统一，从而获得良好的学习效果。

高校学前教育专业音乐教师对高校学前音乐教育实践效果的反馈，有效地体现出线上线下相结合的混合教学模式的优势，学生能够将线上的网络自主学习与线下的课堂教学融会贯通，从而达到构建高质量学习能力的目的，为学生日后的职业发展，奠定了良好的素养基础。通过高校学前音乐教学效果的有效提升，能够整体性带动高校学前音乐教学质量的发展，促使学生在高质量的学习过程中，成为具备良好音乐素养的应用型人才，以此为学生未来的职业发展奠定坚实的基础。

总体而言，教师对于高校学前音乐教育实践的效果反馈是十分积极的。高校学前教育专业音乐教师普遍表示，线上线下相结合的混合式教学的开展，为学生带来了良好的学习体验，从而促使高校学前音乐课程改革进一步向纵深发展，不断发挥线上线下教育相结合的优势，为学生提供良好、全面的高校学前音乐教育，促进学生基于线上线下相结合的混合式教学模式，不断开展有效学习，以此在根本上提升高校学前教育专业学生的学习效果。

二、学生学习实践的反馈

（一）学生对于学习实践体验的反馈

高校学前教育专业学生对于学习实践体验的反馈，在总体上是良好的，但是也存在个别学生学习实践体验不佳的问题。大部分学生表示，在线上线下相结合的混合式教学的过程中，自己会将高校学前音乐的理论知识与高校学前音乐的实践素养相结合，从而在理论结合实践的基础上，切实提升自身的学习效果。而部分学生对于高校学前音乐学习实践体验的反馈，存在着学习实践体验欠缺的问题。导致这样的问题出现的原因一方面是高校学前音乐课程设置过于紧凑，学生在既定课时内的学习任务过多，从而无法充分完成高校学前音乐学习任务。另一方面，与学生自身的学习基础有关，部分学生没有树立积极、主动的学习态度，对于高校学前音乐学习总是很敷衍，从而使这些学生欠缺了高校学前音乐学习实践体验感。为了解决这样的问题，首先应当积极发挥高校学前教育专业音乐教师的引导性作用，为出现高校学前音乐学习实践体验不佳问题的学生，有效找出学习实践体验不佳的原因，从而对症下药，帮助这些学生解决这一问题。与此同时，还需要对全体学生加强主动学习观念的教育，促使全体学生都能够以成为学前教育应用型人才为目标，积极带动自身学习发展，让学生在坚定职业发展信念的基础上，认识到学前音乐教育能力是音乐教师的重要素养，从而促使学生重视高校学前音乐课程的学习，利用职业理想的导向有效提升学生的学习效率、学习质量。因此，高校学前教育专业音乐教师应重视学生对于高校学前音乐课程的学习实践体验反馈，在肯定学生积极反馈的基础上，对于学习实践体验不佳的学生，进行针对性的辅导与教育，以此全面提升高校学前音乐教育的质量。

（二）学生对于自身学习发展的反馈

高校学前音乐教育具有明确的目的性，那就是培养"应用型"学前音乐教育工作者。学前教育专业学生在学习学前音乐学科相关知识的过程中，普遍反馈高校学前音乐课程能够有效地促进自身长远的职业发展。大多数学前教育专业学生都是以成为一名学前教育工作者为自身职业发展目标的，在职业理想的引导下，能够更为认真地开展高校学前音乐课程学习，从而有效地为自身日后的职业发展奠定坚实的基础。

在众多学生的反馈之中，学生普遍表示通过高校学前音乐的学习，能够使自身具备成为一名优秀的学前音乐教育工作者应具备的职业素养，促使自身日后的职业发展前景更为广阔。通过收集学生对于自身学习发展的反馈，我们认识到，大多高校学前教育专业学生都能够在准确进行自我职业发展规划与定位的基础上，掌握学习技能。与此同时，学生在成为一名优秀的学前音乐教育工作者的职业理想的引导下，还能够通过教师的指导与教育，以及自身的课外自主学习，养成更为全面的音乐素养，获得良好的思想道德素质基础，以及先进的学习理念，从而更好地促进学生的综合能力发展。

总体而言，学生对于自身学习发展的反馈，总体上是良好的，在成为一名优秀的学前音乐教育工作者的职业理想的引导下，学生能够有计划、有目的地开展高校学前音乐课程学习，从而促使学生通过高校学前音乐课程学习的过程，更好地朝向自身的理想而努力，使学生在清晰自身幼儿园教师的职业理想以及职业发展路径规划的基础上，更为有效地开展对于高校学前音乐课程的学习。

（三）学生对于教师教学方法的反馈

在高校学前音乐教育过程中，我们通过收集学生对于教师教学方法的反馈，并通过合理化研究的过程，掌握了学生对于各种高校学前音乐教学方法的适应能力以及接受程度，从而更加明确了高校学前音乐教育中应采用的教学方法。就线下的课堂教学而言，学生普遍对于"讲授式"教学方法的反应一般，这体现了学生对于高校学前音乐教育理论学习态度一般的学习现状。而对于"互动式讨论"教学方法，具有充足的学习兴趣，这一点表明了学生更加乐于在平等和谐的教学环境中，通过有效的师生交流、生生互动来提升自身的学习质量。学生对于"练习法"的反馈也很好，这一点凸显了学生在高校学前音乐学习过程中乐于开展实践活动的特点。而在线上的学生课外自主学习过程中，学生普遍对于"翻转课堂"教学方法较为认同，体现出了学生乐于提升自身学习自主性的学习特点。学生对于"导学PPT"的课外自主学习方法也较为认同，通过课外对于"导学PPT"的学习，能够明确自身学习的目标，从而在线上线下相结合的学习过程中，有效提升自身的学习能力、学习效率以及学习效果。与此同时，学生对于"微课视频教学"的方法提出了十分积极的反馈意见，表明自身更愿意利用微课视频的在线观看，提升自身音乐素养的学习意愿。与此同时，学生对于"思维导图"教学方法的反馈也很好，利用思维导图进行学习，能够使学生更加明确高校学前音乐教学中各门课程的关联性，从而促使学生有效地统合高校学前音乐课程知识，获得良好的学习效果。最后，学生对于"教学任务清单"教学方法的反馈也十分积极，通过教学任务清单能够使学生更加明确课内外学习任务，促使学生在"有章可循"的学习过程中，更好地发挥学习能力，取得良好的学习效果。

三、对于教育实践反馈的总结

（一）高校学前音乐教学在总体上实现了高质量教学

通过对师生教育实践反馈的总结，我们可以得出高校学前音乐教学在总体上实现了高质量教学的结果。在教师教学的方面，高校学前教育专业音乐教师积极完善自身的专业化教学能力，以及更新线上线下相结合的混合式教学的教学理念，在有效落实"立德树人"根本任务的基础上，为学生设计进行了详尽的高校学前音乐教育内容，促使学生在形成作为一名未来学前音乐教育工作者应具备的专业化素养的基础上，有效实现了全面发展，从而切实提升了高校学前教育专业音乐教师教学的质量。而通过对学生的高校学前音乐学习反馈进行分析，我们认识到，在整体上学生的学习很积极，能够通过线上线下相结合的混合式教学的途径，切实发挥自身的自主化、探究式、合作性学习能力，通过线上课外学习与线下课堂学习的结合，提升自身的学习质量。

高校学前音乐教学中高质量教学目标的实现，需要师生的共同努力以及携手合作，通过教学理念、教学方法、学习态度、教学模式的有效完善与更新，促进教学发展。通过高校学前音乐师生的反馈，我们可以看出，在教师的教学理念与教学方法层面，教师的表现都十分积极，并且能够在不断完善教学理念的基础上，积极创新教学方法，从而切实地提升高校学前音乐教学的质量。就学生的学习效果与学习态度而言，通过收集学生的学习反馈意见，我们看出大多数的学生能够在职业理想的指引下，树立更为积极的学习态度，从而有效提升自身的学习能力，获得良好的学习效果。此外，学生也能够从教师的教学中提升自己的学习能力，以此为自身日后的职业发展奠定良好的能力基础。由此可见，通过对师生教育实践反馈的总结，我们可以得出高校学前音乐教学在总体上实现了高质量教学的结论。

（二）教师及学生基本具备积极的教育理念与学习态度

通过收集高校学前音乐教学的师生反馈，可以充分证明，教师及学生基本具备积极的教育理念与学习态度。就教师教学态度的反馈而言，大多数高校学前教育专业音乐教师都能够基于自身师德师风的发展，有效地树立起积极的教学理念，从而在有效落实"立德树人"根本任务的基础上，建立起更为良好的高校学前音乐教育育人模式。教师的教育理念转变，还在于从传统的"学生知识的教学者"角色，转变为"促进学生自主学习的引导者"角色，从而在有效地突出学生主体学习价值的基础上，更好地通过教育理念的完善与更新，建立良好的高校学前音乐教育模式。通过教师教育理念的反馈，我们可以认识到先进的高校学前音乐教育理念对于促进学生长远职业发展的积极作用。教师利用对"发展式"教育理念的落实，能够在促进学生全面发展的基础上，更好地使学生具备日后成为一名专业的学前教育音乐工作者应具有的职业道德与专业素养，促使学生真正发展成为学前教育领域中的应用型人才。

通过收集学生对于高校学前音乐教育的反馈，我们认识到大多数高校学前教育专业学生都已经具备十分积极的学习态度。在学生积极完成课堂学习的任务的基础上，有效依托互联网在线教育，利用课外时间展开线上自主学习。基于学生的积极学习态度，有效统合线上、线下自主学习的关系，促使学生在有效提升学习能力的基础上，更好地构建起良好的线上线下学习体系，并利用自主化的学习过程，发展出可用的专业技能，从而为学生日后成为一名优秀的学前音乐教育工作者奠定良好的学习基础。就局部而言，学生对于高校学前音乐学习的态度还存在一些问题，教师在面对学生学习问题的过程中，需要找准问题的根源，利用具有针对性的方法来帮助学生解决学习问题，从而更好地促进学生学习态度、学习能力以及学习效果的发展。

（三）高校学前音乐教学改革取得了良好的效果

通过收集高校学前音乐教育师生的反馈，发现高校学前音乐教学改革取得了良好的效果。在对高校学前音乐教育师生的反馈进行分析的过程中，最为突出的亮点就是线上线下相结合的混合式教学模式对于高校学前教育专业师生教学理念与学习方法的影响。通过这样根本式的教学改革，一方面促进了教师教学理念的完善与教学质量的提升；另一方面促进了学生学习方法的完善以及学习效率的提升。基于线上线下相结合的混合式教学模式改革，传统的高校学前音乐教学突破了课堂教学的藩篱，有效地拓展出广阔的网络在线自主学习空间，使学生的学习不再受到课时的限制，能够随时利用互联网在线学习的方式，有效提升自身对于高校学前教育音乐知识的理解程度，从而构建出一种全新的线上线下相结合的混合式教学模式。

在高校学前音乐教学改革的过程中，教师既需要依赖线上线下相结合的混合式教学模式，有效开展对于学生课内外的教学指导，又要积极更新教学观念，有效地开展高校学前音乐的课堂教学整合与改革。就高校学前音乐教学改革而言，虽然目前学前教育音乐课程的目标定位主要是培养具备一定音乐专业技能的人才，但是因为音乐教材与音乐课程的专业化要求，导致有些教学内容定位不准，没有紧扣学前教育专业的定位，而更侧重音乐专业人才培养定位。这就需要高校音乐教师层层把关，对学前教育专业音乐课程中不利于应用型人才培养的教学内容进行梳理、分类，使音乐课程中的教学目标、教学手段、教学方法和内容都紧紧围绕适用于未来教学的音乐基础知识与技能。例如，把所有乐理知识拆分到不同的音乐课程中，把视唱练耳的内容与钢琴、儿童歌曲钢琴弹唱相结合，等等。

第二章

高校学前音乐教育施行混合教学模式的必要性

第一节　混合教学模式的含义

一、混合教学模式的基础含义研究

（一）混合教学模式是多种教学手段混合运用的教学模式

顾名思义，混合教学模式是一种将多种教学手段整合运用的教学模式。在混合式教学模式的应用过程中，首先有效构建新型的混合式教学模式，从而以更为优质的教学资源，促进学生有效提升学习质量。在混合式教学过程中，一般先利用线上名师课堂、翻转课堂教学、导学 PPT、微课视频教学、思维导图、教学任务清单、教学内容分享与讨论、知识点动画等线上教学途径，引导学生开展网络自主学习；在学生网络自主学习的基础上，有效地开展基于课堂教学的自主探究学习、小组合作学习、研究性学习等自主、合作、探究学习活动。在线上教学与线下教学相结合的基础上，利用多种教学手段混合运用的教学途径，促进学生更好地发挥自主学习能力，从而取得良好的学习效果。

在混合教学模式应用过程中，线上的教学资源整合是混合式教学有效开展的前提，通过教育者有效的线上教学资源制作，引导学生发展出对课程的学习认知能力，继而在之后的课堂教学过程中，基于学生对于线上教学资源的理解，有效开展相关的自主、合作、探究学习活动，并基于对学生学习问题的解答，有效提高混合教学模式的教学质量，取得更好的混合式教学效果。具体到设计混合式教学课件的过程中，教育者需要将各个教学知识点进行科学拆分，利用分别阐述与分析的过程，促使学生有效把握不同的知识点，促使学生抓住混合式教学的主要矛盾，促使学生能够更为深刻地理解混合教学模式下的各个知识重点。

（二）混合教学模式基于线上线下相结合的教学途径展开

混合式教学，即将在线教学和传统教学的优势结合起来的一种"线上"+"线下"的教学。通过两种教学组织形式的有机结合，可以把学习者的学习由浅层学习引向深度学习。在线上线下相结合的混合式教学过程中，教师需要统筹线上线下教学的关系，以学生的互联网在线学习为基础，积极促使学生通过互联网在线学习，对课程教学中的各个知识点产生整体性的理解；继而在之后的线下课堂教学环节，积极促进学生在线上网络自主学习的基础上，有效开展自主、合作、探究学习活动。

就线上线下相结合的混合教学模式的开展而言，学生线上的网络自主学习是一种整体性了解教学内容及关键知识点的过程；而之后的线下课堂教学，则是促进学生提升学习质量以及学习效果的过程。以线上网络自主学习为基础，以线下课堂教学为延伸，有效发挥线上线下相结合的混合教学模式的优势，促进学生更好地提升学习质量。

在这样的线上线下相结合的混合教学模式下，学生对于线上网络教学课件的学习，是整个混合式教学模式开展的基础；而线下的课堂自主、合作、探究学习，则是整个混合式教学模式的拓展以及延伸。学生完成了线上网络自主学习，以及线下课堂教学的自主、合作、探究学习之后，教师需要有效利用教学评价手段，对学生的学习过程、学习方法、学习质量等学习因素展开科学、客观的评价，从而在进一步激励学生产生学习动力的基础上，为学生有效指出其学习的短板及缺陷，促进学生在今后的线上线下相结合的混合教学模式中，积极地弥补自身学习的短板和缺陷，从而促使自身的学习能力得以提升，促使线上线下混合式学习能力得以提升。

（三）混合教学模式能够有效提升教学深度

《混合式教学改革》一文中指出："开展混合教学的最终目的不是去使用在线平台，不是去建设数字化的教学资源，也不是去开展花样翻新的教学活动，而是有效提升绝大部分学生学习的深度。如果我们承认学习心理学是一门科学的话，就应该认同在学习方面是有相对简洁的路径可走的，应该有相对稳定的规律。我们不要被所谓的学科不同、教无定法等表面现象所迷惑。在学习心理学上对学习内容的分类是确定的，不像我们所想象的那样千变万化，而不同类型的学习是存在科学规律的，对这些类型内容的教学也是存在规律的，同样不像我们所想象的那样"教无定法"。所谓的"教无定法"只是表面形式上的问题，各种教学法在基本的逻辑上是非常确定的。当然，我们必须根据实际情况进行最优化的处理，因为我们可能不一定具备开展最佳教学所需要的前提条件。总之一句话，我们应该努力依据学习和教学的规律去实现提升学生学习深度的目标。"

由此可见，有效提升教学深度是线上线下相结合的混合教学模式的总体教学目标，通过学生的线上网络自主学习，以及课堂自主、合作、探究学习，加之教师科学、客观的教学评价，能够有效地在提升混合式教学深度的基础上，为学生带来深刻的学习体验以及学习印象，从而更好地发挥出线上线下相结合的混合教学模式的实效性，引导学生积极开展深度自主学习，促进学生有效发展出良好的学习能力，从根本上提升混合教学模式下教学的整体质量。

二、混合教学模式的拓展含义分析

（一）有效利用线上教学模式为学生构建学习基础

线上网络自主学习过程是开展线上线下相结合的混合教学模式的基础。学生在线上的网络自主学习过程中，需要充分理解网络教学课件中的各个知识点，从而构建起坚实的线上网络自主学习基础。在线上线下相结合的混合教学模式中，学生的网络自主学习是后续开展课堂教学的基础，因此师生在线上网络自主学习过程中，应充分发挥学生的主体性学习作用，以及教师的主导性教育作用，以此有效确保学生通过线上网络自主学习获得良好的学习效果。

网络教学课件是网络自主学习的主要素材，教师在制作网络教学课件的过程中，需要兼顾网络教学课件的趣味性与知识性，利用趣味性的网络课件制作流程，促使学生提高网络自主学习的兴趣；利用网络自主学习课件的知识拓展，促使学生有效掌握网络自主学习课件中所涉及的各类关键知识点，从而更好地增强网络自主学习课件的知识教育功能。

在学生的线上网络自主学习过程中，教师的主导作用同样不容忽视。教师一方面需要通过网络在线交流的方式为学生解答学习问题；另一方面需要根据学生的网络自主学习开展状况，组织相应的网络学习效果在线测评活动，从而基于此活动来帮助学生查缺补漏，解决学生在网络自主学习过程中遇到的问题，并且通过科学的网络学习效果在线测评，及时发现学生在自主学习过程中的缺陷与漏洞，从而利用教师网络在线指导的过程，有效地帮助学生弥补网络自主学习过程中的缺陷与漏洞，在突出教师在学生网络自主学习过程中的主导价值基础上，更好地提升学生自身的学习质量。

（二）积极开展线下课堂教学活动来提升学生的学习质量

在学生充分开展线上网络自主学习的基础上，教师应当在线下课堂教学的过程中为学生组织丰富的教学活动，促使学生灵活运用通过线上网络自主学习掌握的知识，完成各种自主探究学习任务、小组合作学习任务、研究性学习任务，从而确保线上线下相结合的混合教学模式下学生的线下课堂学习质量得以提升。在学生开展各种自主探究学习、小组合作学习、研究性学习活动的过程中，教师需要积极发挥主导性作用，充分地引导学生提升各项学习活动的质量，还应利用自身的教育指导，促使学生获得良好的学习活动开展效果。学生开展了各项自主探究学习、小组合作学习、研究性学习活动之后，教师需要站在科学、客观的立场上，对学生的学习活动表现进行恰当的评价，在使学生产生更为浓厚的学习兴趣的基础上，有效帮助学生指出其学习体系中的不足，从而引导学生在弥补自身学习不足的基础上，进一步提升自身的学习效果。

总体而言，在线上线下相结合的混合教学模式下的线下课堂教学活动的开展过程中，需要有效统合学生的主体学习作用以及教师的主导性教育价值。教师应有效地引导学生运用通过线上网络自主学习掌握的相关知识，通过自主探究学习、小组合作学习、研究性学习等形式的自主、合作、探究学习，加深学生对于课程教学知识的理解，为学生建立起科学的学习知识体系，从而在从根本上提升混合式教学质量的基础上，促进学生更好地获得整体学习素养的发展。

（三）基于混合教学过程协同提升学生线上线下学习能力

在线上线下相结合的混合教学过程中，教师应当通过有效的教学引导，促使学生基于混合教学过程协同提升线上线下学习能力，从而为自身构建起更为适应学习能力发展需要的学习能力体系。就学生开展网络自主学习的优势而言，学者陈东在专著《网络教育学习指导》中指出："网络时代中，信息资源公开平等，能够无损使用、无损分享，任何网络使用者都可以在授权范围内使用公共网络资源，从某种意义上讲，网络信息资源将成为世界最重要的资源之一。在网络教育中，各种教育资源通过网络跨越了空间距离的限制，使学校教育成为可以超出校园向更广泛的地区辐射的开放式教育。学校可以充分发挥自己的学科优势和教育资源优势，把最优秀的教师、最好的教学成果通过网络传播开来。"[①] 由此可见，在线上线下相结合的混合教学模式下，学生的网络自主学习能够有效地发挥学科优势与教育资源优势，促使学生利用网络自主学习的过程，积极提升学习能力以及知识素养。就学生的线下课堂学习而言，在教师为学生查缺补漏的基础上，积极开展自主探究学习、小组合作学习、研究性学习等自主性学习活动，能够促使学生在获得更为高涨的学习兴趣的基础上，提升线下课堂学习的学习能力，从而更好地掌握线下课堂教学知识，提升线下课堂教学活动的开展价值。因此，基于线上线下相结合的混合教学模式，能够协

---

① 陈东：《网络教育学习指导》，电子工业出版社，2011，第8页。

同提升学生线上线下学习能力，促使学生获得更佳的学习效果。

三、混合教学模式的核心含义解析

（一）有效发挥线下线上相结合的混合式教学优势

通过线上线下相结合的混合教学模式的运用过程，能够有效发挥线下线上相结合的混合式教学优势，促进学生在提升线上网络学习能力的基础上，有效发展线下课堂学习能力，从而帮助学生实现线上线下学习能力的协同发展。通过学生线上网络自主学习，能够为学生构建起较为全面的课程学习知识体系，从而在之后的课堂教学活动开展过程中，引导学生灵活运用线上网络自主学习所习得的知识与技能，有效地开展线下课堂教学活动。利用这样线上线下深度融合的混合式教学模式，能够积极发挥学生在线上网络自主学习以及线下课堂教学中的学习优势，充分凸显学生的主体性学习地位，再加上教师的线上线下教学指导，促进学生利用线上网络自主学习以及线下课堂教学活动相结合的学习方式，切实深化对于课程知识的掌握程度，从而构建起较为完善的课程学习知识体系，实现自身学习能力以及学习效果的根本性提升。

具体到线上网络自主学习过程中，学生能够充分利用网络自主学习手段，对于课程教学知识进行完整的、系统化的了解，并且基于线上网络自主学习，基本掌握课程教学相关知识，在遇到疑难问题之时，还可以通过在线沟通的途径向教师求助，从而有效地提高学生的线上网络自主学习质量。

而在线下课堂学习过程中，教师需要在帮助学生解决共性教学疑难问题的基础上，对于出现个别化学习问题的学生进行针对性的指导，从而促进全体学生有效解决学习问题，提升对于课程专业知识的掌握程度。之后通过自主探究学习、小组合作学习、研究性学习等学习活动，有效促进学生将通过线上网络自主学习获得的知识，尝试在实践活动中进行运用，从而更好地促进学生将课程教学知识转化为自身可用的能力，以此有效提升线下课堂教学活动的开展质量。

（二）引导学生积极主动地参与线上线下学习活动

在线上线下相结合的混合教学模式的运用过程中，教师应当充分引导学生积极主动地参与线上线下学习活动，在充分提升学生学习积极性的基础上，更好地提升学生线上线下学习的学习效果。"最好的学习是自主学习。最好的控制是自我控制。最好的成长是自我成长。"在学生充分开展各种线上线下自主学习活动的过程中，教师应积极地对于学生的线上线下学习进行引导，促使学生在主动参与各种线上线下学习活动的过程中，形成积极主动的学习观念，发展出可用的知识技能，从而真正促进学生通过参与各种线上线下学习活动，取得良好的学习效果。

在对线上线下相结合的混合教学模式内容进行完善与更新时，应当建立起新颖的混合式教学理念，在学生开展线上网络自主学习的过程中，教师基于线上学习活动的设计理念，为学生设计相应的网络自主学习任务，并在学生完成网络自主学习任务之后，对学生网络自主学习的效果进行恰当的点评，以此为学生树立积极主动的线上网络学习观念。在线下课堂教学活动开展过程中，教师应基于对自主探究学习、小组合作学习、研究性学习等课堂学习活动的有效引导，帮助学生提升参与相关学习活动的学习效果，并在学习活动完成之后，根据不同学生的学习表现，进行认真评价，在帮助学生查缺补漏的基础上，进一步提升学生的学习积极性与知识掌握运用能力，从而为学生树立积极主动地参与线下课堂学习活动的观念。

（三）切实发展学生的自主学习观念以及自主学习能力

线上线下相结合的混合教学模式开展的基础，是学生自主学习能力的发展。学生通过有效的自主学习能力发展，能够充分开展线上线下相结合的混合教学模式下的网络在线学习，以及积极参与线下课堂学习活动，从而在自身自主学习能力的引导下，获得良好的线上线下学习效果。

为了更加有效地提升线上线下相结合的混合教学模式的教学质量，教师需要根据课程教学的整体目标，基于线上线下相结合的混合教学理念，对于课程教学的整体结构进行重塑，在更加利于学生发展、便于学生学习的线上线下相结合的混合教学模式基础上，引导学生更为积极主动地提升自主学习能力，促进学生有效利用完善的自主学习观念，依托卓越的自主学习能力，充分开展线上线下的自主学习，在进一步凸显学生主体学习作用的基础上，促进学生更好地通过自主学习过程，获得可用的课程知识，并且能够将抽象的知识转化为自身可用的知识应用能力，以此获得良好的线上线下相结合的混合教学效果。

就学生的自主学习观念以及自主学习能力培养而言，教师需要积极依托教育心理学理念，利用有效的教育手段，引导学生认识到线上线下相结合的混合教学模式下，自主学习观念以及自主学习能力的重要性，并在具体的网络在线学习指导与课堂教学活动指导过程中，对学生的自主学习观念与自主学习能力进行有目的的培养与发展。在这样的自主学习观念以及自主学习能力培养过程中，能够真正促使学生形成更为积极的自主学习观念，并在教师的逐步引导下，逐渐形成良好的自主学习能力。

第二节　学前音乐教育改革的背景、意义与影响

一、学前音乐教育改革的背景研究

（一）传统的学前音乐教育模式的特点研究

在传统的高校学前音乐教育模式中，教学场所仅限于课堂，并且由于既定课时的限制，学生很难在课堂学习过程中进行充分的自主探究学习、小组合作学习与研究性学习，影响学生学习效果的提升。

与此同时，在传统的高校学前音乐教育师生关系之中，教师与学生一直处于一种"教师教学，学生学习"的不对等状态，师生间的沟通交流也仅限于课堂教学中的沟通交流。而传统的学前音乐教育，是以发展学生音乐专业知识为目的的知识性人才培养模式，与学生日后成为专业的学前音乐教育工作者的工作实际相脱节，使得高校学前音乐教学出现了教学目标与学生职业发展不相符需求的问题。

此外，在传统的学前音乐教育模式当中，教学方法的单一、教学理念的落后与教学内容的片面，使得传统高校学前音乐课堂教学的教学质量大打折扣，很难真正地培养出学前音乐教育应用型人才。首先教学方法单一，传统的学前音乐教育教学方法仅限于"讲授法""讨论法""练习法"，使得学生难以获得良好的学习效果。其次，教学理念落后，传统高校学前音乐课堂以培养学生的音乐专业素养为核心的教学理念，与学生在日后的学前音乐教育工作中的实际应用相脱节。最后，传统学前音乐课堂教学内容片面，传统的学前音乐教学资源仅限于教师的纸质教案，其教学设计与实际教学中的教学方法及内容都很单一，难以促进学生获得良好的音乐素养。

（二）学前音乐教育改革的作用性分析

基于以上传统学前音乐教育模式的特点及短板，在高校学前音乐教育领域内开展教育改革势在必行。利用线上线下相结合的混合教学模式进行改革，首先能够有效拓宽传统学前音乐课堂的宽度与广度，利用线下课堂教学与线上

自主学习相结合的教学改革途径，为学生有效拓展了学前音乐课程学习的空间，促使学生积极发挥自主学习能力，充分开展线上线下相结合的混合教学模式下的自主学习。

其次，学前音乐教育改革还能够重新定位学前音乐教学中的师生角色，促使教师从"知识的教导者"转变为"学生学习的引导者"，促进学生从"知识的被动接受者"转变为"知识的主动获取者"。通过这样的角色定位，有效突出了学生的主体学习作用，从而真正构建起"学生为主体，教师为主导"的新型师生关系，促进学生有效发挥自主、合作、探究学习能力，切实提升高校学前音乐学习的效率。

最后，通过以线上线下相结合的混合教学模式为主的高校学前音乐教学改革，能够有效地丰富学前音乐教育教学资源。在建设学前音乐教学资源库的基础上，将教师整理制作的各种信息化课件以及纸质教案等，统统收入高校学前音乐教学资源库中，从而有效发挥高校学前音乐教学资源库的教学资源优势，为学生提供丰富而又详尽的自主化学习资源，促进学生对相关教学资源的有效运用，切实提升其学习质量。

（三）学前音乐教育改革的改革途径探析

在高校学前音乐学科的线上线下相结合的混合教学模式改革过程中，其根本的改革途径就是将传统的线下课堂教学模式改革为线上线下相结合的混合式教学模式，通过教学领域的拓展，有效促使学生开展积极主动的线上线下自主学习，从而在更好地提升学生学习自主性的基础上，切实完善高校学前音乐教学模式。

与此同时，在高校学前音乐线上线下相结合的混合教学模式的改革过程中，基于教师与学生角色的重新定位，能够有效建立"以学生为主体，以教师为主导"的新型师生关系，以此在线上线下学习过程中，充分凸显学生的主体学习地位，加之教师的有效学习引导，促使学生获得良好的音乐素养，为学生今后成为一名卓越的学前音乐教育工作者奠定坚实的基础。

最后，在利用线上线下相结合的混合教学模式进行改革的背景下，教师通过为学生提供线上名师课堂、翻转课堂教学、导学 PPT、微课视频教学、思维导图、教学任务清单、教学内容分享与讨论、知识点动画等线上教学资源，促使学生有效开展线上自主学习，在拓展高校学前教育音乐知识宽度的基础上，更好地培养学生的网络自主学习能力，使学生能够积极利用对以上各种网络在线学习课件的自主学习，更为主动地收获高校学前音乐专业知识，同时能够为线下的课堂学习留出更多自主探究学习、小组合作学习、研究性学习的空间，从而全面地提升学生的学习效果。

二、学前音乐教育改革的意义分析

（一）明确高校学前音乐教育改革的目的

要明确高校学前音乐教育开展线上线下相结合的混合教学模式的改革意义，应当先明确高校学前音乐教育的目的。高校学前音乐教育线上线下相结合的混合教学模式改革的根本目的，是促进高校学前音乐课程教学的实用性提升。基于线上线下相结合的教学改革模式，能有效拓宽传统高校学前音乐课堂的教学空间，并通过新型师生关系的定位与重塑，积极构建起"以学生为主体，以教师为主导"的新型师生关系，从而在更加突出学生主体学习作用的基础上，有效发挥教师的主导性教育价值，促进全体师生在"教学相长"的教学过程中，协同提升学习与教学质量。

通过线上线下相结合的混合教学模式改革，还能够通过建立高校学前音乐教学资源库的形式，有效达到拓展和丰富教学资源的目的。教师可构建以网络教学课件为主，以纸质教案、教学设计为辅的现代化高校学前音乐教学资源库，从而更好地拓展和丰富高校学前音乐教学资源。

高校学前音乐教育改革在课程教学模式整合、师生关系重塑、教学资源拓展等方面体现出了明确的目标性，并且进行了成功的教学改革实践。由此可见，高校学前音乐教育改革的根本目的在于，整体性提升高校学前音乐学科教学质量，促进新型师生关系建立，并且有效地丰富高校学前音乐的线上线下教学资源，促使高校学前音乐课程能够有效地凸显其教育意义与育人价值，从而培养出更多具备高质量音乐素养的学生。

（二）促使学前音乐教育向着培养应用型人才发展

在传统的学前音乐教育理念下，学前音乐教育的整体教学目标是培养学生的音乐专业素养，而这样的整体教学目标在当前的学前音乐教育发展过程中，显然已经不能满足社会对学前教育专业应用型人才的需要。对于传统模式下的学前音乐整体教学目标进行改革，关系着新型模式下学前音乐教学改革的根本性价值，通过树立培养学前教育专业应用型人才的整体教学目标，有效明确高校学前音乐课程定位，促使高校学前音乐课程不断向着培养应用型人才发展。

通过有效的高校学前音乐线上线下相结合的混合教学模式改革，能够对高校学前音乐教育的整体教学目标重新定位，将培养学前教育专业应用型人才的目标放在高校学前音乐教育的首位，并围绕着培养学前教育专业应用型人才的目标，开展各种各样的线上线下教学活动，真正促使高校学前音乐课程具备先进且实用的课程导向价值。

在线上线下自主学习的过程中，需要以发展成为学前教育专业应用型人才为学习的整体方向，积极利用自主探究学习、小组合作学习、研究性学习等先进的学习模式，使学生形成良好的音乐素养，促使学生积极树立成为学前教育专业应用型人才的职业理想，从而让学生在理想的指引下，在成为学前教育专业应用型人才的道路上愈走愈远，最终成为一名杰出的学前音乐教育工作者。

（三）有效提升学生音乐素养

在学前音乐教育的整体教学目标重新定位的背景下，为了促使学生更好地成为学前教育专业应用型人才，就需要积极发展与提升学生的音乐素养，使学生逐步满足成为学前教育专业应用型人才的发展需求，从而获得良好的职业发展前景。

在提升学生音乐素养的过程中，学生可通过充分的网络在线学习，有效了解学前音乐课程中的各种基础知识，如果学生在网络在线学习中遇到任何学习问题，能够通过网络情境下的师生互动，随时向教师请教。在此基础上，学生在高校学前音乐课堂学习过程中，应与教师及同学通力合作，积极开展学前音乐教学活动、自主探究学习、小组合作学习、研究性学习，有效促使学生在"以学生为主体，以教师为主导"的新型师生关系的背景下，积极发挥线下课堂学习的主动性，从而在提升学生自主、合作、探究学习能力的基础上，让学生形成良好的音乐素养。在高校学前音乐教学过程中，教师要充分基于培养学前教育专业应用型人才的理念，对学生的学习过程加以详尽的指导，基于学生学习问题的解决，促进学生的音乐素养发展，并利用对于学生各种学习活动的有效指导及点评，积极分析学生各种学习活动的价值以及作用，促使学生能够通过教师的详尽点评，找到自身当前音乐素养的不足与短板，从而在之后的学前音乐学习过程中，有目的地弥补自身音乐素养的不足与短板，以此促进学生提高音乐素养。

三、学前音乐教育改革的影响价值探析

（一）有效拓展了学前音乐教育渠道

高校学前音乐课程的线上线下相结合的混合教学模式改革，有效拓展了学前音乐教育的渠道，使传统单纯依靠课堂教学而开展的高校学前音乐课程教学模式，转变为线上线下相结合而开展的高校学前音乐课程教学模式，从而在充分拓宽高校学前音乐教学渠道的基础上，有效地提升了高校学前音乐课程的育人质量。

具体而言，在传统的高校学前音乐课堂中，仅依靠教师的"口传心授"进行教学，学生主动学习的机会少之又少。通过高校学前音乐课程的线上线下相结合的混合教学模式改革，能够在充分发挥学生主体学习作用的基础上，引导学生根据教师提供的互联网在线学习课件资源开展系统的自主在线学习，从而促使学生在提升自主学习能力的同时，切实利用自主学习的方式掌握各方面的学前音乐教育基础知识。在学生开展网络自主学习的同时，高校学前教育专业音乐教师还能够通过网络进行教学辅导，帮助将学生的学前音乐基础知识切实转化为能力，从而有效实现将学生培养成为学前教育专业应用型人才的发展目标。在学前音乐教育线上线下相结合的混合教学模式改革的过程中，基于学生网络在线学习的基础，能够节省更多基础知识概念与基本技能教学的时间，更多地倡导学生开展自主探究学习、小组合作学习、研究性学习，从而在整体性改变学前音乐课堂教学面貌的基础上，更好地使学生具备自主、合作、探究学习能力，也对高校学前音乐教学质量的提升起着关键的作用。

（二）构建起更为积极的师生关系

在高校学前音乐线上线下相结合的混合教学模式改革过程中，能够基于新型的师生关系定位，有效地构建起更为积极的师生关系。在传统的高校学前音乐课堂中，师生的关系一直依靠"教师教学，学生学习"的单一途径进行维系，而在新型的师生关系定位中，教师由"知识的传授者"转变为"学生学习的指导者"，学生由"被动的知识接受者"转变为"主动的知识收获者"。这样明显的师生关系定位转变，能够有效促使学生在学习过程中变被动为主动，积极发挥学生的主体学习作用，同时有效发挥教师的教学主导作用，从而在根本上提升高校学前音乐课程教学的质量。

与此同时，新型的高校学前音乐教育中师生不仅能够通过线下教学的途

径进行交流，还可以通过互联网进行交流。在互联网在线学习过程中，学生就遇到的学习问题，通过互联网交流的途径请教教师。教师也可以随时通过互联网交流的渠道，为学生解答学习问题。这种依靠线上互联网交流的师生互动，能够在更加便捷的互联网渠道下，促进高校学前音乐师生关系的发展，从而使学生更加信任教师，并与教师发展成为朋友，有效地构建起更为积极的师生关系。此外，通过师生的互联网在线交流，教师还能够凭借自身完善的人格与丰富的人生经验，对学生提供更多学习之外的人生指导，促使学生发展出完善的人格与正确价值观，从而在充分落实"立德树人"根本任务的基础上，有效促进学生的全面发展。

（三）促进学生切实发展成为学前教育专业应用型人才

随着高校学前音乐线上线下相结合的混合教学模式改革的不断推进，传统学前音乐课堂培养学生音乐专业能力的总体教学目标，转变为培养学生成为学前教育专业应用型人才的总体教学目标，切实提升了高校学前音乐教育的目标导向性，促使高校学前音乐教学更好地面向"应用性"的角度发展。

通过高校学前音乐教育总体教学目标的转变，促使学生能够更加注重通过自身音乐素养的发展，成为高素质的学前教育专业应用型人才。

而在培养学前教育专业应用型人才的过程中，高校学前教育专业音乐教师需要更好地发挥教师的主导作用，以培养学前教育专业应用型人才为目标，进行相应的课程设计、课件设计，促使学生通过互联网在线课件学习，不断提高自身的基础能力，并通过教师线下高校学前音乐课程教学中的有效引导，更好地为学生发展成为学前教育专业应用型人才奠定基础。

由此可见，随着高校学前音乐总体教学目标的变革，高校学前音乐的教学定位得以重塑，基于培养学前教育专业应用型人才的总体教学目标，能够促使高校学前音乐课程教学体系获得整体上的完善，从而充分凸显高校学前音乐课程教学的价值导向，切实提升高校学前音乐课程的应用型人才培养效率。

第三节　现代教育技术对混合教学模式的助力

一、电子白板技术对混合教学模式的助力

（一）利用电子白板技术展示导学 PPT 幻灯片课件

在线上线下相结合的混合教学模式改革背景下，充分利用电子白板技术，能够有效提升教学演示的直观性，而导学 PPT 幻灯片课件的演示，能够为学生展示各种学习内容之间的内在联系，使学生的学习效率得以提高。

学者赵国栋、赵兴祥在专著《PPT 云课堂教学法》中指出："近年来，在教学领域，教育研究者也开始反思这种在课堂教学中被广泛应用的幻灯片演示法，并探讨教学用 PowerPoint 幻灯片与其他行业相比在设计和应用上的特殊之处。对于教师来说，究竟如何在教学中恰当而有效地运用 PPT，以各种生动活泼的方式来激发学习者的思维活跃性，使之成为激发学习者思维并提升教学效果的途径，是每一名教师都应认真琢磨和思考之事。实际上，单纯从技术角度来说，经过十多年发展，多数青年教师对于 PowerPoint 的常用操作方法都已耳熟能详，技术和操作因素已非当务之急。但是，对于如何从教学心理、教学设计、教学论和教学艺术等维度来看待幻灯片演示法，尤其是如何认识和理解 PPT 设计过程中所蕴含的技术、艺术与学术'三术合一'原则，以此为基础来设计和制作出具有自己独特学科教学特色或个人特征的 PPT 幻灯片，许多年轻教师则闻之不多、思之不深，很有必要认真思考和对待。这些方面对年轻教师的教学能力提升和职业发展都大有裨益。"[①]

可见，在导学 PPT 幻灯片课件演示的过程中，教师能够将各种音乐教学内容通过 PPT 幻灯片课件制作的形式呈现出来。学生在观看导学 PPT 幻灯片课件的过程中，能够对各种音乐教学内容产生"一目了然"的直观认识，从而更好地认清高校学前音乐教学中各种知识之间内在的联系，从而在找准学习目标的基础上，获得更为良好的学习效果。

---

① 赵国栋、赵兴祥：《PPT 云课堂教学法》，北京大学出版社，2017，第 17 页。

（二）利用电子白板技术展示思维导图

在电子白板演示技术的应用过程中，不仅能够为学生展示翔实的 PPT 幻灯片课件，更能够为学生展示直观的思维导图，从而达到有效启发学生思维，激发学生学习灵感的目的。

思维导图的创造者，英国学者东尼·博赞（Tony Buzan）在专著《思维导图完整手册》中指出："从最简单的角度来说，思维导图是一幅精细的示意图，通过参照脑细胞的结构，呈现出由中心向外辐射分支的形态，并通过关联形式逐渐演变。然而，自 20 世纪 60 年代中期思维导图创立之初，它就被证明不单单是一种极好的记笔记的方法，也是一个有效的、能够深刻启发思维的工具，用于锻炼我们的脑力、智力和精神力。随后，思维导图得以迅猛发展，也正如你将在本书中看到的那样，思维导图可用于多种用途，从培养创造力、增强记忆力，到防治阿尔茨海默病。"[①]

由此可见，在高校学前音乐课程线上线下相结合的混合教学模式改革的过程中，运用电子白板为学生展示思维导图，能够有效地培养学生的创造力，增强学生的记忆力，从而显著地提升学生对于高校学前音乐课程的学习成果。高校学前教育专业音乐教师可以通过网络在线传输的方式，将制作好的思维导图传送给学生，以供学生在线学习，通过线上线下相结合的思维导图教学展示过程，有效激发学生脑细胞活力，促使学生能够利用更加积极自主的学习观念，有效统筹高校学前音乐线上线下学习进度，从而获得良好的学习效果。

（三）利用电子白板技术展示教学任务清单

教学任务清单也称为教学进度计划表（teaching schedule），即根据各学科特点，以各门课程每个单元教学日程安排为主要内容的计划。在学期或学年开始前，由任课教师制订。内容包括：学生情况的简明分析，学年或学期教学总要求，教科书章节或课题的教学时数及起讫日期，各课题需要运用的教学手段等。其可以帮助教师掌握学科各部分内容的教学日期，避免教学赶进度或延误时间，是教学管理的一种手段。

教师在制作教学任务清单时，首先要考虑到线上线下相结合的混合教学模式背景下的学生学习进度，在确定分学期的学生学习进度规划之后，根据教学时间节点的安排，有效地为学生在各个课内外学习时间节点上安排不同的学习任务，从而促使学生的线上自主学习与线下课堂学习能够具有规律性，在

---

① 东尼·博赞：《思维导图完整手册》，郭胜阳译，中信出版社，2018，第 21 页。

有效完成分学期的高校学前音乐学习任务的基础上，促使学生获得丰富的音乐知识。

在高校学前音乐线上线下相结合的混合教学模式改革过程中，教师能够利用电子白板展示的过程，有效地为学生展示教学任务清单，使学生明确不同时段的学习任务以及学习重点，从而更好地促使学生"按部就班"地完成学习任务。在利用教学任务清单为学生列出分时段的学习任务之后，能够使学生的线上线下自主学习更加具有规律性，按照教学任务清单中的教学进度安排，促使学生能够科学地、有计划地发展学习能力，从而全面提升学生的学习效果。此外，教师也可以通过在线传输的方式呈现教学任务清单，促使学生在主动明确各时段学习重点与学习内容的基础上，能够更为自主地完成各阶段学习任务，从而使学生实现学习能力的发展。

二、数字视频技术对混合教学模式的助力

（一）基于数字视频技术展示知识点动画

在利用数字视频技术对混合教学模式进行助力的过程中，教师首先能够基于数字视频技术为学生展示知识点动画，促使学生在有效明确知识重点的基础上，利用线上线下相结合的混合教学模式，有效开展相关的在线自主学习以及线下课堂学习，从而更好地促进学生在把握知识重点的基础上，进一步提升学习效果。知识点动画展示，是基于数字视频演示技术拓展出的一种课程知识结构解析的信息化教学辅助模式，通过对课程中的知识重点进行拟人化动画展示，促使学生在形象生动的数字视频观看过程中，加深对高校学前音乐课程中各类知识重点的理解与感性认知，从而更好地促使学生把握高校学前音乐课程中的各类知识要点。

具体而言，知识点动画与思维导图相类似，都是突出教学体系中的知识重点，而与思维导图不同的是，知识点动画以动画的形式为学生形象生动地展示学前音乐学科中各类知识点之间的联系，从而使学生在对学前音乐学科中各类知识点产生感性认知的基础上，进一步强化对各类知识点的记忆，促使学生把握知识重点，提高学习质量。

既可以在高校学前音乐教学过程中，运用知识点动画为学生演示乐理学习、视唱练耳、奥尔夫音乐教学法、学前儿童音乐教育、儿童歌曲钢琴弹唱、合唱与指挥等课程中的知识重点，又能够在具体的高校学前音乐课程中，专门利用知识点动画为学生分析、解读一门课程的知识重点。利用知识点动画的数

字视频有效展示，能够通过形象生动的知识点动画演示过程，更好地提升学生对于高校学前教育音乐知识的学习兴趣，从而有效地达到提升教学效果的目的。

（二）基于数字视频技术开展翻转课堂教学

在高校学前音乐线上线下相结合的混合教学模式改革背景下，翻转课堂教学模式获得了广阔的教学运用空间，能够更好地促进学生实现自主学习与课堂学习的统一，有效提升学生的学习效果。

翻转课堂教学模式起源于美国，近年来逐渐在中国教育界流行开来。翻转课堂教学模式分为"课前自主学习""课堂问题指导""课后继续学习"三个阶段。在"课前自主学习"阶段，注重发挥学生的自主学习能力，引导学生应用"互联网+"技术对主要的学习内容进行自主学习并记录好自己存在的问题；在"课堂问题指导"阶段，主要利用师生互动性讨论的模式，帮助学生解决在"课前自主学习"阶段积累的问题，从而巩固学生的学习成果；在"课后继续学习"阶段，教师与学生利用"互联网+"的手段进行课下交流，进一步提升学生的学习质量，拓展学生的学习范围，从而使学生能够获得更加优质的学习成果。

在高校学前音乐教学的翻转课堂运用过程中，教师首先要根据相应的学科知识，为学生制作生动翔实的微课教学视频课件，一般课件时间限定在15分钟左右，之后通过互联网传输的方式引导学生利用数字视频技术观看相应的翻转课堂课件，并能够有效地对教学课件内容展开自主学习。在之后的课堂教学阶段，教师应当积极引导学生基于观看翻转课堂教学课件的体会，以及在观看翻转课堂教学课件中产生的问题，进行集中的交流讨论与问题解决，从而促使学生有效提升学习质量。在课后利用互联网交流的阶段，教师与学生要能够随时通过网络途径展开在线交流，在巩固学生翻转课堂学习效果的基础上，进一步促进师生的交流互动。

（三）基于数字视频技术开展微课视频教学

在高校学前音乐线上线下相结合的混合教学模式改革的大环境下，微课视频教学获得了广阔的发展空间，对于提升高校学前音乐教学质量，具有重要的教育价值与教学促进意义。微课视频教学包括但不仅限于翻转课堂视频教学，能够在高校学前音乐教学的方方面面，通过数字视频展示的途径，有效地提升高校学前音乐教学的直观性，促使学生能够在积极提升学习兴趣的基础上，有效通过对微课视频的学习，从根本上提升学习质量。

微课程是指基于教学设计思想，使用多媒体技术，以音频、视频为主要载体，针对某个学科知识点（如重点、难点、疑点、考点等）或教学环节（如学习活动、主题、实验、任务等）而设计开发的一种情景化、支持多种学习方式的在线视频网络课程。除了主要的微课视频，它还应该包括任务单、导学案、测试题以及评价等教学环节。微课程也可以简称微课。微课视频是微课程的重要组成部分。微课视频是指时间在 10 分钟以内，有明确的教学目标，内容短小，能够集中说明一个问题的视频。之所以把微课视频的时间限定在 10 分钟以内，是因为脑科学的研究结果表明，在一般情况下，人们在听讲时注意力能够集中的时间不会超过 10 分钟。实际上，对于中国的绝大多数学生而言，能够集中注意力认真听课的时间会更短。微课视频一般控制在 8 ～ 10 分钟以内，即使再多内容，也不要超过 10 分钟。微课视频具有短小精悍且制作周期短，制作成本低，技术门槛低，制作易上手，传播成本低等特点。由此可见，微课视频教学在高校学前音乐教育中具有广阔的教学空间。

三、互联网技术对混合教学模式的助力

（一）通过互联网技术有效开展师生在线沟通

在高校学前音乐线上线下相结合的混合教学模式改革背景下，师生的交流沟通并不限于传统的课堂交流，更多的是利用互联网技术，展开在线的沟通交流。通过在线交流沟通的过程，既可以促进学生的音乐学习，又能够促使教师利用自身完善的人格、丰富的人生经验、正确的价值观，对学生进行充分的思想指导，促使学生形成良好的思想道德，形成完善的人格与正确的价值观，从而更好地落实"立德树人"根本任务。在师生的在线交流沟通过程中，教师与学生将会处于一种平等和谐的交流沟通地位，教师不再"高高在上"，而是在充分亲近、接近学生的基础上，像好朋友一样为学生提供学习、生活方面的指导，从而有效地拓展了师生关系的内涵价值，使学生真正将教师当作自己的知心朋友，有效地拉近了师生间的距离。

在师生在线交流沟通的过程中，教师要注意引导学生积极开展在线学习，促进学生在形成积极的在线学习习惯的基础上，有效地提升学生的在线学习能力，促使学生能够运用良好的在线学习技能，有效促进音乐素养的发展，从而促使学生朝着成为学前教育专业应用型人才的目标不断前进。当学生在互联网学习过程中遇到问题之时，高校学前教育专业音乐教师应当及时地通过在线交流的途径，帮助学生解决学习问题，并为学生提出之后在线学习的意见或建

议，促使学生能够在充分解决在线学习问题的基础上，更好地开展在线学习，从而达到切实提升高校学前教育专业学生在线学习质量的教育目的。

（二）引导学生充分利用互联网技术展开自主学习

如上面所述，教师在与学生开展在线交流的过程中，需要积极引导学生开展基于互联网技术的自主学习，而且在学生的在线自主学习过程中，利用在线指导的方式帮助学生答疑解惑，从而促使学生获得良好的学习效果。

总体而言，高校学前音乐课程中的网络自主学习内容主要包括：线上名师课堂、翻转课堂教学、导学 PPT、微课视频教学、思维导图、教学任务清单、教学内容分享与讨论、知识点动画等，其中以"翻转课堂教学"以及"微课视频教学"最为重要。在开展"翻转课堂教学"以及"微课视频教学"过程中，学生能通过网络自主学习，根据微课教学视频的内容，进行基于自身认知能力的理解，并且保留相应的学习问题与学习困惑，在与教师在线交流或者课堂教学过程中进行解决。在"翻转课堂教学"以及"微课视频教学"所展示知识进行自主学习过程中，需要学生充分发挥自身的知识理解能力，对"翻转课堂教学"以及"微课视频教学"中展示的知识进行相应的理解与消化，从而更好地提升学生的网络自主学习效果。

与此同时，学生的网络自主学习需要建立在充分激发学生自主学习兴趣的基础上，高校学前教育专业音乐教师应在网络自主学习课件资源的设计过程中，加入更多趣味化的内容，从而使学生能够持续地保持网络自主学习兴趣，并在积极的网络自主学习兴趣的引导下，不断提升网络自主学习的质量。由此可见，学生的网络自主学习效果很大程度上取决于高校学前教育专业音乐教师对相关网络自主学习课件的制作能力，通过高校学前教育专业音乐教师网络自主学习课件制作能力的不断提升，能够切实地帮助学生提升网络自主学习的质量。

（三）利用互联网沟通构建新型师生关系

在高校学前音乐线上线下相结合的混合教学模式的教育改革过程中，"以学生为主体，以教师为主导"的新型师生关系已经成为新常态。具体到师生的在线沟通过程中，能够更好地体现这种新型的师生关系，在教师与学生距离不断拉近的基础上，使教师与学生有效地建立友谊，成为相互可以信赖的朋友，从而构建起线上线下相结合的混合教学模式下更为良好的师生关系。

教师与学生通过互联网进行交流与沟通的过程，能够使教师充分发挥在线教育引导作用，通过在线交流的过程帮助学生解决各种学习问题。而且，高校学前音乐学科中的师生在线交流不仅限于高校学前音乐教学的范围内，高校学前教育专业音乐教师还能够利用自身完善的人格、丰富的人生经验、正确的价值观，对学生学习、生活加以引导，促使学生形成完善的人格与正确的价值观，从而更好地在落实"立德树人"根本任务的基础上，促进学生的全面发展。在这样的新型师生关系中，高校学前教育专业音乐教师不仅是学生学习的引导者，还作为学生人生发展的导师而出现。通过充分的师生在线交流过程，能够促使高校学前教育专业音乐教师在促进学生的"全面发展"过程中，发挥出更为积极主动的作用，从而以构建新型师生关系为基础，通过师生网络互动交流的途径，积极为学生的人格发展、价值观养成、生活经验的提升提供助力，引导学生在养成良好的音乐素养的基础上，更好地实现自身健全人格的养成、正确价值观的树立以及生活经验的积累，最终促使学生在高校学前教育专业音乐教师的有效引导之下，真正实现全面发展。

第四节　"互联网+"技术对混合教学模式的助力

一、积极建立以新媒体为主的动态教学资源库

（一）动态教学资源库与传统教学资源库的异同分析

动态教学资源库基于云存储功能，在具有互联网的环境下能够随时为学生提供课件资源的网络在线查阅与下载功能，从而更加便于学生的网络自主学习开展。而传统的教学资源库基于高校学前教育专业音乐教师所建立的电脑数据库，随着高校学前教育专业音乐教师的教学需要而添加内容以及进行课件资源的下载，使学生无法随时共享教学资源库的资源。

就云存储的定义而言，学者陈兰香在专著《云存储安全：大数据分析与计算的基石》中指出："云存储（Cloud Storage）是在云计算（Cloud Computing）概念上延伸和发展起来的，是指通过集群应用、网格技术和分布式文件系统等功能，将网络中大量不同类型的存储设备通过虚拟化软件集合起来协同工作，实现共同对外提供数据存储和业务访问的功能。当云计算系统处理的核心是大量数据的存储和管理时，云计算系统就需要配置大量的存储设备，那么云计算系统就转变成云存储系统，所以云存储是一个以数据存储和管理为核心的云计

算系统。"①

因此，在基于云存储技术的动态教学资源库的建设过程中，高校学前教育专业音乐教师应作为动态教学资源库的管理员，有效地将与高校学前音乐教学相关的各种网络教学课件上传到云空间中，并引导学生注册相应的云账号，使学生具备相应的网络教学课件下载权限。随着高校学前音乐教育动态教学资源库内容的不断完善，可供学生选择的学习资源也日益增多，从而促进学生获得更佳的学习效果。随着高校学前音乐动态数据库存储量的不断扩大，能够对优质互联网课件进行持续的积累，以此在未来的教学过程中，不断丰富高校学前音乐动态教学资源库的内容，为学生提供更加多样化的在线学习选择。

（二）建立以微信公众平台为主的短视频动态教学资源库

就短视频的概念而言，学者向登付在专著《短视频：内容设计＋营销推广＋流量变现》中是这样定义的："短视频是随着新媒体行业的不断发展应运而生的。短视频与传统的视频不同，由于其时长较短、入门简单等特性，深受许多创业者的青睐。短视频创业的关键点在于其内容的打造，高质量的内容可以使得短视频快速在用户之间传播，达到良好的运营效果。"② 在当今新媒体流量不断增长的过程中，短视频作为一种新型的互联网媒体传播媒介，在"互联网＋"领域实现了快速发展，从而带来了大量的新媒体流量，成为新媒体发展中的焦点话题。

而在高校学前音乐教育过程中，为了更好地满足学生在线学习的趣味性的需求，教师应通过微信公众平台的途径，建设相应的短视频动态教学资源库，促使学生能够通过微信公众平台的短视频浏览，有效地提升自身的学习兴趣以及学习效率，从而更好提升学习质量。

在高校教师建立以微信公众平台为主的短视频动态教学资源库的过程中，高校教师应当积极提升自身的短视频制作能力，利用短小精悍的短视频，抓住高校学前音乐的关键知识点，促使学生能够通过相应短视频的浏览，有效掌握高校学前音乐教育知识，从而切实达到建立以微信公众平台为主的短视频动态教学资源库的教育初衷以及教育目的。通过建立以微信公众平台为主的短视频动态教学资源库，能够促使学生在关注高校学前音乐教学微信公众平台的基础上，与教师开展基于微信公众平台的师生互动，通过学生对于教学短视频

---

① 陈兰香：《云存储安全：大数据分析与计算的基石》，清华大学出版社，2019，第6页。
② 向登付：《短视频：内容设计＋营销推广＋流量变现》，电子工业出版社，2018，第7页。

的"点赞""评论""转发"，积极凸显新媒体发展背景下的高校学前音乐教育信息化先导性，以此达到充分激发学生学习兴趣，有效提升学生学习质量的目的。

（三）建立以短视频平台为主的短视频动态教学资源库

在建立以微信公众平台为主的短视频动态教学资源库的同时，高校学前音乐教师还能够建立以短视频平台为主的短视频动态教学资源库。通过短视频平台管理账号的注册，积极上传相关的高校学前音乐教育短视频，在带来流量的基础上，积极引导学生进行学习、评论以及转发，从而更好地构建起以新媒体发展为核心的现代化高校学前音乐教育模式。

学者郑昊、米鹿在专著《短视频：策划、制作与运营》中指出："在如今的文化背景下，人们习惯于看到即时性的、短小精悍的信息，这正好和短视频的特点相契合。同时，短视频也是微电影结合社交属性进一步发展的产物。如今，4G 网络已经非常普遍，5G 时代也已经到来，短视频将成为下一个巨大的流量入口。"[1] 在这样的背景下，众多高校学前教育专业学生成为短视频平台的用户，而建立以短视频平台为主的短视频动态教学资源库，能够有效调动起高校学前教育专业学生的学习积极性，使他们关注相应的短视频动态教学资源库，并浏览其中的教学信息，以此提高学习效果。

在高校学前教育专业音乐教师建立以短视频平台为主的短视频动态教学资源库的过程中，需要将高校学前音乐的重点知识制作成相应的短视频，并且上传到以短视频平台为主的短视频动态教学资源库中，形成固有的短视频教学资源。与此同时，高校学前教育专业音乐教师还可以利用以微信公众平台为主的短视频动态教学资源库与以短视频平台为主的短视频动态教学资源库中的短视频课件资源共享功能，有效地拓展相应新媒体教学资源库的内容，促使学生能够通过多种多样的新媒体学习途径，有效开展高校学前音乐的网络自主学习，从而在有效提升学生学习兴趣的基础上，实现高校学前音乐教育的新媒体化发展，有效推动高校学前音乐线上线下相结合的混合教学模式改革。

---

① 郑昊、米鹿：《短视频：策划、制作与运营》，人民邮电出版社，2019，第 16 页。

二、有效运用"互联网+"教学提升高校学前音乐教学质量

（一）利用线上名师课堂吸引国内优秀学前音乐教育专家开展"互联网+"教学

学者杨剑飞在专著《"互联网+教育"新学习革命》中指出："'互联网+'打破了权威对知识的垄断，让教育从封闭走向开放，人人能够创造知识，人人能够共享知识，人人也都能够获取和使用知识。在开放的大背景下，全球性的知识库正在加速形成，优质教育资源正得到极大程度的充实和丰富，这些资源通过互联网连接在一起，使得人们随时、随地都可以获取他们想要的学习资源。知识获取的效率大幅度提高，获取成本大幅度降低，这也为终身学习的学习型社会建设奠定了坚实的基础。"[①] 由此可见，随着"互联网+"的发展，教育界正在经历一次新的教育革命，由传统的教育模式逐渐向着"互联网+"教育模式发展。

具体到高校学前音乐"互联网+"教育的过程中，应积极利用线上名师课堂的方式，吸引国内优秀学前音乐教育专家开展"互联网+"教学，从而促进高校学前音乐教育质量的提升。线上名师课堂的教学过程，由国内一流的高校学前教育专业音乐教师进行主导，通过开展"互联网+"在线教育的方式，丰富学生的专业知识，强化学生的应用能力。在开展"互联网+"线上名师课堂教学的过程中，使学生有机会利用在线交流的途径，与国内一流的高校学前教育专业音乐教师展开基于教学内容的学术探讨，从而更好地增强高校学前教育专业学生学习的专业性，促进高校学前教育专业学生能够在获得国内名师的亲身指点的基础上，养成良好的学习习惯，提高学习自信力。由此可见，通过线上名师课堂这样的"互联网+"高校学前音乐在线教育模式，能够有效地提升高校学前教育专业学生的学习质量，并且提升学生的学习积极性与学习自信力，从而取得良好的学习效果。

（二）组织学生开展"互联网+"在线合作学习活动

学者余胜泉在专著《互联网+教育：未来学校》中指出："在'互联网+'时代，传统学校教育赖以存在的两个经典假设正在发生变化。以前我们认为教育必须把学生集中到一个叫学校的地方，让他们学习一段时间，学校采用基于

---

① 杨剑飞：《"互联网+教育"新学习革命》，知识产权出版社，2016，第7页。

年龄和学科的学习组织模式，对同一学习内容采用相同的教学方式。而在'互联网＋'时代，这个基本假设正在受到挑战，互联网所具有的实时多媒体通信功能，完全有可能打破学习组织的地域限制，互联网所能提供的针对性、个性化反馈与服务，使得学习者采用个性化学习方式、个性化学习路径成为可能。"① 由此可见，"互联网＋"教育是未来教育发展的一种趋势，通过"互联网＋"教育的有效开展，能够促进传统教育模式产生根本上的变革。

在这样的背景下，高校学前教育专业音乐教师应当积极组织学生开展"互联网＋"在线合作学习活动，将课堂内的小组合作学习活动转移到互联网平台上进行开展，促进学生在多种多样的"互联网＋"在线合作学习活动的开展过程中，有效地提升自身的合作学习能力以及"互联网＋"学习应用能力，从而获得良好的学习效果。

具体到组织学生开展"互联网＋"在线合作学习活动的过程中，高校学前教育专业音乐教师应当积极发挥自身的主导作用，作为"互联网＋"在线合作学习活动的"主持人"，引导学生根据各项"互联网＋"在线合作学习活动内容，开展相应的"互联网＋"在线合作学习。而学生同样需要发挥自身的主体学习地位，在"互联网＋"在线合作学习活动的开展过程中，积极参与教学活动、完成活动任务，从而在提升自身合作学习能力的基础上，更好地为学生培养出良好的"互联网＋"学习素养。

（三）引导学生利用拍摄短视频的过程向教师、同学介绍自身成功的学习经验

随着我国"互联网＋"的深入发展，短视频成为带来互联网流量的重要工具，吸引了国内外人们的关注。由于短视频独具的趣味性，高校学前教育专业学生也时常关注短视频平台，更有部分学生尝试亲身拍摄短视频，以此获得了相应的流量和关注。

在高校学前音乐"互联网＋"教学的过程中，高校学前教育专业音乐教师可以引导学生利用拍摄短视频的途径与过程，向教师与同学介绍自身成功的学习经验，利用这样的"学习型"短视频拍摄，进一步增进师生交流、生生互动，从而在促使学生获得更多关注的基础上，构建起更为积极、主动、活跃的教学氛围，以此整体上提升高校学前音乐教育质量。

具体而言，学生利用拍摄短视频的过程向教师、同学介绍自身成功的学

---

① 余胜泉:《互联网＋教育：未来学校》，电子工业出版社，2019，第17页。

习经验，不仅能够有效调动学生的主观学习能动性，还能够促使更多学生借鉴其成功的学习经验，促使更多学生通过借鉴其学习经验，提升自身学习能力。当学生形成一个"短视频学习经验交流圈"之后，他们能够充分利用自身的学习经验，拍摄出相应的学习经验介绍短视频，从而不断扩大高校学前音乐"短视频学习经验交流圈"，促使更多的学生以关注学习经验短视频的形式，提高学习能力，并基于这个过程提升学习效果。通过引导学生利用拍摄短视频的过程，向教师、同学介绍自身成功的学习经验的过程，能够从根本上激发学生对于高校学前音乐学习的积极性，在形成"短视频学习经验交流圈"的基础上，充分发挥学生的学习才能与创造能力，在有效获得师生关注的基础上，有效地达到利用"互联网＋"技术充分提升高校学前音乐教育质量的目的。

三、充分基于"互联网＋"教学理念开展信息化教学

（一）基于"互联网＋"在线直播教学促进高校学前音乐信息化教学发展

学者王晨、刘男在专著《互联网＋教育：移动互联网时代的教育大变革》中指出："2015 年 3 月 5 日，李克强总理在政府工作报告中首次提出制订'互联网＋'行动计划，旨在推动移动互联网、云计算、大数据、物联网等新一代信息技术与现代制造业、生产性服务业等的融合创新，发展壮大新兴业态，打造新的产业增长点，为大众创业、万众创新提供环境，为产业智能化提供支撑，增强新的经济发展动力，促进国民经济提质增效升级。'互联网＋'概念的提出，意味着越来越多的传统行业、传统应用和服务正逐渐被互联网改变，传统行业全面拥抱互联网的时代已经到来！互联网＋教育，将会产生怎样奇妙的'化学反应'呢？毋庸置疑，在这个大连接时代，中国教育产业也正在经历一场由互联网及移动互联网主导的深刻变革：一块黑板、一本教材、一支粉笔……这种传统的教育模式正逐渐被改变，取而代之的是一种全新的教育模式——在线教育。"[①]

在这样教育理念的指导下，高校学前音乐教师应基于"互联网＋"在线直播教学，有效促进高校学前音乐的信息化教学发展。通过"互联网＋"在线直播教学的途径，能够在有效拓展高校学前音乐教学范围的基础上，促使学生更

---

① 王晨、刘男：《互联网＋教育：移动互联网时代的教育大变革》，中国经济出版社，2015，第 15 页。

为积极主动地参与到"互联网+"学习的全过程中,从而在培养学生具备良好的学习习惯的基础上,有效提升高校学前音乐课程教学质量。高校学前教育专业音乐教师在开展"互联网+"在线教学的过程中,需要为教学中可能出现的各种情况进行预先的准备,确保"互联网+"在线教学能够顺利开展,从而为学生提供优质的"互联网+"在线课程。

(二)有效利用短视频教学提升学生学习兴趣

学者隗静秋、廖晓文、肖丽辉在专著《短视频与直播运营 策划 制作 营销 变现》中指出:"2020年伊始,抖音日活跃用户数突破4亿,快手日活跃用户数突破3亿,微信的视频号也将正式开启……无论是短视频平台新增量,还是用户增长速度,都不断创出新高,这也预示着短视频行业已经进入爆发期。短视频平台的"流量池"越来越大,蕴含着无法预估的商业机会。随着短视频营销生态的逐渐完善,短视频已经成为广告主非常青睐的重要营销推广方式之一。"[1]而在短视频的众多用户中,高校学生群体占据相当大的比例。

在建立在线短视频教学资源库的基础上,高校学前教育专业音乐教师能够有效地利用教学短视频激发学生的学习兴趣,从而促使学生通过对于教学短视频的浏览,有效提升自身的专业技能,为日后的职业发展奠定良好的基础。在高校学前音乐短视频教学的过程中,高校学前教育专业音乐教师应积极发挥短视频编创、剪辑、整理能力,在整合微课教学视频的基础上,尽量将10分钟以内的微课教学视频内容压缩到5分钟以内的短视频之中,从而通过知识传输途径的转变,使学生对于教学内容产生更为浓厚的学习兴趣,也促进学生能够更好地提升短视频学习的质量。与此同时,学生还能够将自身的学习经验整理制作成短视频,在生成并建立"短视频学习经验交流圈"的基础上,有效引导学生开展基于短视频平台的学习互动。利用这样的教学模式进行教学,能够在有效激发学生学习兴趣的基础上,充分发挥"互联网+"教学与短视频教学的优势,促使学生在兴趣的引导下,收获丰硕的学习果实。

(三)积极发挥"互联网+"教育的互联网拓展功能

在"互联网+"教育的过程中,很多"互联网+"教育平台都具有互联网拓展功能。例如,在学生看完一个教学视频之后,平台系统会为学生推送相关的多个教学视频,以供学生持续展开学习。学生在对一些互联网教学视频点

---

[1]　隗静秋、廖晓文、肖丽辉:《短视频与直播运营 策划 制作 营销 变现》,人民邮电出版社,2020,第20页。

"关注"以后，就能够持续接收同一作者的互联网教学视频了。

在实际的高校学前音乐"互联网+"教育过程中，教师可以通过"互联网+"在线教育平台注册教师账号，并且持续更新和发布网络教学视频课件，引导学生在"关注"教师的基础上，通过"互联网+"教学平台与教师进行充分的师生互动，还能够通过"评论""点赞""转发"的功能，为教师的"互联网+"教学视频带来更多的流量，从而有效提升教师的教学影响力。教师通过在互联网平台上进行运作，可以持续性地更新原创"互联网+"教学视频，也能够通过网络途径选择具有高校学前音乐教育意义的精品视频进行转发，通过积极发挥"互联网+"教育的互联网拓展功能，促使线上线下相结合的混合教学模式不断发展完善，从而使高校学前教育专业音乐教师获得良好的教学效果，使高校学前教育专业学生收获良好的学习体验。

总而言之，随着"互联网+"教学理念的发展，在当代高校学前音乐课程教学过程中，应当有效利用"互联网+"教育资源优势，积极发挥"互联网+"教育的互联网拓展功能，构建起良好的高校学前音乐"互联网+"教学环境，促进师生围绕"互联网+"教学平台展开教学互动，以此全面提升高校学前音乐课程的教学育人质量。

第五节　混合教学模式对高校学生音乐整体素养的提升

一、混合教学模式对高校学生音乐专业素养的提升

（一）基于混合教学模式有效提升学生音乐素养

在线上线下相结合的混合教学模式背景下，高校学前音乐课程的教育目标更为具体化，那就是培养学前教育专业应用型人才。在培养学前教育专业应用型人才过程中，学生先要具备良好的音乐素养，从而在日后的学前音乐教学工作中，有效发挥自身的专业能力，获得良好的教学效果。

在培养和提升学生音乐素养的过程中，一方面要对学生的音乐专业素养进行培养，另一方面要对学生的音乐学习能力进行培养。通过乐理学习、视唱练耳、奥尔夫音乐教学法、学前儿童音乐教育、儿童歌曲钢琴弹唱、合唱与指挥等课程的线下课堂教学，以及学生的网络自主学习过程，在学生形成音乐专业素养的基础上，让学生将自身的音乐专业素养转化为可用的音乐学习能力，

从而充分贯彻以"能力发展"为核心的高校学前音乐教学理念。在以"能力发展"为核心的教学理念下，高校学前教育专业音乐教师应有效帮助学生整合各种线上线下教学资源，利用线上自主学习与线下课堂教学的相互促进，促使学生获得可用的音乐专业素养及音乐学习能力，从而更好地适应学前教育专业应用型人才的发展需要。

总而言之，在以"能力发展"为核心的高校学前音乐线上线下相结合的混合教学模式开展过程中，应当本着发展学生音乐学习能力的理念，进行更为系统化的课内外课程调整，促使高校学前音乐课程能够以培养学前教育专业应用型人才为目标，积极发展和提升学生的音乐专业素养，突出对学生音乐学习能力的培养，从而为学生构建起以"能力发展"为核心的高校学前音乐学习模式。

（二）通过混合教学模式为学生树立正确的音乐学习观念

通过线上线下相结合的混合教学模式改革，应当积极帮助学生树立正确的音乐学习观念，促使学生以成为学前教育专业应用型人才为学习目标，有效地提升自身的音乐专业素养和学习能力，促使学生有目的地开展高校学前音乐课程体系下的各种学前音乐课内外学习活动，帮助学生获得良好的学习效果。

具体到为学生树立正确的音乐学习观念的过程中，高校学前教育专业音乐教师应当有效利用课内外教学的引导，促使学生更加明确高校学前音乐课程的学前教育专业人才培养目标，促使学生在树立成为一名卓越的学前音乐教育工作者理想的基础上，不断朝着学前教育专业应用型人才的发展目标而努力前进。

利用线上线下相结合的混合教学模式进行教学，应为高校学前教育专业学生树立以发展实际音乐学习能力为主的学习观念，促进高校学前教育专业学生为了音乐学习能力的发展，有效开展线上线下的学习活动，从而有效促使高校学前教育专业学生实现音乐专业素质以及音乐学习能力的提升。通过引导高校学前教育专业学生开展主动学习，努力促使学生以成为学前教育专业应用型人才为课程学习目标，积极促使学生有目的地培养自身的音乐专业素养，开展音乐学习，在提升高校学前教育专业学生对于高校学前音乐学科认同感的基础上，促使他们在正确的音乐学习观念下努力学习，从而真正发展成为学前教育专业应用型人才。

（三）利用混合教学模式为学生构建实用的音乐学习能力

在明确培养学前教育专业应用型人才的整体教育目标的基础上，高校学前音乐教师应当在混合教学模式下，有目的地为学生构建实用的音乐学习能力，促使学生能够以能力发展为导向，更好地朝着成为学前教育专业应用型人才的目标而努力前进。

具体到线上线下相结合的混合教学模式开展过程中，高校学前教育专业音乐教师首先应利用线上名师课堂、翻转课堂教学、导学 PPT、微课视频教学、思维导图、教学任务清单、教学内容分享与讨论、知识点动画等线上教学模式，引导学生积极发展基础的音乐素养，促使学生通过有效的互联网在线学习，发展出基础的音乐学习能力。之后在线下的课堂教学过程中，高校学前教育专业音乐教师应积极发挥自身的主导作用，引导学生开展自主探究学习、小组合作学习、研究性学习，促使学生在主动学习的过程中，更好地完善自身的音乐专业素养和音乐学习能力，从而为学生日后的职业发展奠定坚实的能力基础。通过在高校学前音乐教学中有意识地培养音乐学习教学能力的教学过程，能够使高校学前音乐课程的人才培养目标更为明确，促使学生在有效发展自身学前教育专业应用型能力的基础上，为日后实际开展学前音乐教育做好充足的准备。

二、混合教学模式对高校学生学习能力素养的提升

（一）基于混合教学模式为学生树立积极的学习观念

在传统高校学前音乐课程教学的过程中，一直都采用"教师教学，学生接受"的教学模式，使学生在被动学习的过程中，逐渐丧失了自主学习能力。而基于混合教学模式的改革，应努力为学生树立积极的学习观念，在"以学生为主体，以教师为主导"的新型师生关系定位下，有效开展各种线上、线下高校学前音乐教学活动，促使学生在树立积极的学习观念的基础上，更好地发展主动学习能力，从而进一步提高学习质量，获得良好的学习效果。

学生积极学习观念的形成，具体体现在线上线下相结合的混合教学模式的主动学习过程中。在线上线下相结合的混合教学模式中，学生需要通过自主学习的途径，开展积极的在线自主学习，并基于自身在线自主学习的成果，在线下课堂教学的过程中有效开展自主探究学习、小组合作学习以及研究性学习，从而在完全体现学生主体学习地位的基础上，更好地促进学生利用主动学习的方式，有效提升学习质量以及学习效果。在培养学生构建积极学习观念的过程中，高校学前教育专业音乐教师应有效发挥其教育主导作用，积极为学生阐明主动学习观念的重要意义，并为学生的主动学习提供全方面的帮助与引

导，进一步为学生的主动学习提供便利。例如，教师在微课视频学习过程中，可为学生整理制作相应的微课视频课件，并通过在线沟通的过程，了解学生微课视频学习的效果，帮助学生解答在观看微课视频中产生的学习问题，从而在进一步为学生构建起积极的学习观念的基础上，有效地发挥教师的教学主导作用，促使学生获得良好的主动学习效果。

（二）通过混合教学模式为学生培养卓越的自主学习能力

学者杨忠、王帅在专著《看这本书，能帮你提高学习效率》中指出："自主学习使我们真正成为学习的主人。主动掌握整个学习过程，自觉地投身学习，学习的主动性会大大增强。我们也能很快找到适合自己的学习方法，提高学习效率，养成良好的学习习惯。良好的学习习惯，又能保障进一步的自主学习，两者之间形成了良性循环，将使我们受益无穷。自主学习需要我们根据学习情况及时调整自己的知识结构、思维方式与学习方式；具有较强的适应力和应变力；不断克服困难，不怕挫折，具有敢于怀疑的精神。自主学习还可以使我们走出传统，走出书本，求真务实，勇于进取，接受新事物，充分发挥自己的潜力，尊重别人的劳动、贡献，注重效率。"[1] 由此可见，在学习过程中，学生自主学习能力的培养与发展，发挥着关键性的教学促进作用，具有良好自主学习能力的学生，不仅能够开展更为高效率的学习活动，还能够通过自身的自主学习经验总结出一套完整的自主学习方法，从而使学生获得良好的学习效果。

在高校学前音乐线上线下相结合的混合教学模式改革过程中，高校学前教育专业音乐教师需要有目的地为学生培养卓越的自主学习能力，促使学生通过充分的自主学习，积极掌握高校学前音乐相关知识与能力，从而为日后的职业发展奠定坚实的基础。

具体到线上线下相结合的混合教学模式下的线上自主学习过程中，高校学前教育专业音乐教师应积极引导学生发挥自主学习优势，通过对课件资源的在线学习，提升自身网络自主学习的能力。同时，在高校学前音乐课堂教学过程中，高校学前教育专业音乐教师应引导学生基于课前在线学习的基础，有效开展自主探究学习、小组合作学习、研究性学习等学习活动，从而有效地提升学生的自主学习能力。

---

[1]　杨忠、王帅：《看这本书，能帮你提高学习效率》，中央民族大学出版社，2012，第 11 页。

（三）利用混合教学模式促进学生学习能力素养不断提升

在线上线下相结合的混合教学模式背景下，高校学前教育专业音乐教师应注重利用混合教学模式，有效促进学生学习能力素养的不断提升，使学生不断提升学习质量，并且不断完善自身的学习能力，形成一种学习能力的良性循环。

具体到培养学生学习能力素养的过程中，高校学前教育专业音乐教师应引导学生利用有效的互联网在线学习过程，发展自身的互联网在线学习能力，通过线上名师课堂、翻转课堂教学、导学 PPT、微课视频教学、思维导图、教学任务清单、教学内容分享与讨论、知识点动画等形式的互联网在线学习，促使学生形成良好的学习素养。在之后的高校学前音乐课堂教学过程中，高校学前教育专业音乐教师应积极引导学生基于自身学习能力素养的基础，有效开展自主探究学习、小组合作学习以及研究性学习等学习活动，促使学生在高校学前音乐学习活动的过程中，进一步提升自身的学习能力素养。学生在具备了一定的学习能力素养的基础上，就能够通过积极主动的自主学习过程，不断提升自身的学习能力素养，从而在"教学相长"的学习过程中，满足一名优秀学前教育工作者应具备的学习能力素养需求，为自身将来成为一名学前教育专业应用型人才构建起坚实的学习能力素养基础。

三、混合教学模式对高校学生学习态度素养的提升

（一）基于混合教学模式使学生树立积极的学习态度

基于线上线下相结合的混合教学模式改革，应注重对学生学习态度的引导和培养，使学生在明确成为学前教育专业应用型人才总体学习目标的基础上，形成主动学习、乐于学习、享受学习的学习态度，最终取得良好的学习效果。在学生积极学习态度的形成过程中，其学习态度又可以具体分为对待教师的态度、对待学习素材的态度以及对待高校学前音乐课程的态度。

具体而言，高校学前音乐学科是一门应用型学科，其主要的人才培养目标就是培养学前音乐教育应用型人才。在学生学习态度的发展起步阶段，高校学前教育专业音乐教师首先应积极引导学生认同培养学前音乐教育应用型人才的整体课程教学目标。其次，为了让学生具备积极的学习态度，高校学前教育专业音乐教师还应当在有效拉近师生关系的基础上，让学生建立起充分信赖教师的学习态度。在构建新型师生关系的基础上，高校学前教育专业音乐教师需要通过对学生学习以及生活等方面的充分关照，消除学生对于教师的距离感，

从而与教师成为朋友，并形成对于教师充分信任的学习态度。最后，在学生对待学习素材的学习态度培养过程中，高校学前教育专业音乐教师应在线上学前音乐教学课件的编辑过程中，积极加入趣味性的教学内容，提升互联网教学课件内容的引导价值，从而在有效激发学生对教学课件学习兴趣的基础上，使学生充分认同互联网课件的编写理念，从而有效改变学生对于互联网教学素材的学习态度。

（二）运用混合教学模式不断改善学生的学习态度

在学生有效形成对于高校学前音乐课程、教师以及教学素材的积极学习态度的基础上，高校学前教育专业音乐教师还应有效运用线上线下相结合的混合教学模式，不断改善学生的学习态度，从而提高教学质量。

在培养学生对待高校学前音乐课程学习态度的过程中，高校学前教育专业音乐教师应使学生明确高校学前音乐课程是以培养学前教育专业应用型人才作为总体目标的应用型课程概念，促使学生有效地树立成为一名优秀的学前音乐教育工作者的职业理想，并在这种职业理想的引导下，不断在高校学前音乐混合教学模式下使专业能力获得发展。

在培养学生对高校学前教育专业音乐教师学习态度的过程中，高校学前教育专业音乐教师应当以"学为人师，行为世范"为准则，成为学生的榜样，促进学生对于教师专业技能以及道德素养的学习，促使学生的音乐专业技能以及基本道德素养全面发展，最终在高校学前教育专业音乐教师的引导下，有效将音乐专业技能以及基础道德素养有效统合，形成职业道德素养，从而在有效落实"立德树人"根本任务的基础上，更好地凸显高校学前教育专业音乐教师的育人能力与育人价值，积极促进学生实现全面发展。

在培养学生对于教学素材学习态度的过程中，高校学前教育专业音乐教师应在不断提升自身信息化教学课件制作能力的基础上，协同提升信息化教学课件的趣味性与专业性。从提升信息化课件的趣味性入手，激发学生对于信息化课件的学习兴趣；以提升信息化课件的专业性为重点，促使学生通过网络在线学习过程，获得更为有用的音乐专业能力，从而切实提升高校学前音乐混合式教学的教学质量。

（三）通过混合教学模式促使学生将学习态度转化为学习动力

在学生具备对于高校学前音乐课程、教师、教学素材的积极学习态度的基础上，高校学前教育专业音乐教师应积极通过混合教学模式，将学生的学习态度有效地转化为学习的动力。在线上线下相结合的混合教学模式中，最为注重学生自主学习能力的发展，在学生对于高校学前音乐课程、教师、教学素材产生积极学习态度的基础上，高校学前教育专业音乐教师应促使学生发挥线上线下相结合的混合教学模式下的自主学习优势，基于积极学习态度，获得强大的学习动力。在学生将积极学习态度转化为强大学习动力的过程中，高校学前教育专业音乐教师应有效统合混合教学模式的线上线下教学资源，为学生构建起更加适应自主学习能力发展的高校学前音乐混合式教学体系。同时，引导学生通过积极的在线自主学习，充分掌握高校学前音乐课程的基础知识，并且形成高质量的自主学习能力。

总而言之，在学生具备对于高校学前音乐课程、教师、教学素材的积极学习态度的基础上，高校学前教育专业音乐教师应帮助学生将学习态度内化为学习动力，外化为学习效果，从而凸显线上线下相结合的混合教学模式的优越性，引导学生积极开展网络自主学习，有效开展以自主、合作、探究学习为主的线下课堂学习，促进学生在形成积极学习态度以及提高学习动力的基础上，获得更佳的学习效果。

第三章

高校学前音乐混合式教学的开展基础

第一节　混合式学前音乐教学的基本特点、价值分析及整体构架

一、混合式学前音乐教学的基本特点

（一）混合式学前音乐教学基于线上、线下相结合的途径开展

所谓混合式教学，就是利用"互联网+"教育的优势，在线上、线下相结合的混合式教学过程中，培养学生的学习能力，提升课程教学质量，从而确保学生能够收获更佳的学习成果。因此，混合式学前音乐教学的基本特征就体现在线上、线下相结合的教学过程当中。通过学前音乐学科混合式教学的开展，能够在培养学生自主、合作、探究学习能力的基础上，促使学生发展出良好的线上、线下学习能力，帮助学生真正获得良好的学习效果，从而全面提升高校学前音乐教学的整体质量。

线上、线下相结合的教学模式也对高校学前教育专业音乐教师的教学素养提出了新的要求。在线上、线下相结合的混合式教学过程中，高校学前教育专业音乐教师应在努力提升自身音乐素养的基础上，更为熟悉线上教学所必须的"互联网+"教学技术，并且能够自主制作相应的"互联网+"教学课件，通过线上"互联网+"教学的有效开展，促进学生在线上学习的基础上，更为自主、高效、便捷地开展线下课堂学习，从而在线上、线下相结合的学习过程中，培养学生形成良好的音乐素养，促使学生获得真正可用的音乐学习能力。

（二）混合式学前音乐教学注重培养学生的自主学习能力

在线上、线下相结合的混合式教学过程中，对于学生自主学习能力的培养相当重视。学生在线上学习阶段需要有效发挥自身的自主学习优势，通过线上的"互联网+"学习，准确掌握学前音乐教育课程中的关键知识点；在之后的线下自主、合作、探究学习过程中，积极利用线上"互联网+"学习经验，充分自由地开展线下自主、合作、探究学习活动，从而引导学生在切实提升自身自主学习能力的基础上，获得良好的学习效果。

混合式学前音乐教学的优势不仅限于高校学前音乐课程教学之中。通过常态化的线上、线下相结合的混合式教学，能够使学生形成良好的"互联网+"

学习能力，以及自主、合作、探究学习能力，促使学生将在混合式学前音乐学习过程中形成的学习能力迁移到其他学科的学习领域中，从而在整体上提高学生的学习能力。与此同时，线上、线下相结合的混合式学前音乐教学还能够充分发挥"互联网+"教育优势，帮助学生更好地提高学习兴趣，促使学生树立起更为积极主动的学习观念。

（三）混合式学前音乐教学为学生获得高质量学习效果提供保障

在传统的高校学前音乐教学领域中，由于受到课时及教学空间的限制，学生的学习效果很难获得保障。而通过混合式学前音乐教学过程，能够在促进学生积极开展线上、线下主动学习的基础上，有效地提升高校学前音乐教学的质量，从而促使学生获得良好的学习效果。具体到高校学前音乐混合式教学过程中，教师应根据自身的教学经验，将学前音乐课程中的关键知识点通过课前"互联网+"教学的形式，向学生进行详尽展示，从而在提升学生自主学习积极性的基础上，促进学生通过"互联网+"的学习过程，对于所学的音乐知识产生客观的了解；之后在线下课堂教学过程中，学生能够基于自身课前"互联网+"自主学习的经验以及所遇到的学习问题，通过教师的针对性指导以及学生之间的合作学习过程，有效开展线下课堂学习活动，从而准确把握高校学前音乐课程教学知识重点，从根本上提升学生的学习质量。与此同时，混合式学前音乐教学将基础知识学习与能力培养的教学任务主要安排在线上"互联网+"学习阶段，有效拓展了高校学前音乐教学空间，使教师能够利用更多的教学时间组织学生开展课堂自主、合作、探究学习，从而进一步帮助学生巩固高校学前音乐学习的基础，为高校学前教育专业学生获得高质量的学习效果提供保障。

二、混合式学前音乐教学的教育价值分析

（一）混合式学前音乐教学能够提升学生学习的主动性

混合式学前音乐教学的成功开展，离不开对学生学习主动性的激发。通过高校学前音乐的线上"互联网+"教学过程，能够有效激发学生的学习兴趣，以高校学前音乐"互联网+"在线学习的形式，促进学生更为便捷、自主、高效地开展学习。在学生充分开展课前"互联网+"自主学习的基础上，教师可通过对学生学习效果的观察，根据学生的学习现状灵活设置课堂教学的自主、合作、探究学习任务，促使学生能够在持续提高学习主动性的基础上，更好地

将自身的学习经验放在线下的课堂教学活动中进行检验，从而切实实现线上、线下学习的良性互动，促使学生获得良好的学习效果。

由此可见，在混合式学前音乐教学过程中，无论是线上的"互联网+"学习，还是课堂中的自主、合作、探究学习，都需要学生保持积极主动的学习心态，高质量完成各种线上、线下学习任务，从而在提升自身学习主动性的基础，形成更为适应自身学习发展需要的良好学习习惯，促使学生利用更为积极主动的学习心态，提高自身的学习质量。

（二）混合式学前音乐教学能够拓展教学空间

在传统的高校学前音乐教学领域中，课时及教学空间受到限制，不利于学生取得良好的学习效果。而随着线上、线下相结合的混合式教学模式出现，利用线上"互联网+"教学的过程，能够有效地帮助学生拓展学习空间，促使学生利用自身的课外时间，充分地开展线上的"互联网+"学习，从而为线下的课堂教学拓展出更多由学生开展自主、合作、探究学习活动的空间。

随着教学空间的拓展，为学前音乐教学带来了更为自由、合理的教学节奏。在学生充分开展线上的"互联网+"学习基础上，利用更为广阔的教学空间，能够充分引导学生开展各种自主、合作、探究学习活动。在此基础上，高校学前教育专业音乐教师还应通过课后的"互联网+"师生交流过程，帮助学生查缺补漏，促进学生更好地巩固学前音乐教育知识，为学生提供更为丰富的学习资料以及学习建议，真正发挥出"互联网+"教学与线下课堂教学相结合的优势，获得"1+1>2"的混合式教学效果。

（三）混合式学前音乐教学重在培养学生学习能力

在线上、线下相结合的混合式学前音乐教学开展过程中，学生不仅能够使音乐素养获得充分的发展与提升，还能够更为全面地发展自身的学习能力，从而将在混合式学前音乐学习中养成的学习能力，迁移到其他课程以及生活的中，促使学生在养成良好的"互联网+"学习素养的基础上，更好地实现学习能力的全面发展。学生一旦具备了良好的线上、线下相结合的自主学习能力，就能够更为主动、高效地完成后续学习任务，从而在学习能力发展的基础上，获得自身学习成效的提高。

具体而言，混合式学前音乐教学模式，首先能够充分提升学生的"互联网+"自主学习能力，促使学生养成积极主动的"互联网+"自主学习习惯，从而更为有效地完成学前音乐学习任务，以及其他学科的学习任务，促使学生通过"互联网+"自主学习提升自身整体学习水平。其次，通过混合式教学模式下的自主、合作、探究学习过程，还能促使高校学前教育专业学生切实发展自身的自主、合作、探究学习能力，从而利用自身良好的学习能力，高质量完成学前教育专业的各项学习任务，促使学生取得学前教育专业学习的突破性进展。

三、混合式学前音乐教学的整体构架

（一）课前线上自主学习为学生奠定学习基础

在混合式学前音乐教学过程中，学前教育专业音乐教师首先要利用自身的"互联网+"教学能力，为学生制作相应的多媒体教学课件，并利用在线传输的途径，引导学生利用课外时间开展课前的"互联网+"自主学习。学生通过课前"互联网+"自主学习的过程，能够对所学的高校学前音乐课程知识产生整体上的了解，并促使学生根据自身学习情况，准确把握学前音乐课程的重点、难点，促使学生发现自身的学习问题，从而在之后的线下课堂教学活动中，在教师的科学指导下，对这些疑难学习问题进行统一解决。

而在学生开展线上自主学习的过程中，还能够对高校学前音乐课程的基础知识进行全面了解，理解和消化绝大多数学前音乐基础知识，好为之后的线下课堂教学活动奠定相应的学习基础，从而在整体上提升学生的学习效果。

（二）通过课堂教学活动提升学前音乐教学质量

在学生充分开展课前"互联网+"自主学习的基础上，高校学前教育专业音乐教师应积极利用课堂教学时间，为学生集中解决在课前"互联网+"自主学习过程中遇到的问题，并在此基础上，组织学生有序开展自主、合作、探究学习活动。利用线下课堂教学过程，促使高校学前音乐教学质量获得根本性的提升。

具体而言，在混合式教学的线下课堂教学阶段，教师首先需要对学生的课前"互联网+"在线学习的成效进行检验，并针对学生在课前"互联网+"在线学习中遇到的疑难问题进行指导。在充分帮助学生解决问题的基础上，积极组织学生开展相应的自主、合作、探究学习活动，从而促使学生通过线下课堂教学活动，提高学习能力。其次，积极开展课堂教学活动，进一步激发学生的学习兴趣，发展学生自主、合作、探究学习能力，从而提高学习质量。

（三）运用课后师生网络交流帮助学生巩固学前音乐知识与能力

在混合式学前音乐线下教学结束之后，高校学前教育专业音乐教师应积极利用课后师生网络交流的途径，帮助学生巩固学前音乐知识与能力，促使学生更好地吸收在"互联网+"在线学习以及线下课堂教学中学到的重点知识，进一步掌握学前音乐课程的关键知识点；同时，通过课后师生网络交流的过程，还有助于教师在后续的混合式学前音乐教学过程中，根据学生的学习效果反馈，不断更新和完善教学方法，促使学生形成音乐素养。

在课后师生网络交流的过程中，教师还应注重对学生的学习体会进行深入了解，并准确把握线上、线下相结合的混合式教学方法对于学生的具体教学作用。通过课后的师生网络交流，进一步帮助学生提升学习积极性，促使学生持续地保持充沛的学习动力，从而帮助学生在今后的高校学前音乐学习过程中，能够更好地发挥自身主体学习优势，不断取得学习进步。此外，通过课后的师生网络交流，还能够进一步拉近师生之间的距离，使学生更为信任教师，以增进师生感情为起点，帮助学生更好地树立学习信心。

第二节　高校学前音乐混合式教学所涵盖的教学方法

一、学前音乐教学的教学方法运用

（一）学前音乐课堂教学的教学方法改良与发展

在学前音乐课堂教学过程中，教师一般利用"讲授法""讨论法""练习法"进行教学。通过学前音乐课堂教学方法的有效运用，能够更好地让学生形成音乐素养，促使学生掌握成为一名卓越的学前音乐教育工作者必备的品格与关键的能力。通过学前音乐教育改革的落实，传统的学前音乐教学方法正朝向利于学生发展、便于学生学习的方向改良与发展。在传统学前音乐教学方法的改良与发展过程中，"讲授法""讨论法""练习法"都是改良及发展的对象，需要高校学前教育专业音乐教师利用积极的教学改良理念，有效地完善"讲授法""讨论法""练习法"等基本的教学方法，从而有效促进学生音乐素养的提升。

在"讲授法"的改良与发展过程中，教师可以应用 PPT 幻灯片演示软件，为传统的"讲授法"赋予信息化的内涵;教师还可以将思维导图与教学任务清单加入PPT幻灯片演示软件,从而更好地为学生展示高校学前音乐教育的重点,为学生树立完善的学前音乐学习观念。

在"讨论法"的改良与发展过程中,教师应当基于平等和谐的师生互动氛围,有效开展师生互动讨论,围绕教学的中心问题,引导学生积极发表自身的意见及见解,同时教师在讨论过程中对学生进行有效引导,从而完善"讨论法",使学生在充分的师生互动讨论过程中,有效收获学前音乐知识。

在"练习法"的改良与发展过程中,高校学前教育专业音乐教师应加强对学生练习的指导力度,如在儿童歌曲钢琴弹唱、视唱练耳等学前音乐教育练习过程中,教师应基于学生的练习基础,进行科学指导,从而促使学生在教师的指导下,通过相应的练习过程,切实发展自身音乐实践素养。

(二)学生课外自主学习的教学方法运用

在线上线下相结合的混合教学模式中,学生的课外自主学习是一个至关重要的环节,在学生利用互联网技术开展在线学习的过程中,主要有翻转课堂教学、导学PPT、微课视频教学、思维导图、教学任务清单等网络自主学习方法。这些学习方法的共通点是都需要基于教师提供的网络自主学习课件进行,并且与高校学前音乐课堂教学联系紧密,可以说是高校学前音乐课堂教学的一种有效拓展。

学者李杰在专著《网络教育学习导论》中指出:"网络教育是以学习者为主体,以计算机技术、多媒体技术、通信技术和Internet网络等高新技术为主要教学手段和传播媒体,运用图像、文字、动画、音频和视频技术的一种新型的交互式教育方式。从学习者的角度来讲,是相对于传统的通过固定课堂听取教师直接讲授、面对面交流、通过纸质教材学习的一种新型学习方式或手段。"[①] 在网络自主学习过程中,学生能够充分地利用教师提供的高校学前音乐教育课件,有效发挥自身的自主学习能力,通过互联网媒介,展开系统化、专业化的网络在线学习。网络自主学习的过程在为高校学前音乐课堂教学的自主、合作、探究学习奠定良好的课前学习基础上,促使学生基于网络自主学习的经验,有效地在高校学前音乐课堂教学过程中开展合作探究学习,从而节省课堂教学时间,获得更佳的学习效果。在网络自主学习过程中,高校学前教育专业音乐教师还能够通过网络互动手段,利用教师在线指导的方式,引导与指

---

① 李杰:《网络教育学习导论》,西南财经大学出版社,2018,第6页。

导学生的网络在线学习，从而更好地发挥高校学前教育专业音乐教师的网络在线教学指导作用，促使学生更好地提升网络在线学习的效率。

（三）学前音乐教学的教学方法运用总结

高校学前音乐教学主要通过线下课堂教学与线上网络教学来实现。这两种教学途径相互关联、互相促进，都是围绕培养高素质学前教育专业应用型人才目标而开展的教学活动。就高校学前音乐课程中的线下课堂教学方法与线上网络教学方法而言，都体现出实践性教学方法的特点。高校学前音乐教育的线上网络教学开展，是在提升学生互联网自主学习能力的基础上，为线下的课堂教学提供坚实的学习基础，在之后的线下课堂教学过程中，更好地促进学生利用线上网络学习获得的学习经验与学前音乐知识来开展课堂学习活动，提升学生线下课堂学习的质量与效果。

从整体上来讲，高校学前音乐课程的线下课堂教学与线上网络教学组成了线上线下相结合的混合教学模式，能够在有效发展学生学习能力的基础上，使学生形成音乐素养。这种线上线下相结合的混合教学模式是以线下课堂教学为主体，以线上网络教学为拓展的教学模式。通过线上网络教学的拓展，积极发挥翻转课堂教学、导学 PPT、微课视频教学、思维导图、教学任务清单等网络教学方法的优势，从而使高校学前教育专业学生在线上课堂教学的过程中拥有更多的学习资源，从而更加有利于线下课堂教学的自主、合作、探究学习开展。高校学前音乐课堂教学由于受到既定课时的限制，必须通过开展课外网络教学的途径来拓展高校学前音乐教育的空间，促使学生在积极开展课外网络学习的基础上，能够基于教师提供的网络教学资源课件，有效发展自身的网络在线学习能力以及音乐素养，从而在之后的线下课堂学习过程中，能够拥有更多的自主、合作、探究学习时间，并且有效利用自主、合作、探究学习模式，积极发展和提升自身的音乐素养。

二、学前音乐教学的教学方法创新

（一）积极利用网络在线教学手段创新学前音乐教学方法

学者陈东在专著《网络教育学习指导》中指出："网络技术的快速发展及其在教育领域中的深入应用开辟了一个崭新的教育时代，使得传统教育在教学思想、教学内容、教学方法和教学组织形式上发生了根本性的变化，引起了教学模式和教育体制的根本性变革。以网络技术为基础的网络教育作为一种新型教育模式，其教学的优越性日益显现，逐渐成为我国高等教育网络学院、各级电大系统开展成人教育、继续教育以及各种远程培训的主要教育形式。"① 具体导高校学前音乐教育领域中，高校学前教育专业音乐教师应积极利用网络在线教学手段，有效创新学前音乐教学方法，从而促使学生有效依托网络自主学习，切实提升音乐素养，获得良好的学习效果。

具体到利用网络在线教学手段创新学前音乐教学方法的过程中，高校学前教育专业音乐教师应积极发挥自身的教学主导作用，有效引导学生利用网络在线学习的方式，发展自身的网络在线自主学习能力以及音乐素养。通过翻转课堂教学、导学PPT、微课视频教学、思维导图、教学任务清单等网络在线学习方法，促使学生利用教师提供的专业化网络在线学习课件，开展相应的网络在线学习。在学生有效开展网络在线学习的过程中，高校学前教育专业音乐教师还可以通过网络沟通的方式，随时指导学生，促使学生获得良好的网络在线学习效果。利用网络在线教学手段促进教育方法的创新，能够更好地拓展高校学前音乐教学的空间，从而在有效创新教学方法的基础上，为学生提供更为便捷的网络在线学习途径，促使学生协调发展网络自主学习能力以及音乐素养，为自身今后的职业发展奠定坚实的基础。

（二）根据学生的学习效果及学习特点创新学前音乐教学方法

在高校学前音乐教学过程中，教师需要充分收集学生的学习反馈，并依据学生学习反馈的内容，根据学生的学习效果及学习特点，有效创新学前音乐教学方法，使得高校学前音乐教学方法更加便于学生学习、利于学生应用。在高校学前教育专业音乐教师创新教学方法的过程中，还需要随时观察学生对于创新性教学方法的接受态度与接受能力，随时对创新性教学方法进行调整，从而利用教学方法的创新，取得更为突出的学前音乐教学效果。

具体而言，在高校学前音乐线上线下相结合的混合教学模式开展过程中，教师应当灵活选用适于学生学习、利于学生发展的教学方法展开教学，并且不断观察学生对于创新性教学方法的接受能力，从而不断完善教学方法。例如，在翻转课堂的教学过程中，如果学生在课前的微课自主学习阶段不能有效地理解微课课件内的相应知识，教师就需要在后续的课堂教学中为学生充分解读微课课件中的相关知识，使学生在理解相关知识的基础上，完成翻转课堂的学习任务。同样在翻转课堂的教学过程中，如果学生在课前的微课自主学习过程中

---

① 陈东：《网络教育学习指导》，电子工业出版社，2011，第2页。

充分理解了微课课件中的相关知识，教师则应在之后的课堂教学过程中，积极组织学生基于自身对微课课件中相关知识的理解，充分展开自主、合作、探究学习，从而更好地提升翻转课堂教学效率。

总体而言，高校学前教育专业音乐教师的教学方法应用与创新，应当随时根据学生的学习效果进行调整。在教师持续收集学生学习反馈、有效观察学生学习效果的基础上，灵活运用各种教学方法，并根据学生的具体学习情况进行教学方法的创新，促使学生在便于学习、利于发展的学习过程中，有效提升自身的学习质量，从而有效发挥出高校学前音乐课程教学方法创新的优势。

（三）利用线上线下相结合的混合教学模式创新学前教育音乐教学方法

美国学者莉兹·阿尼在专著《混合式教学：技术工具辅助教学实操手册》中指出："混合式教学为教师提供了以下的机会和尝试空间：个性化——教师与各个小组的学生一起设定学习目标；严谨性——教师强化或拓展课程内容；监督性——教师花时间分析学生数据。混合式教学通过提供在线与现场环境下的差异化体验，使教师进一步关注学生个体，把他们看作有个体差异的学习者，并通过多个数据点来记录学生的成长。"[①] 由此可见，混合式教学模式具有个性化、严谨性、监督性的特点，重点关注学生的个体发展与学生的整体成长。

在利用线上线下相结合的混合教学模式创新学前音乐教学方法的过程中，高校学前教育专业音乐教师需要重点关注学生的个体差异，利用因材施教的方式，实施有效教学。通过突出混合式教学个性化、严谨性、监督性的特点，在关注学生个体成长的基础上，重点促进学生的群体发展，并利用教学方法创新的过程，有效实现提升学生音乐素养的目的。在观察学生个体成长与群体发展的基础上，高校学前教育专业音乐教师应根据对学生的观察成果，积极选用适合学生当前学习现状的教学方法来开展高校学前音乐教学，在满足学生个性化发展的基础上，突出对于学生群体教育的严谨性，并充分利用监督性教学理念，不断收集教学方法创新背景下的学生学习反馈，从而更好地了解自己进行教学方法创新带来的教学效果，并积极利用学生的学习反馈，不断调整、完善、创新线上线下相结合的混合式教学方法，从而促使高校学前音乐教学能够

---

① 莉兹·阿尼：《混合式教学：技术工具辅助教学实操手册》，孙明玉、刘夏青、刘白玉译，中国青年出版社，2017，第16页。

有效协调学生的个体成长以及群体发展，为全体学生带来更具个性化的混合式教学方法。

三、学前音乐教学的教学方法拓展

（一）传统高校学前音乐教学方法的拓展

在实际教学中，高校学前教育专业音乐教师应积极拓展传统的学前音乐教育教学方法，使传统的学前音乐教育教学方法在得到有效创新的基础上，发挥出更为突出的教学作用以及教学价值。较为常见的传统高校学前音乐教学方法包括"讲授法""讨论法""练习法"，通过对这些传统高校学前音乐教学方法的拓展，可提升教学质量。

在混合式学前音乐教学背景下，翻转课堂教学法、导学 PPT 教学法以及微课教学法，是学生进行课前自主"互联网 +"学习的基础。通过"翻转课堂"教学法、"导学 PPT"教学法以及"微课"教学法的创新性运用，能够有效更新和完善传统学前音乐教学模式，促使学生在"互联网 +"在线学习基础上，获得良好的音乐素养。

具体而言，为了有效地拓展传统学前音乐教学方法，高校学前教育专业音乐教师应积极开展线上线下相统一的混合式学前音乐教学过程。首先利用数字化学前音乐教学课件，对所学知识进行深入浅出的讲解，促使学生在课前"互联网 +"自主学习的基础上，更好地激发自己的学习兴趣。在学生有序开展课前"互联网 +"学习的基础上，高校学前教育专业音乐教师还应在学生完成课前"互联网 +"学习之后，对学生的课前"互联网 +"学习效果进行检验，从而掌握更多的学生学习情况，以便更加具有针对性地设计与开展线下课堂教学。

（二）网络在线学习背景下的学前音乐教学方法的拓展

在网络在线学习背景下的学前音乐教学方法的拓展过程中，高校学前教育专业音乐教师应基于翻转课堂教学、导学 PPT、微课视频教学、思维导图、教学任务清单等基础网络教学方法，积极对学前音乐教学方法进行拓展，加入线上名师课堂、教学内容分享与讨论、知识点动画等多样化的教学形式，让学生提前探索、思考、解决问题，从而在线下课堂教学中留出更多让学生实际操作、小组合作的机会，以此强化学生的音乐表现与编创能力。运用线上线下相结合的混合式教学模式，把学生的音乐专业知识与技能掌握，与学前音乐教学活动中的专业实践技能有机融合，培养学生成为合格的、具备良好实践操作能力和自主研究能力的学前教育教师，进而有效推动高校学前音乐课程的改革与发展。

具体对于学生的网络在线学习方法的拓展，应积极朝着培养应用型学前音乐教育工作者的方向发展，基于上述网络教学方法的混合式运用，有效提升学生的自主学习能力以及音乐素养。在翻转课堂教学、导学 PPT、微课视频教学、思维导图、教学任务清单的基础网络教学方法之上，有效加入线上名师课堂、教学内容分享与讨论、知识点动画等网络教学方法，能够促使学生有效地分享和利用网络教学资源，并且基于自身的网络在线学习，有效地拓展出相应的网络学习、自主学习能力，使学生在发挥网络学习能力、自主学习能力的基础上，更为高质量地开展课外网络在线学习，以此从根本上提升学生的音乐素养。在学生充分拓展网络学习方法的基础上，还应当充分注重网络学习与课堂学习的联系，充分利用自身的网络学习成果，开展小组合作与自主探究，从而进一步提升学生的音乐素养，为学生成为应用型学前音乐教育工作者奠定良好的发展基础。

（三）对于学前音乐教育教学方法拓展价值的总结

在学前音乐教学方法拓展过程中，如果想要实现学前音乐教学方法的拓展价值，就必须以关注学生学习效果为教学工作的核心，利用对于学生学习效果、学习方式的持续性观察，有效收集学生学习效果的反馈，从而促使高校学前教育专业音乐教师在解决学生学习问题、提升学生学习质量的基础上，有效拓展与创新线上线下相结合的混合式学前音乐教学方法。

具体对于线上线下相结合的混合式学前音乐教学方法的拓展与创新而言，高校学前教育专业音乐教师应充分重视培养应用型学前音乐教育工作者的教学目标，积极利用教学方法的拓展过程，为高校学前教育专业学生构建切实可用的学习能力，促使学生在教学方法拓展创新的基础上，积极发挥学习的自主性，同时有效激发学生的学习兴趣以及对学前音乐学习的热情，从而在更加主动的学习过程中，发展出良好的音乐素养。

在高校学前音乐课堂教学过程中，高校学前教育专业音乐教师应充分基于对"讲授法""讨论法""练习法"的拓展，促使学生有效发挥自身的学习能力，并且在以上传统教学方法的基础上，有效结合小组合作学习、探究式学习、研究性学习等教学方法，促使学生的学前音乐课堂学习，能够朝着应用化发展，在提升学生自主、合作、探究学习能力的基础上，使学生形成良好的音乐素养。

在学生的课外网络学习过程中，应当在运用翻转课堂教学、导学PPT、微课视频教学、思维导图、教学任务清单等基础教学方法的基础上，有效融入线上名师课堂、教学内容分享与讨论、知识点动画等新颖的教学方法，并通过学生课外网络学习，有效地在小组合作学习、探究式学习、研究性学习等学习方法运用过程中，发挥实质性的教育作用，从而有效地促进学生提升网络自主学习能力以及学习素养。

第三节　高校学前音乐教学活动实施策略研究

一、组织学生开展音乐教学活动的意义

（一）通过组织音乐教学活动提升学生的音乐素养

在高校学前音乐教学过程中，通过组织音乐教学活动，能够有效地提升学生的音乐素养。要开展音乐教学活动，首先应当明确音乐教学活动的主题，利用音乐教学活动的主题设置，确定好音乐教学活动的教学定位，明确音乐教学活动开展的意义，如此才能够更好地提升音乐教学活动的开展价值。在组织学生开展音乐教学活动的过程中，还能够更好地促进学生提升高校学前音乐学习的参与性，在丰富多彩的音乐教学活动过程中，充分凸显学生的主体学习地位，促进学生有效地通过组织音乐教学活动，积极有效地提升自身的音乐素养。

例如，在高校学前音乐教学过程中，某些教师曾组织学生开展了儿童歌曲钢琴弹唱结合合唱与指挥及舞蹈、打击乐演奏的综合性教学活动，使学生有效掌握了运用音乐表演综合形式，培养了学生弹唱、合唱、舞蹈表演及打击乐演奏的能力。在开展以上音乐教学活动的基础上，根据教学活动的具体开展情况，由教师进行系统性的点评，发现学生在本次教学活动中的亮点，指出学生在本次教学活动中的不足，从而进一步促进学生通过本次音乐教学活动的开展提升自身的音乐素养。这样的高校学前音乐教学活动在有效提升学生的音乐素养基础上，切实突出了学生的主体学习地位，发挥了学生的主动学习作用，从而使学前音乐活动获得了良好的效果。

总体而言，通过组织音乐教学活动，能够切实提升学生的音乐素养，促使学生在主动参与音乐教学活动的过程之中，积极发挥自身的主动性学习作

用，通过积极参与音乐教学活动，有效提升自身的学习效果，从而达到整体性提升学前音乐课程教学质量的目的。

（二）通过组织音乐教学活动发展学生的学习观念

通过组织音乐教学活动，不仅能够有效提升学生的音乐素养，还能够进一步发展学生的学习观念，促进学生以更加积极主动的学习心态，积极参与到音乐教学活动过程中，从而为学生树立更为积极的学习观念。在学生形成更为积极的学习观念基础上，能够通过更为积极的学习观念引导，开展更为主动的线上、线下自主学习，从而体现自身的主体性学习地位，突出自身的主体学习价值。

在传统的学前音乐教育模式下，课堂教学平淡无奇、索然乏味，只是单纯的教师教学与学生学习，缺乏教学活力。而通过组织相应的音乐教学活动，能够有效提升学前音乐课堂教学的活力，促使学生在养成更为积极的学习观念的基础上，积极利用音乐教学活动的方式深化自身学前音乐学习的深度，从而构建起更加富有动感的学前音乐课堂。在音乐教学活动过程中，学生完全成了学习的主人，在主动学习观念的引导下，有效丰富学前音乐教育的内涵，加强学前音乐课堂教学的实用性与适用性。通过组织开展音乐教学活动的方式，有效转变传统学前音乐课堂的面貌，营造良好的高校学前音乐课堂教学环境，为学生的学前音乐学习，构建起良好的音乐教学活动开展氛围，从而让学生树立更为积极的学习观念，并促使学生在这种积极的学习观念的驱动下，高效率地完成各项学前音乐学习任务，以此达到整体性提升学前音乐教育效果的目的。

（三）通过组织音乐教学活动促进学生全面发展

通过组织学前音乐教学活动，不仅能够促进学生提升音乐素养，发展出积极的学习观念，还对学生的全面发展大有裨益。

具体而言，在组织开展学前音乐教学活动的全过程中，学生不仅是音乐教学活动的组织者，也是音乐教学活动的主要参与者，而高校学前教育专业音乐教师则是站在活动效果评价者的位置上，对于音乐教学活动的开展质量展开科学、客观的评价。学生在组织学前音乐教育活动的过程中，能够有效地发展他们的活动组织能力，促使学生协调好各方面的音乐教学资源，从而将这些音乐教学资源有效整合，并有效运用到学前音乐教学活动的全过程中去。这样的学生组织音乐教学活动的过程，能够很好地发展学生的组织能力、协调能力，从而促使学生获得学前音乐教育之外的发展。与此同时，在引导学生开展学前音乐教学活动的过程中，教师应凸显学生的教学活动主体地位，对学前音乐教学活动进行科学设计与合理统筹，从而使学前音乐教学活动的开展朝着更加合理化、科学化的方向发展，培养学生对学前音乐教学活动的设计与统筹能力，从而为学生日后成为一名卓越的学前音乐教育工作者，提供良好的教学活动设计与实施能力。

总体而言，通过组织开展学前音乐教学活动，能够在有效提升学生活动组织能力与教学资源协调能力的基础上，更好地发展学生对学前音乐教学活动的设计与统筹能力，从而在促进学生课内外能力全面发展的基础上，为学生未来的职业发展奠定坚实的能力基础。

二、学前音乐教学活动的开展成果展示

（一）利用学前音乐教学活动有效提升了学生的学习积极性

在具体的高校学前音乐教学过程中，通过组织音乐教学活动的方式，能够有效利用音乐教学活动的过程，切实提升学生的学习积极性。在组织音乐教学活动的全过程中，学生不仅是学前音乐教学活动的主要参与者，也是学前音乐教学活动的主要策划者，学生需要基于自身的学习基础，根据学前音乐学科专业知识去策划学前音乐教学活动的开展流程、开展内容，并对学前音乐教学活动的开展价值进行有效的预先评估。通过组织策划并开展学前音乐教学活动的过程，能够在整体上提升学生对学前音乐教育的学习积极性，使他们在积极策划与参与学前音乐教学活动的过程中，充分发挥自身的主体学习价值，有效地构建起高质量的教学活动空间，最后在亲身参与学前音乐教学活动的过程中，获得教师科学、客观的指导与评价，从而获得更佳的学前音乐教育活动开展效果。

总体而言，通过组织音乐教学活动的学前音乐教育方式，将学生完全置于活动策划者、活动组织者、活动主要参与者的主体学习地位，教师则是学前音乐教学活动的观察者与评价者。通过这样的学前音乐教育活动开展，能够从根本上提升学生的学习积极性，促使学生在组织学前音乐教学活动的过程中，积极发挥自身的聪明才智，策划设计出良好的学前音乐教学活动样板，并且通过自身的积极参与，切实增强学生在学前音乐教育活动中的主体作用，提升自身的学习质量。

（二）通过音乐教学活动切实提升学生的音乐学习质量

通过组织学前音乐教学活动的过程，在丰富高校学前音乐教学途径的基础上，促使学生提升学习质量。在学生组织音乐教学活动的过程中，需要基于自身专业素养的发展，有效策划和统筹学前音乐教学活动的内容及开展过程，在学生自主策划并自主开展学前音乐教学活动的过程中，积极发挥学生的主体学习作用，促使学生更为主动地提升自身的学习质量。

具体而言，学生在策划学前音乐教学活动的过程中，首先需要根据自身专业知识的发展方向，对学前音乐教学活动的开展流程、开展形式进行充分的策划。在此过程中，学生的专业知识能够得到有效运用，并且基于学生专业知识的发展，策划出高质量的学前音乐教学活动，从而更好地确保学生的学习质量得以提升。在参与学前音乐教学活动的过程中，学生需要基于专业知识的发展，积极完成学前音乐教学活动所规定的教学任务，从而促使学生通过学前音乐教学活动这一方式，有效提升自身的学习质量。在活动点评环节中，教师需要通过对学前音乐教学活动中学生的表现进行观察，进行科学、客观的教学点评，在激励学生的基础上，指出学生存在的不足，促使学生在今后的学前音乐教育过程中，能够主动地弥补短板，从而获得更佳的学习效果。

总而言之，在以组织学前音乐教学活动为主的学前音乐教育模式开展过程中，通过学前音乐教学活动的有效开展，切实提升了学生的音乐学习质量，促使学生能够在更为积极主动的学前音乐教学活动策划、设计与开展过程中，有效发挥主体学习作用，以此提升学习效果。

（三）基于音乐教学活动为学生树立更为主动的学习观念

在高校学前音乐教育领域中，基于学生组织音乐教学活动的过程，有效地为学生树立更为主动的学习观念，促使学生积极利用对学前音乐教学活动的策划、组织、开展以及参与，切实体现自身的主体学习作用，从而树立积极的学前音乐学习观念。

学生组织音乐教学活动，能够让学生树立更为主动的学习观念，促使学生进一步利用对于学前音乐教育活动的完善以及持续开展，不断提升自身的专业素养，从而为将来的职业发展奠定良好的素养基础。

在学前音乐教学过程中，学生主要利用对学前音乐教学活动的自主策划、统筹组织、积极参与，凸显自身在高校学前音乐学习中的主体地位，并通过亲身参与学前音乐教育活动，有效发展自身的专业能力，从而更好地体现出该教学模式的优越性。

从总体上来讲，通过组织学前音乐教学活动的学习过程，能够从根本上提升学生的主动学习观念，利用对学前音乐教学活动的自主策划、统筹组织、积极参与，切实实现学生在自主学习理念下的先进学习观念的生成。通过学生组织音乐教学活动的学前音乐教育形式，促使学生将传统的被动学习观念转变为主动学习观念，充分发挥学生在学前音乐学习过程中的主观能动性。通过学生组织音乐教学活动的创新性高校学前音乐教学模式，有效促进学生积极主动学习观念的形成和巩固，并促使学生在之后的各种课内外学前音乐学习过程中，基于自身形成的主动学习观念，积极主动地开展各种课内外学习活动，从而获得良好的学习效果。

三、音乐教学活动的效果评估

（一）音乐教学活动的教学效果评估

基于对学前音乐教学活动开展现状的总结，可以肯定的是，利用组织音乐教学活动的学前音乐教育模式，能够促使学生获得更为良好的学习效果。在学生组织学前音乐教学活动的过程中，需要对学前音乐教学活动策划、学前音乐教育活动统筹、学前音乐教育活动参与的全过程进行充分的规划和设计，并且亲身参与到学前音乐教学活动当中，从而在加强学生参与学前音乐教学活动体验感的基础上，有效为学生发展出更为积极的高校学前音乐学习观念，并且促使学生获得专业素养。

具体而言，通过组织学前音乐教学活动的过程，有效转变了传统高校学前音乐课堂单一的教学模式，利用学生自主组织教学活动的理念，切实突出学生的主体性学习地位，而高校学前教育专业音乐教师在学生策划、统筹、参与教学活动的过程中，更多是以指导者、观察者、评价者的身份出现，在不影响学生主体学习地位的前提下，为学生的学前音乐教学活动的策划、统筹与开展，提出积极的教师指导建议，以及进行教学点评。在这样完全以学生为主体的学前音乐教学活动开展过程中，学生能够充分获得展现自身音乐素养以及发挥聪明才智的机会，能够有效提升自身音乐学习的水平，还能形成良好的学习习惯。

总体而言，通过组织音乐教学活动的形式，能够在整体上提升高校学前音乐教育的质量，并且充分突出学生的主体性学习地位，促使学生有效树立更为积极主动的学习观念，从而提升自身的学习效果。

（二）音乐教学活动的开展意义评估

从总体上来讲，通过学生组织音乐教学活动，具有"转变传统课堂教学模式""构建新型师生角色定位""提升学生学习质量"三方面的开展意义。

就"转变传统课堂教学模式"而言，通过组织音乐教学活动的高校学前音乐教学模式，有效地将传统高校学前音乐课堂中"教师教学，学生接受"的教学模式，转变为"学生自主设计参与教学活动，教师加以指导和评价"的教学模式。利用这样的传统课堂教学模式转变，能够充分凸显高校学前音乐教学过程中学生的主体学习地位，建立起以学生自主学习为主，以教师指导为辅的创新型教学模式。通过组织学前音乐教学活动的过程，能够使高校学前音乐课堂发生根本性的转变，促进学生积极发挥主动学习能力，促进教师积极对学生设计并参与的教学活动进行充分的观察与指导，从而在"转变传统课堂教学模式"的基础上，构建起更利于学生成长、便于学生发展的新型高校学前音乐教学体系。

就"构建新型师生角色定位"而言，通过运用组织学前音乐教学活动的教学模式，使教师在高校学前音乐教育中从教学者转变为学生的引导者、促进者，而学生则由学习者转变为学习的实践者和教学活动的组织参与者。这样的师生角色定位，能够突出学生在学前音乐学习中的主动性学习作用，从而促使学生更为积极地开展各种学前音乐教学活动，从根本上提升了学前音乐教育质量。

就"提升学生学习质量"而言，通过组织学前音乐教学活动的过程，能够促使学生在主观上有效发展学习能力，并利用学前音乐教学活动的设计、规划、参与，有效提升学生的学习效果，从而达到了促进学生学习质量提升的目的。

（三）音乐教学活动的促进价值评估

就组织学前音乐教学活动的促进价值而言，主要包括"促进学生生成主动学习意愿""加强学生学习体验""提升学生学习能力"三个方面。

就"促进学生生成主动学习意愿"而言，组织学前音乐教学活动，能够促进学生在学前音乐教学活动的设计、规划以及亲身参与的过程中，有效地生成主动学习意愿，并且积极利用自身主动学习的意愿，有效提升高校学前音乐教学活动的开展质量，以及开展流程的合理性，从而积极地将自身的主动学习意愿转化为自身的自主学习能力，切实提升高校学前音乐教学的质量。

就"加强学生学习体验"来讲，利用组织音乐教学活动的高校学前音乐教学模式，能够有效地促进学生更为积极地参与到教学活动的设计、策划、开展的过程中，使学生在亲身经历学前音乐教学活动的开展全过程基础上，获得更为积极的学习体验，从而有效地将自身的学习体验转变为自身的音乐素养，促使自身的音乐素养得以提升。

就"提升学生学习能力"而言，在组织开展学前音乐教学活动的过程中，学生需要有效发挥自主、合作学习能力，通过与同学的密切合作，对学前音乐教学活动进行精心的设计，并且考虑到可能影响学前音乐教学活动开展的各方面因素，积极地对学前音乐教学活动的资源进行统筹，从而设计出良好的学前音乐教学活动开展方案。在学生按照学前音乐教学活动开展方案开展学前音乐教学活动的过程中，学生还需要积极发挥自身的主动学习能力，有效地完成学前音乐教学活动开展方案中的各种既定目标，从而利用教学活动的设计与参与，切实提升自身的学习能力，并促使学生在开展学前音乐教学活动的全过程当中培养良好的自主、合作学习素养。

第四节　学前音乐混合式教学效果的分析

一、学前音乐混合式教学背景研究

（一）学前音乐混合式教学概念解析

要做好高校学前音乐混合式教学改革，就需要在立足幼儿园音乐活动，以培养学生学习能力为主线，科学把握当今幼儿园音乐混合式教学特点，从而更好地提升高校学前音乐混合式教学的应用性与实效性。

学者于淳、严啸、李烁、祝卫红在专著《幼儿园实用音乐教学与活动设计》中指出："幼儿园音乐教育是针对学前教育阶段幼儿进行的音乐方面的熏陶，是通过让幼儿参与音乐活动，从音乐知识、技能及情感认知等方面对其进行的教育实践活动。它是音乐学与儿童教育学相融合的产物，是一门实践操作性很强的学科。随着科技的发展，人们对大脑的研究逐步深化，其中对音乐在儿童生理、心理、智力等方面发挥的重要作用也进行了科学的论证。幼儿园音乐教育不仅是对幼儿进行音乐基本知识、技能的教育和熏陶，更是要将音乐作为一种教育手段，促进幼儿在智力、情感、身体和个性等方面的和谐发展，并最终达到实施幼儿园音乐教育的目的。"① 由此可见，学前音乐混合式教学是幼儿园课程教学体系中的一项重要环节，通过学前音乐混合式教学的过程，能够促进幼儿在提升幼儿园音乐素养的基础上，实现生理、心理、智力、情感的全面发展。

总体而言，学前音乐混合式教学是幼儿园课程教学体系中的重要组成部分，通过组织幼儿参与学前音乐学习活动，能够让幼儿积累一定的音乐知识，促进幼儿掌握一定的音乐技能，并深刻引发幼儿在学前音乐学习过程中的情感共鸣。学前音乐混合式教学具有较强的实践性特点，一切围绕着学前音乐混合式教学活动的开展而展开，通过学前音乐混合式教学活动的有效开展，能够使幼儿获得生理、心理、智力、情感方面的发展，促使幼儿在形成学习能力的基础上，更好地通过参与学前音乐活动，提升自身的音乐素养，掌握一定的实践能力，从而有效地达到学前音乐教育的目的。

（二）幼儿园学前音乐混合式教学重点分析

学者陈泽铭在专著《幼儿园音乐有效教学六讲》中指出："当前，大部分幼儿园认同的学前音乐教育的总目标可以表述为三个部分：认知、情感与态度、操作技能。阶段性目标围绕这三个部分进行了细化。各地的幼儿园和教研机构、师范院校的教师在以上表述的范畴内进行了大量的挖掘，丰富了学前音乐教育目标的具体内容。"② 由此可见，认知、情感与态度、操作技能三个方面，是学前音乐混合式教学的三个重点。

对于"认知"来说，通过学前音乐教育的有效开展，可以促使幼儿在提升音乐认知能力的基础上，更好地发展自身的学习认知态度，促进幼儿在对音乐学习内容进行认识的同时，有效地发展出良好的学习认知能力。幼儿学习认知能力的发展，不仅对于学前音乐学习大有裨益，还能够将自身的学习认知能力迁移到其他学前教育学科的学习过程中，促使幼儿积极地利用自身的学习认知能力，有效地提升自己的学习效果。

对于"情感与态度"来说，在学前音乐教学过程中，要注重通过幼儿的音乐学习体验，培养幼儿形成积极的情感态度，促使幼儿能够充分理解音乐歌曲中的情感态度，并且基于自身音乐学习基础，有效将学前音乐混合式教学内容中的情感态度吸收转化为自身的情感态度素养，从而有效地提升学前音乐教育的育人质量。

---

① 于淳、严啸、李烁、祝卫红：《幼儿园实用音乐教学与活动设计》，浙江大学出版社，2016，第7页。

② 陈泽铭：《幼儿园音乐有效教学六讲》，华东师范大学出版社，2012，第6页。

对于"操作技能"来说，幼儿需要通过音乐学习，掌握一定的歌曲演唱技能，或者是基础的器乐演奏技能。通过学前音乐混合式教学的过程，帮助幼儿在掌握一定"操作技能"的基础上，进一步促进幼儿的全面发展，使幼儿能够利用对声乐或器乐的操作技能，有效完善自身的音乐学习能力体系。

（三）学前音乐混合式教学开展类型研究

学者富宏在专著《幼儿园音乐教育活动设计与实施》中指出："儿童音乐不仅具有独特的内涵，还具有丰富的外延。在这里，'儿童音乐'的界定是比较宽泛的。它不仅包括适合学前儿童在幼儿园集体活动中使用的音乐，也包括与家庭以及社会早期儿童音乐教育相适应的音乐作品，还包括一些在题材与形态上具有儿童音乐的某种特征、老少皆宜的音乐作品。为儿童音乐适当分类，能更好地了解儿童音乐的功能和价值。"[①] 就学前音乐教育的开展类型而言，主要包括儿童歌曲演唱、儿童器乐演奏、儿童歌舞剧表演。

就"儿童歌曲演唱"而言，通过引导幼儿学习并演唱儿童歌曲，能够促使幼儿在获得良好的歌曲演唱效果的基础上，有效地提升自身的音乐表现能力，促使幼儿在获得轻松愉悦的演唱体验的同时，乐感、自信心、音乐表达能力获得发展。儿童歌曲是学前音乐混合式教学过程中最为基础的组成部分。

就"儿童器乐演奏"而言，幼儿园音乐教师通过对幼儿进行一些简单的器乐教学，促使幼儿形成基础的器乐演奏能力，使幼儿在演奏旋律优美的儿童器乐曲过程中，既能够获得良好的演奏体验，又能够促进自身的身体协调性的发展，从而达到既定的学前音乐混合式教学目的。

就"儿童歌舞剧表演"而言，通过儿童歌舞剧表演的过程，能够使幼儿积极发挥自身的学习主动性。幼儿通过扮演各种儿童歌舞剧中的角色，通过歌唱与舞蹈的形式，完成学习任务。在促使幼儿通过儿童歌舞剧表演获得良好学习体验的基础上，进一步提升了幼儿的学习效果，以此实现了促进幼儿学习质量提升的目的。

二、对学前音乐教学中幼儿学习效果的分析

（一）对学前音乐教学中幼儿直接学习效果的分析

为了更好地培养高校学前教育专业学生的学前音乐教育能力，应让其准

---

① 富宏:《幼儿园音乐教育活动设计与实施》，北京理工大学出版社，2019，第6页。

确把握学前音乐教育中幼儿的学习特点，从而更加具有针对性地实施学前音乐教育。

在学前音乐教育过程中，幼儿的直接学习效果主要体现在获得良好的情感体验、掌握基础音乐能力、促进身心健康发展以及增进幼儿之间友谊与合作能力这四个方面。

就"获得良好的情感体验"而言，幼儿能够通过儿童歌曲演唱、儿童器乐演奏、儿童歌舞剧表演，有效获取参与各种学前音乐活动的乐趣，在帮助幼儿提升学习活动体验感的同时，为幼儿带来轻松愉悦的情感体验，从而有效实现学前音乐教育的基础价值。

就"掌握基础音乐能力"而言，无论是儿童歌曲演唱还是儿童器乐演奏的学前音乐教育过程，都能够促使幼儿掌握一定的声乐演唱及器乐演奏能力，促使幼儿在声乐演唱及器乐演奏能力发展的基础上，具备更为完善的音乐素养。

就"促进身心健康发展"而言，学前音乐教育不仅能够促进幼儿获得良好的情感体验，还能够使学生理解学前音乐混合式教学内容中积极的情感态度，促使儿童身心健康发展。与此同时，幼儿在儿童歌曲演唱、儿童器乐演奏、儿童歌舞剧表演的学习过程中，需要有效运用身体的活动，完成各项音乐目标，使得幼儿身心健康发展。

就"增进幼儿之间友谊与合作能力"而言，幼儿在学前音乐学习的过程中，需要密切地与同伴进行合作，从而在合作中建立更为深厚的友谊，提升自身的合作能力。以儿童歌舞剧表演为例，在儿童歌舞剧表演过程中，需要让幼儿分别扮演相应的角色，并且通过合作，完成儿童歌舞剧的表演。利用这样的学前音乐活动开展过程，既能够有效提升幼儿间的合作能力，又能够增进幼儿之间的友谊。

（二）对学前音乐教学中幼儿间接学习效果的分析

就幼儿的间接学习效果而言，主要包括促进幼儿发展学习意识、提升幼儿思维认知能力、使幼儿形成一定的兴趣爱好、促进幼儿养成主动学习习惯四个方面。

就"促进幼儿发展学习意识"而言，通过学前音乐混合式教学活动的开展，能够间接地促使幼儿发展出良好的学习意识。幼儿通过接受幼儿园音乐教师的教学内容，能够在有效完成学习任务的基础上，间接促进自身学习意识的发展，从而在长期的音乐学习的过程中，逐渐形成完备的学习意识。

就"提升幼儿思维认知能力"而言，在学前音乐教育的儿童歌曲演唱、儿童器乐演奏、儿童歌舞剧表演活动开展过程中，能够促使幼儿间接地生成相应的思维认知能力。在具体的学前音乐教育过程中，幼儿能够基于自身的理解，有效地对儿童歌曲演唱、儿童器乐演奏、儿童歌舞剧表演过程中的各种相关知识进行认知，促使思维认知能力的初步形成。

就"使幼儿形成一定的兴趣爱好"而言，学前音乐教育本身就具有一定的趣味性，幼儿通过对儿童歌曲演唱、儿童器乐演奏、儿童歌舞剧表演的学习，能够有效地培养自身对音乐的兴趣爱好，从而在兴趣爱好的引导下，获得良好的音乐学习观念，以此提升幼儿的学习质量。

就"促进幼儿养成主动学习习惯"而言，幼儿在通过儿童歌曲演唱、儿童器乐演奏、儿童歌舞剧表演的学前音乐混合式教学活动提升学习兴趣的基础上，会积极主动地参与各种学前音乐混合式教学活动，从而促进幼儿养成主动学习习惯。幼儿一旦养成了主动学习的习惯，就能够将自身的主动学习习惯迁移到其他学科的学习过程中，从而整体性地提升幼儿的学习效率。

（三）对学前音乐教学中幼儿综合学习效果的分析

在学前音乐教学过程中，幼儿能够取得获得良好的情感体验、掌握基础音乐能力、促进身心健康发展以及增进幼儿之间友谊与合作能力这四方面的直接学习效果，还能够获得促进幼儿发展学习意识、提升幼儿思维认知能力、使幼儿形成一定的兴趣爱好、促进幼儿养成主动学习习惯这四方面间接的学习效果。结合以上的直接、间接学习效果，可以将幼儿在学前音乐学习中的综合学习效果总结如下：通过音乐学习，能够在整体上促进幼儿的身心健康发展，并充分帮助幼儿树立积极健康的学习观念。

在学前音乐混合式教学过程中，幼儿不仅能够获得轻松愉悦的学习体验，更能够有效形成积极健康的心态与心理素质。与此同时，幼儿在参与学前音乐混合式教学的儿童歌曲演唱、儿童器乐演奏、儿童歌舞剧表演的过程中，需要利用身心相统一的学习过程，有效完成以上各种学习任务，从而在整体上促进幼儿的身心健康发展。学前音乐混合式教学还能够在智力方面充分启发幼儿，促使幼儿通过音乐学习获得智力的提升，从而更好地促进幼儿身心健康发展效果的提升。

与此同时，通过学前音乐混合式教学活动的有效开展，能够促使幼儿在整体上树立积极健康的学习观念。在通过儿童歌曲演唱、儿童器乐演奏、儿童歌舞剧表演等学前音乐混合式教学活动激发幼儿学习兴趣的基础上，引导幼儿积极参与上述学前音乐学习活动，促使幼儿在树立积极学习理念的基础上，更好地实现学习观念的健康发展，从而在当前以及今后的学习过程中，对于音乐学习以及其他课程的学习，保持积极健康的学习观念，从而更好地促使幼儿实现整体性的学习效果提升。

三、对混合式教学模式中教学价值的分析

（一）基于混合式教学培养学生掌握知识和能力

通过高校学前音乐混合式教学模式的开展，可以培养学生掌握知识与能力。对于高校学前教育专业学生来说，学前音乐学科的知识和能力不可或缺，具备一定的知识和能力，能使高校学前教育专业学生拥有更为广阔的职业发展前景，促使高校学前教育专业学生在日后进入幼儿园工作之时，更好地适应幼儿园音乐教育的需求，满足成为一名出色的学前音乐教育工作者的音乐教育能力需求。

具体而言，在高校学前音乐混合式教学的开展过程中，学生知识的积累和能力的提升，是一个开放式、自主化的积累过程。高校学前教育专业学生通过线上"互联网+"自主学习，结合线下的课堂教学活动开展，能够系统地掌握学前音乐教育必备的知识与能力，从而为学生日后的职业发展，奠定更为良好的教学能力基础。总的来说，通过线上、线下相结合的学前音乐混合教学过程，可以使全体学前教育专业学生构建出能够在实际幼儿园音乐教学中运用的有效的混合式教学能力，并让全体学生形成良好的音乐素养。

（二）利用混合式教学提升学生的自主学习能力

学前音乐教育领域的混合式教学的应用，不仅能够使学生掌握必备的知识和能力，还能有效提升学生的自主学习能力。通过线上"互联网+"教学与线下课堂教学活动的有机融合，能够在充分激发学生学习兴趣的基础上，逐渐使学生掌握高效的自主学习手段。

在线上"互联网+"教学过程中，能够通过多媒体教学课件的演示，充分激发学前教育专业学生的学习兴趣，并且促使学生在兴趣的引领下，积极主动地利用课余时间开展"互联网+"自主学习，并且基于这样的学习过程，逐渐形成良好的自主学习能力。

就学前音乐线下课堂教学活动而言，能够促使学生在线上"互联网+"自主学习的基础上，更为高效、自主地组织开展自主、合作、探究学习活动，促进学生基于线下课堂教学活动，切实提升自身整体学习素养；并且在以自主、

合作、探究学习为主的线下课堂教学活动过程中，学会与他人合作，继而在各学生小组实现优势互补的基础上，提升全体学生的自主学习能力。

（三）通过混合式教学发展学生的音乐素养

音乐素养是高校学前教育专业学生必备的专业素养之一。通过高校学前音乐混合式教学的过程，能够显著地提升学生的音乐素养，为学生的长远职业发展奠定坚实的素养基础，促使学前教育专业学生能够具备日后幼儿园教学工作中所需的音乐专业技能，从而实现高质量的职业发展。

在高校学前音乐混合式教学的开展过程中，高校学前教育专业音乐教师应当立足实际的学前音乐教学情况，有针对性地提升学生的音乐素养。基于线上"互联网+"教学，使学生具备日后幼儿园教学工作所需的品格与关键能力；同时通过线下的课堂教学活动，更加系统地培养学生的音乐素养。

总体而言，高校学前音乐混合式教学模式应以实际的幼儿园音乐教学需求为导向，积极培养学生的音乐教育才能，立足于幼儿园一线音乐教学的需求，培养学生具备良好的教育素养。通过高校学前音乐混合式教学的有效开展，促使高校学前教育专业学生尽早地养成在日后幼儿园音乐教育中所需的教育才能。

第四章

混合教学模式在学前音乐教育中的应用思路

第一节　利用混合教学模式发展教育理念

一、混合教学模式下的音乐教育理念完善

（一）积极利用网络在线教学拓展传统课堂教学范围

网络在线教学是混合教学模式的重要组成部分，在混合教学模式下的音乐教育理念完善过程中，高校学前教育专业音乐教师应积极利用网络在线教学拓展传统课堂教学范围，从而在音乐教育理念转变的基础上，有效创建新型的高校学前音乐教学模式。此外，网络在线教学更多依靠学生的网络自主学习进行开展，对于学生积极主动学习习惯的养成，也具有十分重要的促进作用。

就网络教学的定义而言，学者张伟在专著《泛在环境下高师院校网络课程的构建研究与教学实践》中指出："从技术应用的层面来说，各种网络技术相互重叠地应用于不同领域，况且还在不断发展之中，其功能和应用领域也会随着技术本身的发展而得到提升和拓展。例如，卫星通信技术从声音和图像的单向传输发展到与 Internet 有效融合，实现交互视音频信号和多媒体资料传输的双向、多向交互通信功能，并运用于远程教学信息的传输之中；数字电视技术的发展使其具有交互性，未来的超级家电可以目前有线电视线路作为传输信道的网络传输系统。并且，随着宽带 IP 技术的成熟，可在 IP 网上提供高质量的图像、声音、多媒体资料的传输服务，并成功运用到教学实践之中。而且，不同传输技术所构架的信息传输的模式不同，应用于教学信息传输时具有各自特点，直接或间接地影响教学活动的类型、组织和实施、过程控制等，也会影响到教学模式构筑。"[1] 由此可见，网络在线教学随着网络技术的发展，内容和形式将会不断地更新、完善，高校学前教育专业音乐教师应注重利用网络在线教学技术，积极拓展高校学前音乐教学范围，促使学生形成独立自主的网络在线学习能力，从而在整体上提升高校学前音乐教学质量。

---

[1] 张伟：《泛在环境下高师院校网络课程的构建研究与教学实践》，新华出版社，2015，第 15 页。

（二）利用混合教学模式积极建立线上线下教学资源库

在线上线下相结合的混合教学模式运用过程中，教学资源库的建立是非常重要且必要的。音乐是一种较为特殊的传播媒介，它依靠声音传播，是一种特有的艺术形式。在线上线下教学资源库的建立过程中，应当积极通过线上资源库的建设，不断丰富混合教学模式下的音乐教学资源，建设能够满足高校学前音乐教学需要的教学资源库。而在线下的教学资源库建设中，应以高校学前音乐教学的纸质文本收集为基础，为线上线下相结合的混合教学模式提供详尽的纸质文献资料。

就教学资源库建设的方法而言，学者何俐、曾玲、夏艺诚、阳敏辉在专著《信息化环境下高职院校专业教学资源库建设研究》中指出："以'服务于教学'为最终目的的教学资源库建设，是一项系统工程，必须予以统筹规划，并逐步建设推进。对于建设过程中须遵循的具体指导原则，有论者提出了技术性原则、教育性原则、整体性原则、服务性原则。有论者在阐述具体学科的教学资源库建设原则时指出以学科教学大纲为主线原则，教师、学生及计算机技术人员共同参与原则，以校园网络教学平台的建设促教学资源库建设原则，资源库建设标准化原则，重视资源库管理及应用系统的实用化原则。也有论者认为，教学资源库建设的原则主要体现在科学性、统一性、共享性、动态性、易用性五个方面。对于资源库系统，有论者认为其由制作平台、教学资源库、网络传输系统和用户终端四个部分组成。也有论者从功能的角度出发，认为应包括资源管理、用户管理、系统管理及其他辅助功能。"[1] 由此可见，教学资源库的建设应不仅限于存储教学资源，而应更好地发挥教学辅助作用，服务于线上线下相结合的混合教学模式，从而实现服务于教学发展的目的。

（三）利用混合教学模式促进学生学习能力的完善

在混合教学模式的开展过程中，需要学生以更为主动的学习姿态，有效开展线上线下自主学习，从而促使学生有效提升学习能力。在线上线下自主学习过程中，如果学生遇到了学习问题，可以随时通过在线求教以及当面求教的方式，向高校学前教育专业音乐教师请教，促使高校学前教育专业音乐教师更好地发挥混合教学模式下的教学引导作用，为学生的线上线下自主学习提供更为专业化的教育保障。就混合教学模式下的学生自主学习而言，首先是培养学

---

[1] 何俐、曾玲、夏艺诚、阳敏辉：《信息化环境下高职院校专业教学资源库建设研究》，吉林人民出版社，2017，第27页。

生的自主学习能力，其次才是提升学生的自主学习效果。所谓"授人以鱼，不如授人以渔"，学生在形成良好的自主学习能力的基础上，将会高效完成各种自主学习任务，从而在根本上提升自身的学习效果。

为了适应混合教学模式下的音乐教学理念转变，学生在开展线上线下自主学习的过程中，应当合理运用自身的自主学习能力，通过线上网络自主学习的过程，积极发挥翻转课堂教学、导学 PPT、微课视频教学、思维导图、教学任务清单等线上自主学习形式的作用，有效统筹各种线上自主学习教学资源课件，真正促进学生的线上自主学习实现高效化发展。而在线下课堂自主学习过程中，学生应积极发挥自身自主学习的优势，基于自主、合作、探究的学习模式，有效地完成线下课堂自主学习的学习任务，促使高校学前教育专业音乐教师对学生的课堂自主学习进行评价，从而有效地为学生树立起学习自信心。

总体而言，混合教学模式下的线上线下学生自主学习，其根本的作用就是转变了传统的高校学前音乐教学理念，促使学生以线上线下的自主学习作为主要的学习途径，使学生由传统课堂教学中的被动学习地位，转变为混合教学模式下的主动学习地位，从而在转变传统高校学前音乐教学理念的基础上，促使学生能够以更加主动的学习姿态，有效开展全领域的自主学习，为学生进一步巩固混合教学理念下的主体学习地位。

二、混合教学模式下的音乐教育理念创新

（一）利用混合教学模式创新学前音乐教学理念

在高校学前音乐教学过程中，教师应有效利用混合教学模式，积极创新高校学前音乐教学理念。在传统的高校学前音乐课程设置中，音乐课程的内容与课时往往是不对等的，如果全部采用生动有趣，以学生探索、合作、展示为主的线下教学模式进行授课，一般无法在既定的教学时间内很好地完成教学任务。而且传统的教师主导课堂教学模式已经不符合教育部提出的打造"金课"、淘汰"水课"的教学要求，这就需要教师强化现代化信息技术与教育教学深度融合的教学理念，借助线上名师课堂、翻转课堂教学、导学 PPT、微课视频教学、思维导图、教学任务清单、教学内容分享与讨论、知识点动画等多样化的在线教学形式，让学生提前探索、思考、解决问题，在线下课堂中留出更多让学生实际操作、小组合作学习的机会，强化学生音乐表现与编创能力。

通过利用混合教学模式创新学前音乐教学理念的教学创新行为，应注重对高校学前音乐课程教学的系统性优化，整合优化高校学前音乐课程内容，突

出高校学前音乐教学培养学生成为高素质学前音乐教育工作者的重点，避免脱节于幼教岗位实践的传统学科式课程建设。所以在学前音乐教育改革中，首先应做好定位，音乐课程教学内容、目标、教学方法应着眼于对学前教育专业学生在未来学前教育工作中应用能力的培养，着眼于学生音乐审美与音乐表现力、创造力的发展之上。有了这个定位，就可以适当地对学前音乐课程内容进行系统性优化与整合，以便更好地引导学生从学前教育的视角开展音乐学习。

（二）利用混合教学模式创新高校学前教育专业音乐教师的教育思维

在混合教学模式下，应当积极创新高校学前教育专业音乐教师的教育思维，促使高校学前教育专业音乐教师利用更为新颖的教学思维，有效促进学前音乐课程教学质量的全面提升。高校学前教育专业音乐教师教学思维的转变，应当积极适应混合教学模式下的新型教学需求，利用高校学前教育专业音乐教师的教学思维转变，达到积极创新高校学前音乐教学模式的目的。

首先，高校学前教育专业音乐教师的教学思维创新，应当从传统的培养学生音乐能力，转变为培养学生学前音乐教学能力，注重对学生实践能力的培养，使高校学前音乐教学的一切内容围绕着培养高素质幼儿园音乐教育应用型人才的目标展开，从而促使高校学前音乐课程教学真正发挥出其内在的人才培养优势。

其次，高校学前教育专业音乐教师的教学思维创新，应从传统的以教师为主体的教学思维，转变为以学生为主体、以教师为主导的教学思维，突出学生在学前音乐课程学习中的主体性学习地位，有效发挥教师的引导性作用，在以学生为主体的高校学前音乐教学过程中，切实利用师生关系的转变，从根本上提升高校学前音乐教学的质量。

最后，高校学前教育专业音乐教师的教学思维创新，应积极适应线上线下相结合的混合教学模式需要，有效地转变传统以课堂教学为主的教学思维，积极利用网络在线教学的优势，积极拓展高校学前音乐教学的空间，促使学生能够积极利用网络在线学习，发展音乐素养。而在课堂教学的过程中，高校学前教育专业音乐教师应鼓励学生利用自主探究、小组合作学习等新型的学习模式开展相应的课堂学习，并由传统的"知识传授者"转变为新型的"教学引导者"，从而更好地为学生的自主、合作、探究学习提供保障，从而有效地创新高校学前教育专业音乐教师的教学思维。

（三）利用混合教学模式创新高校学生的学习方式

在混合教学模式中，学生作为混合教学模式的主体，应当积极创新学前音乐学习方式，从而从根本上提升自身的学习质量。具体而言，学生在混合教学模式的学习方法创新过程中，应当从传统的"被动知识接受者"转变为新型的"主动学习能力建构者"，充分利用线上线下自主学习的手段，开展更为积极主动的音乐学习。

对于学生自主学习的定义，专著《学生自学学习的方法（下）》中指出："行为主义心理学家认为，'自主学习'包含三个过程：自我监控、自我指导、自我强化。建构主义学派认为，'自主学习'实际上是'元认知'监控的学习，要求个体对'为什么学、能否学习、学习什么、如何学习'等问题产生一定意识和反应。现代学习论认为，无论是最聪明的教学法还是最愚蠢的教学法，所有学生的学习都是自学，学习本身就是学生主体的成长过程，自我建构过程中，教师只是学生进行自我建构的激发者、促进者和帮助者。①通过这样的论断，我们可以看出，学生的自主学习能力发展，是学生学习能力发展的关键。高校学前教育专业学生在自主学习的过程中，需要积极发挥自身的主观能动性，促使自身积极地生成自主学习能力。

在混合教学模式下，学生学习效果的提升是显而易见的，而学生如何创新自己的学习方法，则需要我们认真思考。除了突出学生自主学习的作用之外，促进学生积极展开小组合作学习，对于学生学习质量的提升也发挥着重要的作用。基于学习小组的合作探究学习，能够有效地培养学生自主学习能力，并且积极提升学生学习的积极性，还可让学生在合作探究的背景下，有效地生成音乐素养，从而实现混合教学模式下，高校学生学习方式的创新。

三、混合教学模式下的音乐教育理念提升

（一）基于混合教学模式提升高校学前教育专业音乐教师的教育素养

在混合教学模式下，如何提升高校学前教育专业音乐教师的教育素养，是一个值得我们深入思考的问题。高校学前教育专业音乐教师应以专业化为基础，努力促进高校学前教育专业音乐教师的专业发展，同时提升高校学前教育专业音乐教师的教学能力，以此更好地提升高校学前教育专业音乐教师的整体

---

① 学生学习方法指导小组：《学生自学学习的方法（下）》，辽海出版社，2011，第27页。

教育素养。

就高校学前教育专业音乐教师的专业化教学素养发展而言，学者于忠海在专著《教师教育的机理：与学生同生》中指出："从学科性质上看，教育学应具备教师教育专业所需要的综合性、基础性、应用性等职业教育的学科特点。综合性是指内容尽可能涵盖教师职业活动中的典型问题、模式，以期穷尽教师职业的工作全貌；基础性是指以基本问题、理念为中心，具有生发和辐射功能，成为学习者探究教师教育专业领域各种课程的平台；应用性是指通过专业知识、理论、经验的学习，能自觉地观察、分析、解决实践问题的能力，而非接受、记忆'规范'的能力。"[①] 由此可见，综合性、基础性、应用性的教学素养，是教师职业素养发展的基础。

在教师专业化素养不断提升的同时，还应通过混合教学模式的改革，有效提升高校学前教育专业音乐教师的教学能力。在高校学前教育专业音乐教师由"知识的传授者"转变为"学习的引导者"的情况下，教师的教学能力更多地体现在辅助学生有效开展自主、合作、探究学习方面，通过高校学前教育专业音乐教师的良好的音乐素养，不断解决学生在自主、合作、探究学习中遇到的各种问题，促使学生切实提升学习质量。

在混合教学模式下，高校学前教育专业音乐教师教学素养的提升还体现在教师的信息化教学素养发展方面，高校学前教育专业音乐教师应基于学前音乐教学资源库的建立，有效提升自身的课件制作素养，灵活利用各种软件，为学生制作开展课外互联网学习的教学课件，从而有效地体现出高校学前教育专业音乐教师教学素养提升的价值。

（二）通过混合教学模式提升高校学前音乐课程教学质量

基于混合教学模式，提升高校学前音乐课程教学的质量，促使学生获得更好的学习效果，继而发展出切实可用的学习能力，进而成长为未来的学前音乐教育应用型人才。

具体而言，学生作为混合教学模式的主体，应当具有积极主动的学习观念，在树立成为未来的学前音乐教育应用型人才的职业发展理念的基础上，有计划、有目的地开展高校学前音乐的自主学习，从而有效地提升高校学前音乐课程教学质量。而在提升高校学前音乐课程教学质量的过程中，教师的主导性作用不容忽视。高校学前教育专业音乐教师应在建立学前音乐教学资源库的基

---

① 于忠海:《教师教育的机理：与学生同生》，电子科技大学出版社，2017，第13页。

础上，积极地拓展与创新学前音乐教学资源，为学生搜集、整理更为丰富的学前音乐教学资源，并利用制作信息化课件、纸质化教案的过程，有效地拓展学前音乐教学资源库的存储内容及存储空间。在教师有效制作在线教育课件的基础上，学生应积极通过线上网络学习，有效地获取相应的学前音乐教育知识，并利用与教师或同学的网络在线师生互动、生生互动，有效地理解相关网络教学课件的深层次内涵，以此有效地提升学生的网络在线学习质量。

而在高校学前音乐课堂教学过程中，高校学前教育专业音乐教师应有效发挥自身的主导性作用，在突出学生课堂学习主体地位的基础上，有效引导学生开展丰富的课堂学习活动，利用"以学生为主体，以教师为主导"的学前音乐课堂教学模式，有效提升学前音乐课堂教学的质量。此外，学前音乐课堂教学也应在有效实现培养未来的学前音乐教育应用型人才教学目标的基础上，积极提升学生的教育能力，以发展学生的教学能力为导向，积极促使学生通过自主、合作、探究的学习过程，有效实现高校学前音乐课程教学质量的提升。

（三）利用混合教学模式提升学生的学习能力

学生作为混合教学模式的主体，其学习能力的培养至关重要。在具体的高校学前音乐教学过程中，应重点发展学生的探究能力以及研究性学习能力，从而促使学生在学习能力提升的基础上，更为有效地掌握高校学前音乐学科知识。

就学生的探究能力以及研究性学习能力发展而言，学者邵云飞、刘文彬、何伟在专著《互联网＋教育：大学生研究性学习能力的理论与实践探索》中指出："国内学者对开展研究性学习的必要性进行了充分的概括与总结：探究是一种人的本能，儿童天生就是探究者；探究是人的生存之本，是人类的一种生存方式；探究是学生了解和认识世界的重要途径；通过亲身探究获得的知识是学生自己主动建构起来的，是学生真正理解、真正相信的，是真正属于学生的；探究对学生的思维构成了挑战，有利于学生思维能力的培养；探究过程要求学生综合运用已有的知识经验，不仅有利于学生将所学知识加以整合，还有利于学生学以致用；研究性学习有利于保护学生的好奇心，对于兴趣和个性的培养至关重要；探究有利于培养学生实事求是的科学精神、科学态度；探究有利于促进学生学会合作、学会交流、学会倾听、学会批判和反思，从而为民主品格的形成打下坚实的基础；在亲历探究过程中，学生经历挫折与失败、曲折与迂回、成功与兴奋，这种学习经验是他们理解科学的本质与精神的基础；研究性学习引导学生自主获得知识或信息，对于学生学会学习、终身学习和可持续发展具有重要意义。"① 由此可见，学生的探究能力是与生俱来的天赋，研究性学习能力则需要后天培养，通过对学生探究能力与研究性学习能力的发展，能够从根本上提升高校学前教育专业学生的学习素养。

第二节　利用混合教学模式提升学前音乐教学效果

一、利用混合教学模式提升学前音乐课堂教学效果

（一）利用混合教学模式提升学前音乐课堂教学效果的意义分析

在高校学前音乐混合教学模式的改革过程中，坚持"以人为本"的教育发展理念，有效更新和完善课堂教学方法，进一步提高学前音乐课堂教学效果。

就"以人为本"的教育理念而言，学者汪建红、马锦绣在专著《以学为中心的课堂教学研究》中指出："教育的改革与创新必须坚持以人为本，必须树立以人为本的教育观。教育的主体是人，教育的对象是人，教育的目的是塑造人，在教育活动中，人无疑处在中心位置。强调'以人为本'，实质是指'以人的发展'为根本，特别是作为教育对象的个体的和谐发展。如果说，人的本质力量是人的自觉自为，教育则对这个自觉自为生命体的不断成长与和谐发展起着重要推动功能，这一功能要求传统教育必须实现从知识技能传授型教育转向促进学生个性成长及潜力挖掘的发展型教育。"② 由此可见，在高校学前音乐混合教学模式改革的背景下，应当充分注重学生职业发展目标的实现，在以学生为中心的课堂教学过程中，坚持以"学生的职业发展"为本的课堂教学理念，从而使高校学前音乐课堂教学的各种教学活动都围绕着促进学生提升教育素养以及教学能力而展开，从而真正地将学生培养成为具备良好专业素养的未来学前音乐教育工作者。在高校学前音乐混合教学模式改革中，还需要有效构建新型的师生关系，在充分突出学生主体性学习地位的基础上，积极促使学生开展自主、合作、探究学习，教师在此过程中要以"教学的引导者"身份积极引导学生进行自主、合作、探究学习，从而在构建新型的师生关系基础

---

① 邵云飞、刘文彬、何伟：《互联网＋教育：大学生研究性学习能力的理论与实践探索》，清华大学出版社，2016，第 15 页。

② 汪建红、马锦绣：《以学为中心的课堂教学研究》，浙江大学出版社，2017，第 1 页。

上，更好地发挥学生的主动学习作用，促使学生形成良好的教育素养以及教育能力。

（二）利用混合教学模式提升学前音乐课堂教学效果的价值研究

在传统的学前音乐课堂教学过程中，教学目标是培养学生的专业音乐能力。而在混合教学模式下，学前音乐课堂教学的目标则是培养"应用型"学前教育专业人才。通过这样教学目标的转变，应当促使高校学前教育专业音乐教师积极转变课堂教学观念，充分注重对学生音乐素养以及学习能力的培养。就混合模式课堂教学的改革而言，高校学前教育专业音乐教师应充分重视教学方法的创新，从传统的"知识传授型"教学方法，转变为混合教学模式下的"合作探究型"教学方法。在学生通过线上自主学习获得学习基础的前提下，有效组织学生在高校学前音乐课堂开展小组合作学习、自主探究学习、研究性学习，以学生的发展为中心，凸显学生在新型音乐课堂中的主体学习作用，从而在有效改善高校学前音乐课堂教学方法的基础上，进一步提升混合教学模式下高校学前音乐课堂教学质量。

具体到小组合作学习、自主探究学习、研究性学习等高校学前音乐学习活动的开展过程中，高校学前教育专业音乐教师应积极发挥自身的主导性作用，利用教师对学生自主学习活动的引导，有效提升学生的学习质量，以此有效构建起以混合教学模式为基础的新型高校学前音乐课堂。

就混合教学模式下的高校学前课堂教学模式转变而言，具有十分积极的教学促进价值。首先通过小组合作学习、自主探究学习、研究性学习，能够在提升学生学习效果的基础上，有效地发展学生的自主学习能力，同时在教师的科学指导下，达到在整体上提升高校学前音乐课堂教学效果的目的。其次，基于混合教学模式下的高校学前课堂教学模式转变，能够促使高校学前音乐教育更为明确地将培养"应用型"学前教育专业人才作为教学目标，从而有效地提升高校学前音乐教学的针对性。

（三）利用混合教学模式提升学前音乐教学效果的途径探析

就混合教学模式对学前音乐课堂教学效果改善的途径而言，首先要注重线下课堂教学与线上网络学习的有机融合，通过学生线上网络学习的基础，有效为线下课堂教学做好准备，从而省略掉线下课堂教学中一些通过网络在线教学展现的教学内容，将线下课堂教学的重点更多地放在引导学生开展小组合作学习、自主探究学习与研究性学习的过程中，从而有效转变了传统高校学前音乐教学的途径。

就混合教学模式下的教学途径拓展而言，主要是基于学生在"翻转课堂"基础上的网络在线学习，从而实现学生在课堂学习中的小组合作学习、自主探究学习与研究性学习。美国学者乔纳森·伯格曼、亚伦·萨姆斯在专著《翻转课堂与混合式教学：互联网＋时代，教育变革的最佳解决方案》中指出："很多教育者将翻转课堂和混合式教学归为教育的一种科技解决方案，很多观点也认为翻转必须将包含了科技成分的视频作为一种教学工具，以实现教学与技术的混合，但是我们不赞同这些人将翻转学习视为基于科技的教育练习，在这一点上，翻转课堂和混合式教学需要与"技术型教学"加以区分。那些采用数字化工具的学校未必就是进行混合式教学和翻转教学的学校。所谓的"技术型教学"，完全依赖技术的实现，实际上只是一种采用了技术的教学模式。我们将翻转学习与混合式学习视为一种包含了潜在科技成分的教学技巧解决方案，技术只是学习的资源与工具，真正的核心是学生及其学习。"① 由此可见，混合教学模式下高校学前音乐课堂变化的是教学途径，不变的是对学生及学生学习能力的培养。

二、利用混合教学模式提升学前音乐在线教学效果

（一）利用混合教学模式提升学前音乐在线学习效果的意义分析

在混合教学模式改革的背景下，更加突出学生网络在线学习的作用，通过线上名师课堂、翻转课堂教学、导学 PPT、微课视频教学、思维导图、教学任务清单、教学内容分享与讨论、知识点动画等网络在线教学形式，能够在有效提升学生网络在线学习能力的基础上，为学生构建起积极主动的互联网在线自主学习观念，并且促使学生有效地掌握相关音乐知识，发展相关音乐能力。

就学前音乐网络在线教学的意义而言，首先网络在线教学突破了传统学前音乐教学的藩篱，促使学生能够在更为广阔的学习空间内，有效提升学习能力、丰富音乐知识，是对传统高校学前音乐教学的一种有效拓展。其次，通过网络在线教学与高校学前音乐课堂教学融合的"翻转课堂"教学模式，能够令学生在正式课堂教学开展之前，有效地通过网络在线学习掌握课程基础知识，从而留给高校学前音乐课堂教学更多开展自主探究学习、小组合作学习以及

---

① 乔纳森·伯格曼、亚伦·萨姆斯：《翻转课堂与混合式教学：互联网＋时代，教育变革的最佳解决方案》，韩成财译，中国青年出版社，2018，第 8 页。

研究性学习的时间，促使学生能够利用线上线下相结合的"翻转课堂"学习过程，提高学习效率。最后，在混合教学模式下的学生网络自主学习的开展过程中，能够为学生构建更为积极主动的学习观念，促使学生利用自主化的网络在线学习，随时增长音乐知识，有效提升学习能力。因此，混合教学模式下的学前音乐网络在线学习，对于进一步完善高校学前音乐教学体系，具有关键性的教学改革意义，通过学生学习形式以及学习观念的转变，有效建立起新型的混合式高校学前音乐模式。

（二）利用混合教学模式提升学前音乐在线学习效果的价值研究

混合教学模式能够对学生的网络在线学习具有良好的学习效果改善作用，促使学生基于对高校学前音乐教学资源库中网络课件教学资源的学习，有效发展自身的音乐素养，构建起良好的学习能力，从而更好地体现出混合教学模式对于高校学前教育专业学生的网络在线学习促进价值。

具体就混合教学模式对于学前音乐在线学习效果改善的价值而言，首先是线上线下相结合的混合式教学过程有效融合了高校学前音乐教学资源，使学生在网络在线学习的基础上，积极参考教材，对照课堂教学，形成了一种新的教学模式。其次，积极倡导学生开展网络在线学习，还能够在提升学生互联网学习能力的基础上，更好地发展学生的学习积极性，促使学生由传统的"被动知识接受者"，转变为线上线下相结合的混合式教学模式下的"主动学习知识获取者"。这一学习地位的转变，有效地促使学生凸显其在高校学前音乐学习中的主体学习作用，更好地促进学生通过互联网在线学习的方法，收获音乐知识、发展音乐素养，从而为未来成为一名卓越的学前音乐教育工作者做好充足的准备。最后，在线上线下相结合的混合式教学过程中，学生的网络自主学习过程还需要与高校学前音乐课堂教学过程有机统一，在促进学生网络自主学习的基础上，积极引导学生利用由网络自主学习获得的知识与能力，充分提升自己的学习效率。

（三）利用混合教学模式提升学前音乐在线学习效果的途径探析

就混合教学模式对于学前音乐在线学习效果改善的途径而言，首先是建立相关的高校学前音乐教学资源库，利用在线资源库的建设，有效收藏和保存互联网教学的信息化课件，从而为学生提供丰富的信息化课件资源。

其次，在线上线下相结合的混合教学模式下，学生的网络自主学习能够充分地与后续的线下课堂学习相融合。在翻转课堂教学中，学生在根据教师提供的微课教学课件开展自主学习的基础上，需要明确自身存在的学习问题，继而在课堂教学过程中由教师帮助学生解决。与此同时，学生在"翻转课堂"的课堂学习中，还能够充分地开展自主探究学习、小组合作学习以及研究性学习，促使学生更好地提升自身的学习能力与学习素养。在"翻转课堂"的课后辅导阶段，学生能够通过与教师的在线交流，获得教师的点评与激励，并就"翻转课堂"学习内容进行更为深入的讨论，以此提升学习效果。这种"翻转课堂"教学模式能够有效地提升高校学前音乐线上线下相结合的混合教学质量，促使学生在协同发展线上线下学习能力的基础上，更好地提升自身的学习效果。

最后，在线上线下相结合的混合教学模式下，学生的网络自主学习还能够获得教师的随时在线指导，从而有效地提升了学生的网络自主学习效率。基于学生网络自主学习，学生在遇到疑难问题之时，可以通过互联网途径向教师请教，教师则需要根据学生提出的疑难问题，进行相应的教学讲解，从而有效帮助学生解决这些网络在线学习过程中存在的疑难问题，以此促进学生网络在线学习效果的提升。

三、利用混合教学模式提升学前音乐整体教学效果

（一）通过混合教学模式能够促进学前音乐教学效果的整体性改善

就线上线下相结合的混合教学模式而言，通过混合教学模式能够促进学前音乐教学效果的整体性改善。在教师教学方面，充分利用线上线下相结合的混合教学模式，能够在使教师的教学更为有趣的基础上，促使教师由传统的"知识传授者"转变为新型的"学习引导者"，有效实现高校学前教育专业音乐教师教学角色的转换。而高校学前教育专业音乐教师在线上线下相结合的混合教学模式中的主导性教学作用非但没有减弱，反而得到了增强。开展线上线下相结合的混合教学模式的过程中，在高校学前教育专业音乐教师能够积极地通过线上线下相结合的教学途径，帮助学生解答疑难问题，并引导学生朝着成为一名卓越的学前音乐教育工作者的目标发展。高校学前教育专业音乐教师的主导性作用，对于学生的学习发展起到了至关重要的作用。

就学生而言，在线上线下相结合的混合教学模式的背景下，其学习的自主性得到了加强，学生需要在积极开展线上线下自主学习的基础上，有效发展自身的自主学习能力，从而在之后的自主化、合作性、探究性的学习过程中，有效地提高自身的音乐素养，更好地朝着成为一名卓越的学前音乐教育工作者

的学习目标发展，从而以学生的线上线下自主学习为基础，培养学生具备更好的音乐素养以及音乐能力。

就整体性方面而言，线上线下相结合的混合教学模式能够在整体上改善传统高校学前音乐课程教学的结构，促使高校学前音乐教学更好地朝着培养"应用型"学前教育专业人才的方向发展，以人才培养目标价值的提升，整体性地推动高校学前音乐课程教学改革，从而取得良好的教学改革效果。

（二）积极发挥混合教学模式优势，促进学前音乐教学效果整体提升

就教学效果的概念而言，学者余文森在专著《从有效教学走向卓越教学》中指出："'效果'是指由某种力量、做法或因素产生的结果（多指好的）。'教学效果'是指由于教学出现的情况，是教学活动左右下的成果，包括受教学的影响所能显示出来的一切成果。对教学有效的认识，涉及动机与结果以及教与学的关系问题。首先，教学效果强调的是教学产生的结果，与动机无关。这就是说，它不关心教师的教学动机、教学意图、教学设计，只关心教学产生的实际结果，尽管它们之间有各种关系。"[①] 由此可见，教学效果在高校学前音乐教学过程中，具有相应的独立性意义。

在线上线下相结合的混合教学模式开展过程中，能够有效地发挥教学优势，促进学前音乐教学效果整体提升。具体到学生的线上网络学习过程中，利用网络自主学习，能够使学生有效理解相应的学前教育音乐知识，在发展音乐素养的基础上，使学生形成音乐能力，从而促使学生获得良好的互联网在线学习效果。而在线下的课堂教学过程中，高校学前教育专业音乐教师能够基于对学生的有效引导，促使学生主动地开展自主探究学习、小组合作学习以及研究性学习，从而在加强学生对学前音乐课程学习的主动性的基础上，促使学生获得更为良好的课堂学习效果。

总体来讲，线上线下相结合的混合教学模式能够统合线上线下的教学资源优势，在以学生为主体，以教师为主导的教学模式下，利用线上线下教学资源，在整体上提升高校学前音乐课程的教学效果。

（三）积极统筹课内外教学资源，整体性提升混合教学效果

正如上面所述，线上线下相结合的混合教学模式能够利用线上线下教学

---

① 余文森:《从有效教学走向卓越教学》，华东师范大学出版社，2015，第3页。

资源，在整体上提升高校学前音乐课程的教学效果。具体到统筹各种线上线下教学资源的过程中，高校学前教育专业音乐教师应基于对学前音乐教学资源库的建设，有效将信息化教学课件以及纸质教案统统收入高校学前音乐教学资源库之中，从而为统筹高校学前音乐教学资源做好充分的准备。而在建立高校学前音乐教学资源库的基础上，高校学前教育专业音乐教师应积极完善信息化课件的内容，以及纸质教案的质量，随时根据高校学前音乐教学的最新发展需要，更新信息化教学课件以及纸质教案的内容，促使教师提供的教学资源紧紧跟随着高校学前音乐教育的发展方向而不断完善。

高校学前教育专业音乐教师在统筹教学资源的基础上，为了达到提升混合式教学效果的目的，必须要通过实际的教学过程才能实现。在具体的高校学前音乐线上线下相结合的混合教学过程中，学生需要利用教师提供的信息化课件，有效开展线上名师课堂、翻转课堂教学、导学 PPT、微课视频教学、思维导图、教学任务清单、教学内容分享与讨论、知识点动画等形式的网络在线学习。与此同时，学生还需要基于自身的网络在线学习，有效地参与到高校学前音乐课堂教学过程中，基于自身的网络自主学习成果，提升高校学前课堂学习的开展质量，促进线上线下相结合的混合教学模式得到实质性的发展。此外，将学生的线上自主学习与线下课堂学习有效统筹起来，促使学生在线上线下相结合的混合教学模式下，获得良好的学习效果，并且形成积极的学习态度以及自主、合作、探究学习能力。

第三节　利用混合教学模式促进学生学习兴趣提升

一、学生学习兴趣的定义研究以及重要性分析

（一）学生学习兴趣的定义研究

根据当今世界最为前沿的"脑科学"研究，学生的学习兴趣产生于"好奇心"。美国学者拉姆齐·穆萨拉姆在专著《如何有效激发学生学习兴趣》中指出："目前的研究表明，好奇的情绪不仅仅来自对缺失信息的追求。好奇心超越了我们对那只陷入边走边丢困境的傻猴子的固有印象，并帮我们将这一过程重新定义为一种非常理性的东西：对认知奖励的期待。这种期待是如此强烈，以至于一旦好奇心被激起，我们的思想就会得到强化，与外界的联系就会

得到加强，认知能力也会提高。在整个过程中，我们的潜意识准备帮助我们填补信息空白。简而言之，当对信息的渴望消失时，好奇心的力量就不存在了；相反，未知的存在能够激发我们的好奇心，增强我们的意志力。好奇心能够激发人类大脑对学习的需求，使其能够成功处理众多错综复杂的事务。"[1] 由此可见，在线上线下相结合的混合教学模式下，学生的学习兴趣来源于学生对未知学前教育知识的好奇心，学生一旦产生了对未知学前教育知识的好奇心，就能够激发大脑对于学习的需求，从而产生学习兴趣，并在学习兴趣的引领下有效开展自主学习。

在学生由好奇心产生学习兴趣的过程中，学生的学习兴趣会受到多种因素的影响，如信息化教学课件的内容、高校学前教育专业音乐教师的指导等。通过学生学习兴趣的发展，能够有效接受这些对于学习兴趣发展有益的因素，同时规避对于学习兴趣的发展不利的影响因素，从而使学生的学习兴趣不断高涨，充分点燃学生内心的学习激情，以此有效地促进学生开展自主学习。

（二）学生学习兴趣的重要性分析

在线上线下相结合的混合教学模式中，学生的学习兴趣是影响学习效果的最主要的因素。国内专著《如何培养学习兴趣》指出："学习不是一件轻而易举的事情，要花费大量的脑力和一定的体力。很难想象一个对某门学科毫无兴趣的人，能在这门学科的学习上付出很多努力，即使被迫付出了，效果也不会很好。人们还发现，凡是学生考试取得好成绩的学科，无一例外都是因为他们对这门学科有强烈的兴趣。因此，兴趣是最好的'老师'，是人们积极探索事物的一种稳定持久的内动力。它能使大脑处于兴奋状态，使人长期学习而不易疲劳，也能最大限度地提高学习效率。你在学习的过程中常会遇到这样和那样的困难，如果对学习不感兴趣，意志又不坚强，就会打退堂鼓。兴趣如同化学反应的催化剂，促使人集中精力，克服困难，不断探索，不断进取，不断取得好成绩。"[2] 由此可见，学习兴趣使学生的大脑处于兴奋状态，学生能够基于此种状态有效地克服学习过程中的种种困难，从而取得良好的学习效果。

就线上线下相结合的混合教学模式下的学习兴趣重要性而言，学生学习兴趣的高下，直接决定了线上线下相结合的混合教学模式的学习效果高低。在

---

[1] 拉姆齐·穆萨拉姆：《如何有效激发学生学习兴趣》，杨洋译，中国青年出版社，2020，第 11 页。

[2] 《如何培养学习兴趣》编写组：《如何培养学习兴趣》，广东世界图书出版公司，2010，第 23 页。

线上线下相结合的混合教学模式中，更多依靠的是学生的自主学习，如果学生的学习兴趣高涨，那么就能够获得良好的学习效果；如果学生缺乏学习兴趣，那么必定出现学习困难与障碍。因此，在线上线下相结合的混合教学模式中，学生学习兴趣的高低直接决定了学生的学习成效，对于学生的学前音乐学习具有决定性作用。

（三）对于学生学习兴趣提升的总结

在线上线下相结合的混合教学过程中，要想培养学生的学习兴趣，首先要激发学生的好奇心，引导学生在好奇心的驱动下，主动地对学前音乐课程知识产生学习兴趣以及探究欲，从而促使学生在学习兴趣的驱动下，开展高质量的自主化学习。线上线下相结合的混合教学模式，对于学生学习兴趣的提升效果是显而易见的，通过教学课件的引导，能够有效激发学生的好奇心，点燃学生的求知欲，促使学生在产生学习兴趣的基础上，利用更为主动的线上线下自主学习，有效开展高校学前音乐课程学习。

具体而言，学生的学习兴趣在线上线下相结合的混合教学模式下得到了有效的发展。通过线上线下相结合的混合教学过程，能够使学生在树立积极学习观念的基础上，基于学习好奇心的驱动，有效激发出自身的学习兴趣，从而积极展开线上线下相结合的自主化学习。学生的自主化学习有效开展，能够促使他们在自主学习的过程中，不断收获新知、解决学习问题，从而从根本上提升高校学前音乐学习的质量。

总体而言，线上线下相结合的混合教学模式依靠的是学生的自主化学习过程，而学生自主化学习顺利开展的前提就是对于学习内容具有浓厚的学习兴趣。在利用线上线下相结合的混合教学模式发展学生学习兴趣的过程中，教师能够利用生动有趣的信息化教学课件，激发学生对于学前教育音乐知识学习的好奇心，继而促使学生产生强烈的学习兴趣。在学生都产生相应学习兴趣的基础上，高校学前教育专业音乐教师还能够组织学生以小组合作学习的方式，共同开展对于高校学前教育专业音乐知识的学习与研究，从而引导各小组学生有效地将自身的学习兴趣与同学分享，在建立共性学习兴趣的基础上，有效提升学习质量。

二、利用混合教学模式促进学生学习兴趣提升的途径研究

（一）积极引导学生开展线上自主学习

在线上线下相结合的混合教学模式中，教师应当通过积极引导学生开展线上自主学习的方式，有效激发和提升学生的学习兴趣。学生的线上自主学习，所必需的就是学习兴趣的支撑，教师可以在制作相关自主学习信息化课件的过程中，在课件的起始部分加入更有趣味性的内容，促使学生通过对线上自主学习课件的观看，有效激发学习兴趣，点燃内心的学习热情，从而开展更为高效的线上自主学习。

具体而言，在线上线下相结合的混合教学模式的学生自主学习过程中，学习兴趣是驱动学生开展自主学习的原动力，通过让学生产生好奇心，继而激发学生产生学习兴趣，并且在线上自主学习持续开展过程中，促进学习兴趣的提升，以此更好地促使学生扎起高校学前音乐线上自主学习中获得良好效果。要想在线上自主学习过程中激发学习兴趣，需要教师在设计线上自主学习课件的过程中，积极考虑到学生产生学习兴趣的因素，在线上自主学习课件中加入更多的激发学习兴趣的内容，从而促使学生在以线上自主学习课件为核心的高校学前音乐在线自主学习过程中，持续性地保持学习兴趣，不断发现自主学习课件中激发学习兴趣的内容，以此促进在线自主学习兴趣的可持续发展。

总体而言，为了有效提升学生的线上自主学习兴趣，高校学前教育专业音乐教师应在线上自主学习课件的设计过程中，加入更多的学习兴趣激发元素，从而促使学生通过对线上自主学习课件的学习，使自身的学习兴趣的持续提升，以此达到良好的线上自主学习效果。

（二）有效激发学生的课堂学习兴趣

在线上线下相结合的混合教学模式中，高校学前音乐的课堂学习具有重要的教学意义与教学价值。通过高校学前音乐课堂学习的开展，能够有效地解答学生在线上自主学习过程中遇到的问题，并且通过课堂知识教学的过程，使学生更为直观地掌握学前音乐教学知识，以此更好地提升学生的音乐素养，为学生成为学前教育专业应用型人才做好充分准备。为了有效激发学生在高校学前音乐课堂中的学习兴趣，高校学前教育专业音乐教师应当积极转变课堂教学观念，使自身由"知识的传授者"转变为"学生学习的引导者"，在积极凸显学生主体学习地位的基础上，有效组织学生开展自主探究学习、小组合作学习

以及研究性学习,从而在充分激发学生学习兴趣的基础上,有效创新高校学前音乐课堂教学模式,促进学生通过自主、合作、探究的学习过程获得良好的课堂学习效果。

在具体的自主探究学习、小组合作学习以及研究性学习的开展过程中,高校学前教育专业音乐教师需要在教学设计环节为学生设计出具有趣味性的学习探究任务,从而引导学生在高校学前音乐课堂学习过程中,有效发挥自主探究学习、小组合作学习以及研究性学习的优势,促进学习兴趣和学习能力的提升。就自主探究学习、小组合作学习以及研究性学习的趣味性探究任务设计而言,需要高校学前教育专业音乐教师在充分了解学生心理的基础上,有效地抓住学生学习兴趣激发的关键点,促使学生通过完成自主探究学习、小组合作学习以及研究性学习的学习探究任务,实现学习兴趣的持续提升。

(三)促使学生在合作学习过程中协同发展学习兴趣

基于线上线下相结合的混合教学模式,高校学前音乐教学过程应充分发挥合作学习的优势,使学生在合作学习过程中,协同发展学习兴趣,从而有效提升高校学前音乐教育的教学效果。

学生在自主学习过程中的学习兴趣激发是一种个体化的现象,但是通过合作学习模式的开展,学生的学习兴趣就不是简单地叠加,而是能够使不同学生的学习兴趣相互促进、相互提升,获得"1+1>2"的教学促进价值。

在具体的学生合作学习过程中,无论是线上的合作学习还是线下的合作学习,都需要高校学前教育专业音乐教师为学生科学设置合作学习任务,促进学生在合作学习的过程中,充分发挥自身的能力与特长,为学习小组的学习效果协同发展贡献出自身的一份力量。通过对学生个体的学习兴趣激发,以及对学生群体的学习兴趣发展,能够在有效提升各小组合作学习积极性的基础上,促使各小组学生更为主动地完成各种线上线下合作学习任务,从而在促使小组全体学生获得良好学习体验以及合作学习成就感的基础上,切实地提升高校学前音乐教学的质量。各小组学生在线上线下合作学习中的学习兴趣协同发展,是确保取得良好合作学习效果的前提,因此高校学前教育专业音乐教师应当在充分激发学生个体学习兴趣的基础上,设置合作学习框架,有效地激发学生的群体性学习兴趣,促使学习小组的全体学生在学习兴趣得以提升的基础上,积极发挥小组合作学习优势,高效完成各自的合作学习任务,从而在达到小组合作学习预期目标的基础上,使小组中的每一名学生都能形成音乐素养。

三、利用混合教学模式促进学生学习兴趣提升的价值分析

（一）基于学生学习兴趣提升增强学生的学习积极性

学生的学习兴趣是学生学习发展的原动力，而在线上线下相结合的混合教学模式过程中，高校学前教育专业音乐教师应基于对学生学习兴趣的提升，增强学生的学习积极性。

具体到学生的线上线下自主学习过程中，学习兴趣能否持续发挥作用，决定了学生线上线下自主学习效果的高低。而将学生的学习兴趣转化为学生的学习积极性，则能够有效促进学生开展主动学习，从而持续性地提升学生的线上线下学习效果。学生一旦形成学习积极性，就会通过主动学习的方式，有效完成高校学前音乐课程教学的各项学习任务，从而在线上线下自主学习的过程中，获得良好的学习效果。

就将学生学习兴趣转化为学习积极性的途径而言，首先需要高校学前教育专业音乐教师为学生树立明确的学习目标，即成为学前教育专业应用型人才的目标，促使学生在认同上述学习目标的基础上，朝着目标方向努力，从而切实提升学生的学习积极性。同时，在高校学前音乐线上线下混合式教学模式中，教师还应当在学生的学习过程中，不断对学生加以勉励、激励，促使学生通过教师的勉励与激励，不断提升自身的学习积极性，从而更好地开展高校学前音乐学习过程中的自主学习。

由此可见，在高校学前音乐教学过程中，高校学前教育专业音乐教师需要有效地将学生的学习兴趣转化为学生的学习积极性，从而在引导学生开展线上线下自主学习的基础上，切实提升学生的学习效果，切实发展学生的学习能力，并且使其不断朝着成为学前教育专业应用型人才的课程整体目标而进步。

（二）通过学生学习兴趣的发展为学生树立专业发展理念

教师在为学生树立成为学前教育专业应用型人才的课程整体目标的基础上，通过线上线下相结合的混合教学模式的开展，基于对学生学习兴趣的开发，促进学生更好地树立专业发展理念，从而在有目的地提升学生音乐素养的基础上，引导学生不断朝着成为学前教育专业应用型人才的课程整体目标而发展、进步。

在具体的高校学前音乐线上线下相结合的混合教学模式的开展过程中，高校学前教育专业音乐教师应积极引导学生发展出对于成为学前教育专业应用

型人才的课程整体目标的认同感，并在具体的高校学前音乐教学过程中，基于学生学习兴趣的发展，引导学生树立专业化发展理念，从而在日常的教学与学习过程中，不断促使学生朝着成为学前教育专业应用型人才的课程整体目标而发展、进步。通过为学生树立专业发展理念，能够使学生的学习目的性更为明确，也能够更好地激发学生的学习兴趣。通过引导学生有目的地开展高校学前音乐课程的课内外学习活动，促使学生不断完善自身的音乐素养和学习能力。在这样有目的的高校学前音乐教学过程中，学生的学习会获得学习兴趣与学习目标的双重驱动，从而更为有效地掌握学前教育专业音乐知识，促使学生具备良好的音乐素养以及学习能力。

总体而言，高校学前音乐教师应基于学生的学习兴趣，为学生明确成为学前教育专业应用型人才的课程整体目标，以学生学习兴趣的发展为基础，为学生树立良好的专业发展理念，从而驱动学生在学习兴趣与课程整体目标的双重驱动下，获得良好的专业技能。

（三）利用学生的学习兴趣提升课内外学习效果

在线上线下相结合的混合教学模式中，能够让学生产生积极的学习兴趣，并在学习兴趣的驱使下，促进学生有效提升课内外学习的效果。首先就学生的线上网络学习而言，在学生积极学习兴趣的驱动下，能够有效地理解教师所提供课件中的专业知识，从而通过线上名师课堂、翻转课堂教学、导学 PPT、微课视频教学、思维导图、教学任务清单、教学内容分享与讨论、知识点动画等多种线上网络学习途径，有效地提升自身的专业能力。其次，在学生的线下课堂学习过程中，基于学习兴趣的驱动，能够有效地开展自主探究学习、小组合作学习以及研究性学习，促使学生通过课堂教学的过程，积极发展学习能力，有效树立合作思维，增强学习素养，从而获得良好的课堂学习效果。

与此同时，在高校学前音乐教学活动开展过程中，高校学前教育专业音乐教师还需要有目的地设计教学活动，充分激发学生参与教学活动的积极性，为每一名参与教学活动的学生分派不同的教学任务，促使全体学生在教学活动中通力合作，在个体学习兴趣激发的基础上，利用高校学前音乐教学活动的开展，有效激发与提升全体学生的学习兴趣，达到切实提升全体学生学习效果的目的。

总体而言，高校学前教育专业音乐教师需要在课内外教学过程中，通过有效激发学生学习兴趣，积极促进课程教学质量的提升，利用学生的学习兴趣，引导学生开展深入的自主、合作、探究学习，从而使学生在获得学习能力的基础上，取得丰硕的课内外学习成果。

第四节　利用混合教学模式构建良好的师生关系

一、混合教学模式下新型师生关系的确立

（一）构建平等和谐的师生关系

在线上线下相结合的混合教学模式中，能够有效促进新型师生关系的确立，从而在不断拉近师生距离的基础上，构建起平等和谐的师生关系。具体而言，混合教学模式下的师生关系是一种平等的师生关系，教师不再"高高在上"，学生与教师处于平等地位。

就高校学前音乐课程中的师生地位而言，在平等和谐的师生关系中，教师不再是"知识的传授者"，而更多地转变为"学生学习的引导者"；学生也从"被动的知识接受者"转变成"主动的知识接收者"。这样师生地位的转变，能够进一步拉近师生间的关系，促使教师与学生围绕着共同的高校学前音乐教育目标而努力。

与此同时，在平等和谐的师生关系中，学生与教师完全处于平等的地位，能够促使学生在消除与教师的距离感的同时，更加愿意向教师请教知识，教师也需要在平等和谐的师生关系基础上，有效帮助学生答疑解惑，引导学生积极开展基于线上线下相结合的混合教学模式的自主学习。平等和谐师生关系的确立，不仅对高校学前音乐课程的教学质量具有关键性的提升作用，还会使学生更加信赖教师，更加便于高校学前教育专业音乐教师对学生进行全面教育。在促使学生全面发展的过程中，教师能够基于平等和谐的师生关系，有效对学生进行思想道德教育，从而在有效落实"立德树人"根本任务的基础上，进一步促进学生的全面发展。

（二）基于新型师生关系的确立，使教师和学生成为朋友

学者王兴高在专著《与学生一起成长》中指出："著名教育家马卡连柯说过：'没有爱就没有教育。'作为教师，爱学生是天职。爱是教育的源泉，教师有了爱，才会用伯乐看千里马的眼光去发现学生的闪光点，对自己的教育对象才会充满信心和爱心，才会追求卓越和创新精神。教师的爱心是成功教育的动

力。未来的教育家应该是全身心地去爱学生、爱教育。只有爱才能赢得爱，你爱教育事业，教育事业才会爱你，你才能获得事业上的成功和乐趣。"[①] 在教师充分关心和爱护学生的过程中，还应进一步基于新型师生关系的确立，努力促使教师与学生成为朋友，从而在师生交往过程中，更好地促进学生实现专业化技能发展，实现全面发展。

在高校学前教育专业音乐教师对学生充满关爱的基础上，应当倡导学生主动地去亲近与接近教师，不仅限于高校学前音乐教学范围内的交往，而是需要教师与学生在生活的方方面面互帮互助，成为彼此的朋友。也许学生在多年以后已经忘记了学前音乐专业知识，但是与教师的友谊将会永远地留在他们的心中，学生还深刻地铭记教师对于自身的关爱。

总体而言，教师应当积极加强对学生的关心与爱护，在高校学前音乐教学课堂内外，充分给予学生照顾以及引导，基于新型师生关系的构建，努力与学生成为朋友，从而使学生更加信赖教师，获得教师更多的人生发展指导，在更好地促进学生的专业发展的同时，有效促使学生在教师的关爱下形成健全的人格，并在教师师德师风的影响下有效形成思想道德素养，从而更好地促进学生实现全面发展。

（三）有效构建以学生为主体、以教师为主导的新型师生关系

在线上线下相结合的混合教学模式中，应有效构建以学生为主体、以教师为主导的新型师生教育关系，从而促使学生在线上线下、课内课外的自主学习过程中，有效凸显主体学习优势，加之教师的科学指导，从而达到有效提升高校学前音乐教育质量的目的。

在构建以学生为主体、以教师为主导的新型师生关系过程中，"以学生为主体"并不是说将学习活动完全交给学生，教师能够完全撒手不管；相反，高校学前教育专业音乐教师需要积极引导学生开展高校学前音乐课程中的各种课内外学习活动，积极发挥自身的主导作用，有效地帮助学生解决学习问题，从而充分体现教师作为"学生学习引导者"的作用。在学生自主化的线上线下混合式学习过程中，教师应当积极为学生的线上线下混合式学习提供保障，在学生的线上自主学习过程中，为学生制作精良的教学课件，并且随时通过线上互联网交流的途径，帮助学生解答各种学习问题。而在学生的线下课堂学习过程中，教师应基于"学生学习引导者"的角色定位，努力引导学生开展有效的自

---

① 王兴高：《与学生一起成长》，九州出版社，2017，第 4 页。

主探究学习、小组合作学习、研究性学习，促使学生能够在线下的课堂教学过程中更好地突出课堂学习主体性价值，也更好地凸显教师在线下课堂教学中的主导性教学价值。

通过构建以学生为主体、以教师为主导的新型师生关系，能够在最大化发挥学生自主学习价值的基础上，积极促进教师发挥主导性教学作用，促使学生在自主学习的过程中，能够获得更为有效的教学保障，从而在充分凸显教师主导性教育作用的基础上，有效形成以学生为主体、以教师为主导的新型师生关系。

二、混合教学模式下师生关系的拉近

（一）基于混合教学模式加强师生间的沟通交流

在传统的高校学前音乐教学过程中，师生间的沟通交流局限于简单的课堂交流，其沟通交流的深度、广度都不足。而在线上线下相结合的混合教学模式下，有效地拓展了师生沟通交流的途径，使师生不仅能够进行充分的课堂沟通交流，还能够通过互联网在线沟通交流的途径，有效拓宽师生沟通交流的宽度与广度，从而进一步加强了师生的沟通交流，缩短了师生之间的距离。

学者刘翔平在专著《师生沟通：教育如何说，学生才能听》中指出："人际交往的前提是人人平等的安全感，师生关系也不例外。要想维护良好的师生关系和人际关系，教师首要解决的心理问题是如何形成独立性和自主性，成为一个在交往中有主见、有意志的主体，即形成'我是我自己的主人'的意识。在心理咨询中，这个概念叫作心理界线，即不受他人的侵犯与影响，保持自己的立场。保持自我界限不是抽象地形成'我是我自己，我不同于他人'的主观感觉和自我意识，而是指具有道德原则，形成独特的价值观和人生信念，做事与做人有明确的立场和原则。这是长期生活中形成的人生信念，是心理成熟的结果，不是一朝一夕的感觉所能形成，也不是一时的情绪所决定的。所以，有独立人格并非易事。"[①] 这表明了线上线下相结合的混合教学模式下的师生在沟通交流过程中，教师首先要具备独立的人格，并且有主见，利用良好的自我意识引导学生，从而在价值观、学习观、职业发展观方面对学生产生积极且全面的影响。在教师与学生的交流过程中，还需要教师利用完善的人格，努力地促进学生形成健全的人格，从而更好地提升师生沟通交流的质量。

---

① 刘翔平：《师生沟通：教育如何说，学生才能听》，北京师范大学出版社，2016，第22页。

（二）通过混合教学模式有效拉近师生关系

在线上线下相结合的混合教学开展过程中，能够积极拉近师生间的距离，促使学生在更加信赖教师的基础上，形成正确的学习观、价值观、职业观。高校学前教育专业音乐教师与学生的线上线下沟通交流，首先需要为学生树立良好的学习意识，促使学生在主动学习的过程中有效收获音乐知识，不断提升自身的音乐素养，从而为自身未来成为一名卓越的学前音乐教育工作者做好充分的准备。就学生价值观的塑造而言，在线上线下的师生交流的过程中，教师应积极以"社会主义核心价值观"为导向，对学生进行思想道德教育，从而使学生在教师良好的师德、师风影响下，更好地发展思想道德品质，从而更好地落实"立德树人"根本任务。

在师生的线上线下交流过程中，各种课内外师生交流活动会不断拉近师生关系，促使师生成为彼此的好朋友、好伙伴。通过师生关系的不断拉近，能够使学生更加信任教师，从而更加积极地开展各种高校学前音乐学习活动。而教师也需要基于学生的信任，积极发挥自身的教育主导性作用，在有效引导学生开展高校学前音乐学习的基础上，利用自身的人生经验为学生提供更多教学以外的生活方面的指导，从而促使学生通过教师在生活方面提供的指导，更好地提升自身生活的质量，增进与教师的友谊。因此，通过线上线下相结合的混合教学模式的教学改革，不仅能够促使师生间构建起良好的学习合作关系，更能够促使师生在生活中成为亲密的朋友，从而充分利用教师的价值观与人生观指导，对学生产生十分积极、正面的影响。

（三）实现师生关系的相互促进发展

在传统教学模式的师生关系定位中，教师与学生一直处于一种"不对等"的状态，即教师高高在上地开展教学，学生则随着教师的引导进行学习。随着线上线下相结合的混合教学模式的推广，在构建起"以学生为主体，以教师为主导"的新型师生关系的基础上，实现师生关系的相互促进发展，令教师与学生不仅能够对高校学前音乐知识展开相应的互动研讨，还能够利用线上线下相结合的师生沟通方式，就生活的方方面面展开交流，对彼此的生活与发展提出宝贵建议，从而在促使教师与学生成为朋友的基础上，利用教师的人生经验不断为学生的发展提供帮助，以此有效地提升学生的生活、学习质量。

就实现师生关系的相互促进发展而言，能够使高校学前教育专业音乐教师更为积极地为学生提供学习、生活等方面的帮助。学生的学习效果往往与对教师的认同感相挂钩，如果学生不认同一位教师，那么这个学生在学习这位教师的课程时，就很难获得良好的学习效果。通过线上线下相结合的混合教学模式下师生关系的相互促进发展，能够使更多的学生充分认可高校学前教育专业音乐教师，并促使他们在加强对高校学前教育专业音乐教师认同感的基础上，有效提升自身的学习质量。而教师在师生关系相互促进发展的过程中，能够基于学生的学习效果反馈不断提升自身的教育专业素养，并且通过与学生的交流、沟通，进一步提升自身的教育心理学素养，从而促进高校学前教育专业音乐教师不断提升自身的教学育人能力。因此，高校学前教育专业音乐教师应在不断缩短师生距离、加强学生对于自身认同感的基础上，积极发挥教师的主导性教学作用，充分引导学生有序开展各种课内外、线上线下音乐学习活动，促使学生能够在充分认同教师的基础上，对于音乐知识学习抱有强烈的学习热情，从而达到全面提升学生学习效果的教育目的。

三、混合教学下师生关系的特点

（一）混合教学下师生关系的发展型特点

就混合教学下师生关系的特点而言，最主要的特点就是混合教学下师生关系的发展型特点。高校学前音乐教学背景下的师生关系发展，是一个循序渐进的发展性过程，在此发展性过程中，师生间的关系逐渐从冷漠发展为熟识，从陌生发展为亲近，从疏远发展为接近，这一切的师生关系发展，都体现出混合教学下师生关系的发展型特点。良好师生关系的建立不是一朝一夕就能实现的，在发展型师生关系的发展过程中，教师与学生需要不断基于课内外沟通交流，有效缩短彼此间的距离，最终形成良好的师生关系。通过高校学前音乐混合教学下的师生关系可持续发展，能够使学生在充分对教师的师德、师风产生认同感的基础上，更加积极地开展各种课内外学习活动，从而有效点燃学生的学习激情。而教师在学生的积极学习过程中，更需要充分发挥其主导作用，利用自身的科学引导，有效提升学生的学习质量，并且利用自身健全的人格与价值观，充分促进学生的道德品质发展，从而在形成发展型师生关系的基础上，更好地促进学生的全面发展。

总体而言，线上线下相结合的混合教学模式为师生提供了更为广阔的交流平台，使得师生能够在发展型师生关系的构建过程中，逐渐熟悉彼此，不断加深对于彼此的信任，从而促使学生在充分认同教师的基础上，协同发展自身的音乐素养以及道德品质素养，达到有效地促进学生全面发展的终极教育目标，促使学生有效地接受教师的科学引导，不断提升自身的学习技能以及思想道德素养，无论是在学前音乐专业知识领域，还是思想道德建设领域，都能够获得良好的发展成果。

（二）混合教学下师生关系的互动性特点

在线上线下相结合的混合教学模式中，师生关系除了体现出发展型的特点，还更多地体现出互动性特点。通过线上线下相结合的混合教学模式的有效开展，为师生提供了更多在课内外、线上线下开展互动交流的机会。教师由"知识的教导者"转变为"学生学习的引导者"，所以教师就需要通过与学生平等和谐的互动来更好地完成既定教学任务。随着线上线下相结合的混合教学模式的有效推广，教师在与学生进行互动过程中，不再局限于与学生进行课堂互动，更多的是与学生开展在线的课程交流互动以及课程之外的互动。

通过教师与学生在线上线下相结合的混合教学模式下的积极互动过程，能够在进一步拉近师生关系的基础上，为师生有效建立起良好的课内外互动模式，促使学生在遇到任何学习以及学习之外的问题时，能够第一时间想到向教师请教。而高校学前教育专业音乐教师除了要解决学生在学习中存在的问题，还应利用自身丰富的人生经验，积极帮助学生解决生活问题，从而更好地与学生拉近关系，成为良师益友，促进学生在与教师的充分互动过程中，受到教师优秀师德、师风潜移默化的影响，无论是在学前音乐专业学习中还是生活中，都能够依靠教师良好的音乐素养以及丰富的人生经验，有效促进学生音乐素养的发展，以及生活质量提升。这样线上线下相结合的混合教学模式下的互动性师生关系特点，有效地体现出增强师生互动的重要价值，促使学生在与教师形成良性互动关系的基础上，依靠师生互动有效解决各种学习、生活问题，更好地提升学生的学习效果以及生活质量。

（三）混合教学下师生关系的对等性特点

在线上线下相结合的混合教学模式中，师生关系的发展还呈现出对等性的特点。在传统的高校学前音乐教育领域，教师与学生的地位是不对等的，教师作为知识的传授者，注重课堂教学；而学生只能依照教师的教学安排，被动地进行学习。现在传统的高校学前音乐教学模式被线上线下相结合的混合教学模式取代了。在新型的高校学前音乐教学模式下，教学不再局限于课堂教学，而更多地依靠线上的互联网教学完成教学任务。新型的师生关系是建立在平等和谐的基础上的，教师的教学地位不再凌驾于学生之上，而是与学生共同营造平等和谐的学习氛围。

　　这样的对等性师生关系，能够有效促进学生在平等和谐的师生相处过程中，有效地与教师缩短距离，进而与教师成为朋友。通过师生关系的对等性发展，能够使学生消除对教师的距离感，在对高校学前教育专业音乐教师保持充分的信任的基础上，积极点燃自身学习的积极性，从而有效地提升自身的学习效果。与此同时，师生形成这样的对等性师生关系后，教师能够利用更为平易近人的教学态度，与学生平等和谐地交流各种课内外问题，利用自身的科学指导，提升学生的音乐素养；利用自身的人生经验与师德、师风，为学生树立正确的人生观、价值观。由此可见，在线上线下相结合的混合教学模式中，这种对等性的新型师生关系能够促进学生音乐素养与人生观、价值观的协同发展，从而更为有效地促进学生全面发展。

第五章

混合教学模式在高校学前音乐教学中的落实策略

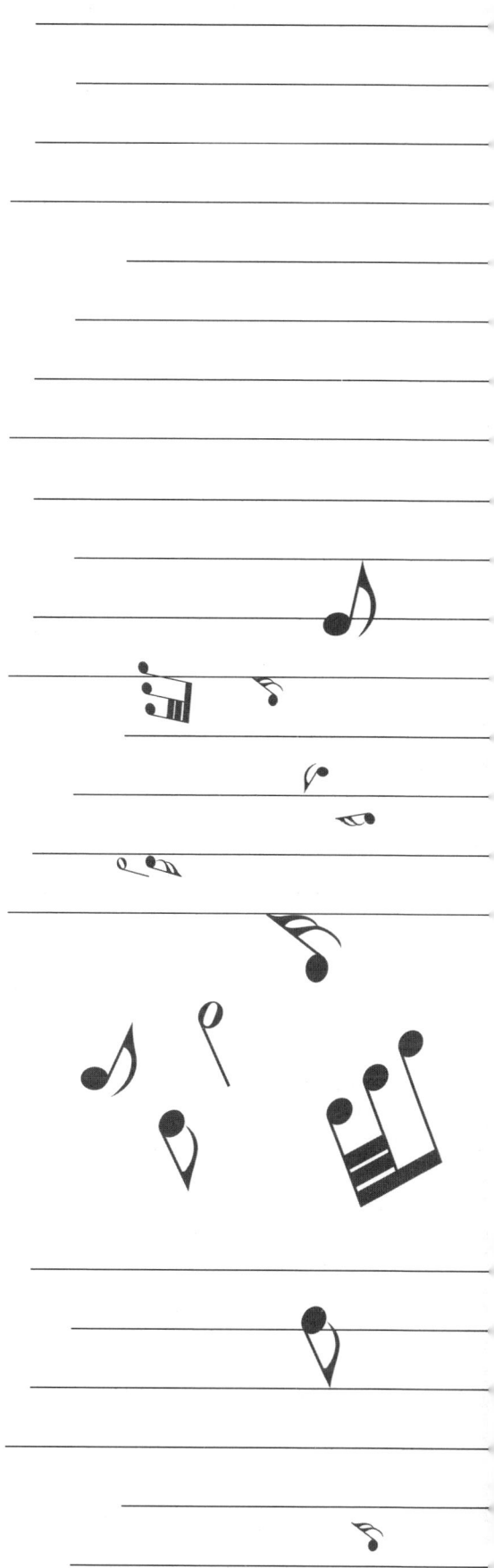

第一节　优化整合高校学前音乐课程在线教学资源

一、混合教学模式下线上教学视频的制作

（一）线上微课教学视频的制作基础

在学前教育专业音乐课程的混合式教学过程中，课前的互联网在线教学发挥着提纲挈领式的重要作用，而支持课前线上互联网教学的基础，就是线上微课教学视频。因此，在高校学前音乐教学资源的优化整合过程中，教师需要注重对线上微课教学视频的整理及制作。

高校学前教育专业音乐教师在制作线上微课教学视频时，要具备一定的信息化教学素养，需要教师熟练使用相应视频制作软件，并且能够结合具体的学前音乐教学内容，对于每个线上微课教学视频进行科学的内容规划，从而设计出更加具有教学价值以及教学指导意义的线上微课教学视频。一般来讲，一个完整的高校学前音乐线上教学视频，其时间长度在 10 ~ 15 分钟之间，主要包括导入激趣、课程教学内容讲解、拓展延伸三个主体部分。其中的导入激趣部分介绍本次在线教学的主要内容，使学生产生学习兴趣，时间一般控制在 2 ~ 3 分钟之内。而课程教学内容讲解部分需要教师将本次教学内容利用视频教学的方式进行讲解，并且需要恰如其分地融入学前音乐教学的各种音视频资源，时间在 5 ~ 10 分钟为宜。最后的拓展延伸部分应基于学生的现有学习水平及本次视频教学的主体内容进行相应的总结，并基于现有教学基础，为学生提供更为丰富的学前音乐教育知识，其时间可以在 2 ~ 3 分钟。由此可见，在高校学前音乐线上微课教学视频的制作过程中，高校学前教育专业音乐教师首先需要基于本次课程的关键知识点收集素材，对学前音乐教学的音视频进行合理的剪辑，并且在教师在线引导的框架下，有序地填充导入激趣、课程教学内容讲解、拓展延伸三大视频教学主体内容，为高校学前教育专业学生提供内容鲜明、教育作用突出、适合课前自学的优质线上教学视频资源。

总体而言，线上微课教学视频的制作需要高校学前教育专业音乐教师利用自身的专业教学素养以及信息化教育素养，为学生提供学习价值高的优质线上学习视频资源，促使学生在混合教学模式下能够通过对线上微课教学视频的学习，激发自身的学习兴趣，了解学前音乐专业知识，从而为之后的课堂教学

打下更为坚实的教学基础。

（二）线上微课教学视频的素材搜集

一个优秀的学前音乐线上微课教学视频，其内容需要在突出教学价值的基础上，具备一定的趣味性，从而充分调动学生的自主学习积极性，帮助学生更好地掌握学前音乐课前在线教学内容。在线上微课教学视频的素材搜集过程中，高校学前教育专业音乐教师应有效利用多种途径，基于本次线上教学的课程主题，为学生搜集整合优质、丰富的线上微课教学视频素材。

线上微课教学视频素材的搜集途径，主要包括教师自主制作、互联网获取。在教师自主制作线上微课教学视频的过程中，需要根据特定的学前音乐教学内容，参考图书及互联网内容，进行相应的教学资源汇总，并且基于特定学前音乐课程的教学需要，进行相应的影音制作工作，力求为学生提供开放、便捷、优质的教学资源。就利用互联网获取线上微课教学视频资源而言，学前教育专业音乐教师应基于具体的在线教学内容，通过对互联网音视频资源的搜集与剪辑整理，将与高校学前音乐课程契合度高的互联网学前音乐教学资源整合到线上微课教学视频当中，从而更好地充实学前音乐线上微课教学视频内容。通过对学前音乐线上微课教学视频的内容优化，能够充分调动学生的自主学习积极性，促进学生通过混合教学模式下的课前自主在线学习，获得更为良好的学习效果。

（三）线上微课教学视频的内容优化

在完成线上微课教学视频素材搜集工作之后，高校学前教育专业音乐教师应注重对线上微课教学视频的剪辑与制作，实现线上微课教学视频的内容优化，从而为学生带来良好的课前线上学习体验，促使学生提升课前在线学习效率。

在线上微课教学视频的内容优化过程中，首先要在高校学前教育专业音乐教师完成对微课教学视频的整体制作之后，进行相应的视频资源整合，充分利用视频软件的剪辑功能，去掉微课教学视频的冗余部分，促使微课教学视频能够更为短小精悍，也更加利于学生开展学习。其次，在对线上微课教学视频合理剪辑的基础上，教师应注重对微课教学视频的字幕设计，通过字幕的添加，更为全面地向学生展示学前音乐课程教学内容，同时利用字幕也能够帮助学生将线上微课教学视频与相关的导学 PPT 及思维导图等教学资源相联系，促使学生更为便捷地开展高校学前音乐课前自主学习。与此同时，高校学前音乐微课教学视频的内容优化还是一个持续的过程，教师在混合教学模式开展过程中，应不断观察、分析、了解学生的课前在线学习体验，根据学生的学习反馈不断调整微课视频的内容以及教学展现方式，从而令学前音乐线上微课教学视频不断适应学生的学习发展需求。最后，教师对于线上微课教学视频的内容优化，还应当考虑学生的学习兴趣与学习特点，在线上微课教学视频的剪辑与整理中，加入更多学生感兴趣的教学元素。例如，在高校学前音乐微课视频中，插入相应的背景动画，使微课教学视频更加吸引学生的学习注意力等。通过线上微课教学视频的内容优化过程，最终为高校学前教育专业学生提供既充分体现知识性与专业性，能够被学生普遍接受，又涵盖趣味性的高质量线上微课教学视频资源，为学生的课前自主学习提供微课教学视频资源保障。

二、混合教学模式下导学 PPT 与思维导图的制作

（一）混合教学模式下导学 PPT 的制作

在优化整合高校学前音乐课程在线教学资源的过程中，导学 PPT 的制作是一个重要环节。通过导学 PPT 课件的制作，能够使学生明确学前音乐教学的重点，促使学生准确把握学前音乐课程中各类知识点的联系，从而帮助学生更好地掌握高校学前音乐课程知识。

高校学前教育专业音乐教师对于混合教学模式下导学 PPT 的制作，应首先列出导学 PPT 的结构框架，结合具体课程教学内容，使导学 PPT 课件能够涵盖每节课的重点知识，从而帮助学生形成清晰的学习思路。与此同时，一个完善的高校学前音乐导学 PPT，应当在使学生明确学习重点的基础上，重点加强对学生学习方法的引导，促使学生能够在导学 PPT 的引导下，提升课前自主在线学习的效率。

通常来讲，高校学前音乐导学 PPT 一般在 8 ～ 10 页之间，除去封面和尾页，应包括课程知识结构划分、学习方法指导、课程教学内容拓展三个方面的具体内容。在课程知识结构划分部分，高校学前教育专业音乐教师应根据不同课程的知识重点，使学生明确相应的知识重点，并结合思维导图等辅助内容，促进学生准确把握学前音乐课前在线学习的知识重点，从而切实提升自身的学习质量。而在学习方法指导部分，高校学前教育专业音乐教师应根据具体课程教学内容特点，为学生推荐适合本次学习的高效学习方法，促使学生利用优质、高效的学习方法开展高校学前音乐课前在线自主学习。在课程教学内容拓展部分，高校学前教育专业音乐教师应结合本次在线教学的特点，为学生积极拓展学前音乐教育领域的课外知识，在进一步激发学生学习兴趣的基础上，帮

助学生通过举一反三的学前音乐专业知识拓展过程，掌握更多利于学习、便于运用的学前音乐教育拓展知识，从而在帮助学生养成积极学习观念的基础上，进一步促使高校学前教育专业学生更为全面地发展自身音乐素养。

（二）混合教学模式下思维导图的制作

思维导图是学前音乐课前在线教学的重要教学资源，在混合教学模式下制作思维导图，应帮助学生掌握学习重点、把握学习方法、明确学习方向，从而进一步提升课前在线学习质量。

就利用思维导图帮助学生掌握学习重点而言，高校学前教育专业音乐教师在思维导图的制作过程中，应明确教学知识重点，根据本堂课的具体知识框架，结合微课视频及导学 PPT 的内容，并利用思维导图的结构层级关系，为学生详尽展示本堂课中各类知识点的联系，从而更加有利于学生开展课前自主在线学习。

对于利用思维导图帮助学生把握学习方法来讲，高校学前教育专业音乐教师在思维导图的制作过程中，应以不同知识点为基础，为学生推荐与相应知识点契合度更高的高效学习方法，促使学生在灵活运用学习方法的基础上，更好地提升课前自主学习效率。

就明确学习方向而言，运用思维导图时，应以学前音乐教育知识的实际应用为导向，积极为学生介绍各类学前音乐知识在具体学前音乐教育过程中的运用方式，促使学生能够通过对思维导图的观摩，掌握不同学前音乐知识的不同运用特点，从而整体性提升自身的音乐素养。

总而言之，学前音乐课前在线教学的思维导图制作，应本着利于学生学习、便于学生运用、启发学生思维的制作理念，为学生提供充实的学前音乐课前自主学习指导，从而显著提升课前在线教学效率。

第二节　线上教学的实施开展与线上教学资源库的运用

一、混合教学模式下线上教学的准备

（一）混合教学模式下线上教学的前期准备

混合教学模式的线上教学依托互联网开展，因此在线上教学的全过程中，需要具备完善的线上教学技术保障，从而确保混合教学模式下线上教学的顺利开展。混合教学模式的线上教学前期准备，主要包括建立线上教学资源群以及组建线上学习小组两方面内容，通过教师的有序指导，组织学生充分发挥线上自主学习优势，以此实现混合教学模式教学效率的提升。

具体而言，在混合教学模式的线上教学技术支撑方面，首先需要高校学前教育专业音乐教师与学生建立相应的线上教学资源群，并通过相应的线上教学资源群，传递线上微课教学视频、导学 PPT、思维导图等课件资源。与此同时，建立线上教学资源群，还能够使教师通过网络在线指导，观察学生线上学习的全过程，并根据学生的学习进展情况，进行相应的互联网在线教学指导。

其次，在建立线上教学资源群的基础上，高校学前教育专业音乐教师还应当定期在线上教学资源群中发布相应的线上教学计划安排以及学习清单。在此基础上，高校学前教育专业音乐教师应时常通过线上教学资源群与学生进行课内外的沟通，在了解学生学习情况、为学生提供相应的在线教学指导的基础上，进一步加强师生的在线互动交流，从而起到增进师生友谊，提升学生学习积极性的目的。

最后，在混合教学模式线上教学的前期准备过程中，教师应引导学生组建相应的线上学习小组，并利用优势互补的原则，引导各线上学习小组的学生利用小组合作的模式开展相应的线上学习，使学生能够基于线上学习小组的学习互助，从而进一步确保线上教学质量实现根本性的提升。

（二）注重对学生学习兴趣的激发

高校学前教育专业学生的学习兴趣直接影响到他们学习学前音乐课程的质量。因此，在高校学前音乐混合教学模式的线上教学准备阶段，高校学前教育专业音乐教师应注重对学生学习兴趣的激发，以此获得线上教学效果。对于高校学前教育专业学生学习兴趣的激发，可以通过课前教学预告、师生互动交流、预设学习计划这三种具体途径进行落实，促进学生在充分提升学习兴趣的基础上，获得良好的学习成效。

就课前教学预告而言，在学生开展线上学习之前，高校学前教育专业音乐教师可以根据即将展开的教学内容，利用多媒体影音制作的方式，为学生制作相应的课程预告视频或图片，从而有效地激发起学生的学习好奇心以及学习探究欲，以此充分提升学生在之后线上学习中的学习兴趣。

与此同时，高校学前教育专业音乐教师还能够通过与学生进行网络在线交流以及面对面交流的途径，引导学生关注学前音乐课程教学内容，并且详细地为学生介绍学前音乐课程教学内容在学生日后步入幼儿园教师岗位后的重要作用，以此促使学生提升自身的学习兴趣，更为积极地开展高校学前音乐线上学习以及线下学习。

最后，在激发学生学习兴趣的过程中，高校学前教育专业音乐教师还应该利用为学生预设学习计划的手段，为学生展示即将讲解的学前音乐课程教学内容，引导每个学生在课前做好个人学习计划以及小组合作学习计划，从而在混合教学模式的线上、线下教学正式开展时，促使学生有条不紊地完成相应学习任务，从而促进高校学前音乐混合教学质量的提升。

（三）根据学生学情进行相应的教学分层

在具体的高校学前音乐教育领域，由于学生学习能力存在差异，每个学生的学习状况各不相同，高校学前教育专业音乐教师应当充分运用分层教学的理念，在混合式教学模式线上教学的准备阶段，充分了解学生的学情，以此开展后续的分层教学。

要想实施分层教学，首先需要高校学前教育专业音乐教师对全体学生的学习基础进行整体性的把握，通过日常线上、线下的教学观察，留意班级中每一名学生的学习状况，如此才能够准确地把握学生的学情。

在掌握全体学生学情的前提下，高校学前音乐教师应在混合式微课教学视频、导学PPT、思维导图等教学资源中加入相应的分层教学内容，具体可以通过对教学内容的层次划分，分为"基础、拓展、提升"三部分教学内容。就基础教学内容而言，一般涵盖了高校学前音乐课程的基础知识，是所有学生必须掌握的知识。就拓展教学内容而言，应根据具体学前音乐课程，为学生加入相应的拓展学习任务，鼓励具有一定学习能力的学生在拓展学习过程中积极发挥学习优势，从而有效完成拓展学习任务。就提升教学内容而言，应由高校学前教育专业音乐教师根据高校学前音乐课程内容，为学有余力的学生制定具有一定难度以及富有教学价值的教学任务，促使学生基于对提升教学内容的深入学习及研究，获得良好的音乐素养，从而更好地提升高校学前音乐课程教学质量。通过这样的分层教学理念落实，能够使不同层次的学生根据自身的学情，选择完成不同难度的学前音乐学习任务，从而促使全体学生在高校学前音乐混合教学模式下，都能够发展自己的专业素养。

二、混合教学模式下线上教学的实施

（一）引导学生开展线上自主学习

在混合教学模式下线上教学的实施阶段中，教师需要有效引导学生积极开展线上自主学习，并通过线上自主学习过程充分掌握学前音乐课程知识及能力。就对学生线上自主学习的引导而言，高校学前教育专业音乐教师应在师生在线沟通的基础上，为学生传递在线课程教学资源，帮助学生解决在线学习问题，从而为学生的学前音乐学习奠定坚实的基础。

具体而言，学生开展线上自主学习并不意味着教师可以完全撒手不管，而是应积极地发挥在线指导作用。高校学前教育专业音乐教师在将在线课程教学资源传递给学生之后，需要根据学生的在线学习进度，不断观察学生的在线学习反应，获得学生的在线学习反馈，帮助学生解决各种在线学习问题，从而有效确保学生的学习质量得以提升。

正所谓"凡事预则立，不预则废"，高校学前教育专业音乐教师在学生开展线上自主学习的过程中，还需要对学生的学习过程及学习效果进行相应的预判，根据班级学生的不同学情，预先找准学生在课前在线学习过程中可能会产生的问题，并且预先设计出应对各种学习问题的解决方案，从而进一步确保学生学习质量得以提升。

由此可见，在开展混合教学模式线上教学的过程中，教师需要积极发挥教育主导作用，通过自身的互联网在线指导以及对学生互联网在线学习效果的持续跟踪，准确了解各学习层次学生的学习效果，引导和帮助全体学生提升线上自主学习质量。

（二）利用小组合作学习提升线上教学质量

小组合作学习是一种高效的学习方式，在学前音乐混合教学模式下的线上教学阶段，利用小组合作学习模式能够促使全体学生实现学习优势互补，并且有效培养和发展学生的合作学习能力，从而取得良好的学习效果。

在利用小组合作学习模式提升学前音乐混合教学模式线上教学质量的过程中，高校学前教育专业音乐教师应在微课教学视频、导学 PPT、思维导图等在线教学资源中，为各小组学生预设合作学习内容，促使各小组学生在课件资源的引导下，有序开展小组合作学习，从而在发挥每一名学生自主学习特长的基础上，实现学习小组整体学习效果的进一步提升。

高校学前教育专业学生在小组合作学习的过程中，应尽量发挥自身学习特长及学习优势，利用"合作高效，优势互补"的小组合作学习原则，积极开展线上学习活动，并且高质量完成教师提出的小组合作学习任务。通过合作学习过程，促使不同学习层次的学生都能够获得与自身学习基础相符合的学习效果及学习能力，最终促使全体学生实现混合教学模式下互联网在线学习效率的整体性提升。

与此同时，在互联网在线学习过程中，高校学前教育专业音乐教师还应为各学习小组提供相应的小组合作学习规划，并引导各个学习小组对本次在线学习过程进行记录，从而促使高校学前教育专业音乐教师能够在各小组学生完成互联网在线学习之后，帮助学生客观总结小组合作学习经验，以便在后续的课堂教学以及课后通过互联网进行的指导过程中，进一步帮助各小组学生完善学习方法，从而切实提升混合教学模式下的小组合作学习质量。

（三）发挥混合教学模式下的教师在线教学指导作用

正如前面所述，高校学前教育专业音乐教师在学生开展互联网在线学习的过程中，需要随时根据学生的实际学习情况，进行在线的教学指导，从而达到帮助学生答疑解惑，提升学生在线学习质量的目的。高校学前教育专业音乐教师对于学生的在线教学指导，能够在帮助学生提升在线学习效果的基础上，培养学生具备良好的自主学习能力，从而进一步促进学前音乐混合教学模式在线教学的教学质量提升。

具体而言，高校学前教育专业音乐教师对于学生的在线教学指导，应充分按照学生的在线学习进度开展。在学生基于微课教学视频、导学 PPT、思维导图等课件资源开展课前在线学习的过程中，教师应与学生进行在线沟通，在学生发现学习问题时，及时帮助学生解答学习问题，并且为学生提出相应的学习意见或建议，促进各学习小组的学生能够在互联网在线学习阶段获得教师的科学指导及帮助，从而进一步提升互联网在线学习质量。

而在高校学前教育专业音乐教师开展在线教学指导时，对于学生的学习问题，应尽量引导学生利用正确的学习方法自主解决，从而促进学生在解决学习问题的过程中，不断提升自身以及合作学习小组的自主学习能力。高校学前教育专业音乐教师在进行在线教学指导的过程中，需要避免"越俎代庖式"的教导，而应以培养学生自主学习能力以及解决问题能力为中心，促使学生能够在提升自主学习能力以及解决问题能力的基础上，实现"举一反三"，从而基于学习能力的提升，实现高校学前音乐学习质量的提高。

三、混合教学模式下线上教学资源库的运用

（一）混合教学模式下教学资源库的建设基础

学者何俐、曾玲、夏艺诚、阳敏辉在专著《信息化环境下高职院校专业教学资源库建设研究》中指出："教育资源库实际上是各种相关教育资源的汇集。从教育资源库（特别是基于网络的教育资源库）进入人们的视野开始，到目前发展成具有多种建设模式和各类服务目标的不同形式的资源库，主要存在文件目录管理、专题和学科资源网站、资源管理数据库、资源中心和分布式资源库等几种模式。"[①]

而在线上线下相结合的混合教学模式下，教学资源库的建立应当基于对各种线上线下教学资源的深度整合，从而在建设以数据库为主的教学资源库的基础上，有效建立以纸质文献为主的教学资源库，从而结合计算机数据库平台与纸质文献库平台的优势，建设符合学生学习特点及学习情况的学前音乐教学资源库，以此通过全面的教学资源库建设，为线上线下相结合的混合教学模式提供丰富的教学素材，从而确保线上线下相结合的混合教学模式的教学质量得以提升。

在建设以数据库为主的教学资源库的过程中，教师应当积极通过网络途径搜集各种在线教学资源，同时利用网络自主学习课件设计，有效丰富以数据库为主的教学资源库的内容，利用信息化的教学资源库建设手段，有效为学生的网络自主学习提供丰富的教学资源。

而在建立以纸质文献为主的教学资源库的过程中，除了对教材的收集与整理，教师还应积极地将自身的纸质教案以及教学设计加入纸质教学资源库中，从而有效地拓展纸质教学资源库的收藏范围，为今后的教学活动提供相应的纸质样本。

为了适应学生的学习兴趣发展需要，教师还应该通过新媒体平台建设以新媒体平台为依托的新型教学资源库，通过在新媒体平台上传教学课件资源，有效地促进学生依托新媒体平台开展自主学习，从而进一步提升教学资源库的应用价值。

---

① 何俐、曾玲、夏艺诚、阳敏辉：《信息化环境下高职院校专业教学资源库建设研究》，吉林人民出版社，2017，第6页。

（二）混合教学模式下教学资源库的日常维护

在构建纸质教学资源库、计算机数据库以及新媒体教学资源库的过程中，高校学前教育专业音乐教师应以学前音乐教研室为基础，不断扩大纸质教学资源库、计算机数据库以及新媒体教学资源库的内存，将每一节课的纸质教案及数字化教学资源不断填充到纸质教学资源库、计算机数据库以及新媒体教学资源库中，为学生建立更为充实的学前音乐教学资源库基础，也为其他学前教育专业音乐教师提供更为多元化的教学资源。

具体就混合教学模式下教学资源库的日常维护而言，高校学前教育专业音乐教师应在混合教学模式下的线上、线下教学过程中，完整地保存各阶段混合教学资源，在完善纸质教案的基础上，根据学前音乐课程教学的进展情况，通过纸质教学资源存档、计算机数据库储存、新媒体数字化教学资源共享的途径，不断将最新的学前音乐课程教学资源填充到各种类型的教学资源库之中。这样的教学资源日常维护过程，能够帮助全体教育专业音乐教师实现充分的教学资源共享，从而减少备课时间，利用教学资源库中的现有教学资源，实现高质量的课程教学准备。

由此可见，混合教学模式下的教学资源库日常维护主要从学前音乐线上、线下教学资源的汇总入手，通过广泛收集学前音乐线上、线下教学资源，为高校学前教育专业音乐教师提供一个以教学资源共享为主的学前音乐教学资源平台，从而更好地帮助全体学前教育专业音乐教师提升自身教学及备课效率，也能够以教学资源共享为支撑，促进学生提升自身的学习效率。

（三）混合教学模式下教学资源库的资源运用

高校学前教育专业音乐教师对于混合教学模式下教学资源库教学资源的运用，并不是将现有的教学资源直接运用到教学中，而是应根据学生最近的学习情况，有选择性地整合优质学前音乐教学资源，并根据实际的学前音乐混合教学的开展情况，对相关学前音乐课程教学资源进行相应的修改及整理，从而促使学前音乐课程教学资源不断适应学生最新的学习发展需要，帮助学生实现学习效果的提升。

混合教学模式下教学资源库的建设是一个循序渐进的过程，学前音乐教研室的全体教师应本着教学科研精神，对混合教学模式下的教学资源库内容进行扩充。在混合教学模式下的教学资源库具有一定库存规模之后，应定期检查教学资源库的库存信息，根据高校学前音乐课程改革的最新进展，以及实际混合教学模式下学生的学习反馈，淘汰落后的教学资源信息，补充先进的教学资源信息，从而在高校学前教育专业音乐教师运用教学资源库资源时，教学资源始终具有时效性与适用性。

例如，高校学前教育专业音乐教师在开展混合教学模式网络在线教学资源整合过程中，首先根据对教学资源库纸质教案的浏览，明确具体课程的课程教学目标；其次利用教学资源库的计算机数据库信息，获取相应的课程教学微课课件及 PPT 导学案等教学资源；最后根据班级学生的实际学习状况与学习情况，对于教学资源库现有教学资源进行优化与整合，从而为学生提供更适合他们学习发展需要的数字化网络在线教学资源。

第三节　基于线上教学基础合理实施线下课堂教学

一、线下课堂教学对于线上教学的呼应

（一）通过线下课堂教学回顾线上教学知识

学前音乐混合教学模式下的线下课堂教学，应在充分检验学生线上自主学习效果的基础上，使线下课堂教学与线上教学产生呼应关系，从而帮助学生有效基于线上自主学习基础，形成优秀的音乐素养及自主、合作、探究学习能力。在线下课堂教学的开展过程中，高校学前教育专业音乐教师首先应组织学生对线上教学知识进行回顾，并且在学生回顾自身线上学习内容的基础，引导学生积极开展小组合作学习、自主探究学习、研究性学习等学习活动。通过教学回顾环节，能够帮助学生将课前自主在线学习的知识与线下课堂教学的知识联系起来，从而切实提升学前音乐混合教学模式下的线下课堂教学质量，促使学生获得优质的学习成果。

具体到教师引导学生进行对线上教学知识的回顾过程中，教师首先应利用导学 PPT 等多媒体演示手段，带领全体学生共同回顾线上自主学习的知识重点；之后教师对知识重点进行串讲，帮助学生实现线下课堂学习与线上自主学习的呼应。在学生有效回顾线上自主学习内容的基础上，教师应基于学生当前的学习基础，对学生进行拓展教学，促使学生进一步提升学习兴趣，并且为之后的课堂教学活动做好充足的准备。

通过教师引导学生共同回顾线上自主学习内容的过程，能够帮助全体学生加深对学前音乐知识的了解，提升其学习积极性，并且促使学生在有效的课

前在线学习基础上，开展后续的课堂教学活动，从而进一步确保高校学前音乐混合教学模式下的线下课堂教学获得良好的教学质量。

（二）组织学生基于线上学习基础解决疑难问题

在教师组织学生对线上自主学习知识进行集体回顾之后，应引导学生大胆地讲出自身在课前自主学习阶段遇到的学习问题，从而由教师带领学生集中解决学习问题，帮助学生获得更为坚实的学习基础。

具体而言，学生经过课前在线自主学习的阶段后，对于相关音乐知识往往难以全部理解和消化，一般会存在或多或少的学习问题。而教师引导学生解决疑难问题的过程，本质上是对疑难音乐知识的一种再学习、再研究，能够切实促进学生的音乐素养实现跨越式提升。

在帮助学生解决疑难问题的过程中，高校学前教育专业音乐教师应注重引导学生根据自身在线学习基础，积极地向教师以及同学反映个人或者小组在学前音乐课前自主学习过程中遇到的问题与疑惑，并且尝试在教师的指导下自主解决疑难问题，而不是让教师直接给出疑难问题的答案。这样的高校学前音乐课堂教学模式，更加利于学生在探究和解决疑难问题的过程中，有效发展自身的自主学习能力，从而更加牢固地掌握高校学前音乐知识。

与此同时，教师引导学生解决在线学习中遇到的疑难问题，也是对学生自主、合作、探究学习能力进行发展的好机会，引导学生在合作学习小组的框架下，通过自主、合作、探究学习的途径探寻疑难问题的解决答案。在此过程中，教师作为教学的引导者，不再高高在上，促使学生利用解决疑难问题的机会，更为充分地发展自身的学习能力，同时形成良好的音乐素养，为学生的学习进步奠定坚实的知识基石。

（三）通过师生互动检验学生线上学习质量

在帮助学生集中解决课前网络在线学习中遇到的疑难问题之后，高校学前教育专业音乐教师应注重利用师生互动的环节，充分检验学生的线上学习质量。具体过程中可以由教师提出相应的课堂学习问题，抑或是由教师发布相应的课堂学习任务，引导学生在小组合作学习的基础上，进一步发挥自身的自主学习能力，准确地回答教师提出的课堂思考问题，有效地完成教师设置的课堂学习任务，从而更好地促进自身音乐素养以及学习能力的提升。

通过教师对学生线上学习质量的检验，能够使教师更为精准地把握班级学生整体以及个体的学习进展、学习能力以及学习情况。在充分掌握班级学生学情特点的基础上，在后续的课堂教学活动环节，利用更加具有针对性的高校学前音乐教学活动，促使全体学生实现符合自身学习基础的音乐素养的发展。这样的师生互动教学模式，还能够促使学生更好地发展和保持对学前音乐线上、线下学习的学习兴趣，引导学生将课前自主学习所学的学前音乐知识放在教学实践中进行充分检验，从而明确自身学习优势、弥补自身学习短板，实现学前音乐课前网络自主学习与线下课堂学习的相互呼应。

具体到高校学前音乐课堂师生互动的环节中，高校学前教育专业音乐教师还需要利用分层教学理念，根据不同学习层次学生的具体学习情况，为他们设置与自身学习能力相符的课堂学习任务。通过分层教学理念的贯彻，促使高校学前音乐课堂教学能够同时满足不同学习能力学生的具体学习需要，从而进一步提升高校学前音乐课堂教学的整体教学效率。

二、线下课堂教学的教学侧重

（一）依靠自主学习形式发展学生学习的能力

线上线下相结合的混合教学模式对于学生最显著的影响，是对学生自主学习能力的发展，依靠学生的自主学习过程，能够让学生发展出卓越的自主学习能力。

具体到学生的课前自主学习过程中，教师首先需要根据课前网络在线教学中提供的网络自主学习课件资源，有效组织学生进行线下课堂教学内容的分享与讨论；之后组织学生基于自身的网络在线学习基础，开展相应的课堂自主学习活动。在网络自主学习过程中，如果学生遇到学习问题以及学习困难，既能够通过在线求助教师的方法解决，又能够通过合作探究的方法自行解决。通过课堂自主学习过程，能够促使学生在有效理解学前音乐课程知识的基础上，充分发展自主、合作、探究学习能力，从而为学生今后的长远学习发展，构建起坚实的能力基础。

总体而言，学生的线下课堂自主学习，是开展线上线下相结合的混合教学模式的重要环节。通过有效的自主学习过程，能够使学生在具备良好的自主、合作、探究学习能力的基础上，史好地收获学前音乐课程知识，并且养成相关的知识运用能力。鼓励学生开展课堂自主学习，能够为线上线下相结合的混合教学模式开展提供有效的教学效率保障，从而在线下课堂教学中，为学生构建完善的自主学习能力基础，巩固通过线下课堂自主学习所获得的知识，促使学生积极发挥主体性学习作用，在良性循环的线上线下相结合的混合教学模式中，有效实现学习能力以及学习效率的可持续发展。

（二）基于学生线上自主学习成果开展线下课堂教学活动

在学生充分开展线上课外自主学习的基础上，教师应基于学生的自主学习基础，积极组织相应的线下课堂教学活动，从而进一步提升学生的学习能力以及学习效果。以自主探究学习、小组合作学习、研究性学习为主的课堂教学活动的开展，能够有效地利用学生自主学习以及小组合作学习的方式，积极提升学生的自主、合作、探究学习能力，促使学生能够获得更为完善的学习能力。

具体而言，混合教学模式下的学前音乐线下课堂教学，是基于学生线上自主学习成果展开的，通过教师有效的学习指导，引导学生开展和参与以自主探究学习、小组合作学习、研究性学习为主的课堂教学活动，从而将学生的线上网络学习成果真正地转化为学生的知识素养以及能力素养。在混合教学模式下的线下课堂教学开展过程中，教师应促使学生通过以自主探究学习、小组合作学习、研究性学习为主的课堂教学活动，更好地巩固在线上网络自主学习中所学的知识，并且在具体的教学活动中，对学前音乐知识的实践性应用进行检验，从而促使学生真正掌握知识运用能力，使学生将理论化的知识在实践中加以运用，以此达到切实提升自身知识掌握能力的目的。

总体而言，混合教学模式下的线下课堂教学，是对学生网络自主学习知识的进一步学习、检验与巩固。通过教师的有效引导，首先为学生解决相应的学习问题；随后利用以自主探究学习、小组合作学习、研究性学习为主的课堂教学活动，帮助学生将由网络自主学习获得的相关知识放在实践背景下进行运用，从而使学生牢固地掌握相关知识，有效提升学生的知识运用能力。

（三）发挥教师主导作用，发展学生学习态度

在线上线下相结合的混合教学模式中，"以学生为主体，以教师为主导"的新型师生关系的构建尤为重要。通过"以学生为主体，以教师为主导"的新型师生关系的构建，能够有效发展学生的学习态度，促使学生能够在更好地提升自主学习积极性的基础上，获得良好的自主学习效果；同时，有效发挥教师的主导作用，在线上线下相结合的混合教学模式中，积极帮助学生答疑解惑，解决学习问题。在教学过程中通过教师对于网络自主学习课件的制作以及线下课堂教学活动的组织，从根本上提升学前音乐混合教学模式的开展效果，促使学生收获更为丰硕的混合式学习成果。

具体而言，在"以学生为主体，以教师为主导"的新型师生关系背景下，学生作为混合教学的主体，具有主体性学习优势，通过学生有效开展自主、合

作、探究学习的过程，能够在进一步拓展混合教学模式教学深度及教学广度的基础上，为学生构建起良好的主动学习能力，并且帮助学生养成积极的学习习惯，从而使学生获得良好的学习效果。而教师主导性教育作用的发挥，体现在帮助学生解决学习问题、科学设计教学课件、有效组织线下课堂教学活动三个方面。在帮助学生解决学习问题的过程中，教师能够通过线上线下相结合的师生交流渠道，在线或者是面对面地为学生答疑解惑，解决疑难问题，从而促进学生学习质量的有效提升。而在科学设计教学课件资源过程中，教师需要在加强教学课件资源知识性的基础上，更好地融入趣味性元素，以此提升学生的学习兴趣。在有效组织线下课堂教学活动的过程中，教师需要基于学生的网络在线自主学习基础，有效引导学生开展以自主探究学习、小组合作学习、研究性学习为主的课堂教学活动，从而促使学生将通过网络自主学习获得的知识，内化为自身的知识素养，外化为自身的知识运用能力，从而在根本上提升线上线下相结合的混合教学质量。

三、注重通过线下课堂教学活动发展学生的知识运用能力

（一）通过线下课堂教学活动为学生巩固相关音乐知识

高校学前音乐的线下课堂教学活动对于学生的音乐素养养成，具有不可替代的关键教育作用。学生通过参与学前音乐线下课堂教学活动，一方面能够打牢自身的音乐知识基础，另一方面又能够提升自身对音乐教育活动的组织能力与设计能力，从而为自身日后的职业发展，奠定良好的教育基础。

在线上线下相结合的混合教学模式下，高校学前教育专业音乐教师应积极促使学生对线上网络学习所习得的音乐知识进行巩固，促使学生将相关的音乐知识发展为可用的音乐能力以及音乐素养。而线下的课堂教学活动对于帮助学生巩固音乐知识，具有重要的作用，应当引起高校学前教育专业音乐教师的高度重视。

具体到线下课堂教学活动的开展过程中，高校学前教育专业音乐教师应在对学生的网络自主学习成果进行检验的基础上，根据学生实际的网络自主学习效果，为学生设计合理的线下课堂教学活动。通过线下课堂教学活动的有序开展，帮助学生进一步将通过网络自主学习途径所习得的音乐知识，转化为自身内在的音乐素养以及外在的音乐运用能力，从而更好地帮助学生巩固和消化相应的音乐知识。线下课堂教学活动作为帮助学生巩固和消化音乐知识的重点教学内容，应当引起高校学前教育专业音乐教师的高度重视，通过以自主、合

作、探究学习为主要方式的高校学前音乐线下课堂教学活动的科学组织及有序开展，帮助学生将相关音乐知识放在自主探究学习、小组合作学习、研究性学习等学习活动中进行检验，促使学生通过以自主探究学习、小组合作学习、研究性学习为主的课堂教学活动，有效实现对音乐知识的巩固，并且充分了解相关音乐知识的具体应用途径，从而使学生在充分掌握音乐知识的基础上，能够更为灵活地运用相关音乐知识，为学生日后的职业发展奠定坚实的基础。

（二）通过线下课堂教学活动促使学生形成音乐素养

在通过线下课堂教学活动帮助学生巩固相关音乐知识的过程中，高校学前教育专业音乐教师还应帮助学生形成音乐素养。通过线下课堂教学活动的组织，积极发展学生的音乐素养以及学习能力，从而以学生的音乐素养和学习能力的发展为基础，进一步促进培养学前教育专业应用型人才的教学目标得以实现，从而为我国的学前教育领域培养更多的学前教育专业应用型人才。

具体到通过线下课堂教学活动发展学生的音乐素养以及学习能力过程中，高校学前教育专业音乐教师首先应为学生有效明确高校学前音乐学科中培养学前教育专业应用型人才的整体发展目标，促使学生在确立成为一名卓越的学前音乐教育工作者的职业发展目标基础上，更为具有目的性地参与线下课堂教学活动，并通过以自主探究学习、小组合作学习、研究性学习为主的高校学前音乐线下课堂教学活动，积极提升自身的音乐素养和学习能力。通过这样目的明确的学前教育专业应用型人才培养模式，能够促使学前教育专业学生在更加明确学前音乐课程教育目标的基础上，有意识地朝着学前教育专业应用型人才的目标发展。

（三）通过线下课堂教学活动提升学生的知识运用能力

在学生通过线上网络学习有效获取音乐知识的基础上，高校学前教育专业音乐教师应积极通过线下课堂教学活动的设计与组织，有效提升学生的知识运用能力，使学生在线下课堂学习活动中，有效地检验自身对于学前音乐专业知识的掌握程度，并为学生设计相应的知识应用环节，促使学生在逼真的学前音乐教育环境中，充分运用自身通过线上网络学习获得的音乐知识，积极地参与线下课堂教学活动，从而更好地提升自身的专业知识运用能力。

在具体的高校学前音乐线下课堂教学活动的设计与开展过程中，高校学前教育专业音乐教师首先应通过对线下课堂教学活动的设计，促使学生在以自主探究学习、小组合作学习、研究性学习为主的高校学前音乐线下课堂学习活动中，充分地运用自身的学前音乐专业知识，解决实际的学前音乐教育问题。

而高校学前教育专业音乐教师则需要在学生参与线下课堂教学活动的过程中，对学生进行及时的指导，促使学生明确不同音乐知识的不同应用方法，从而有效提升学生的音乐素养和知识运用能力。与此同时，高校学前教育专业音乐教师还应积极组织学生进行合作交流，利用小组合作学习的模式，促进彼此对学前音乐专业知识的运用，在有效拓展小组合作学习范围的基础上，使学生在更为广泛的学习交流过程中，有效养成知识运用能力。

第四节　混合教学模式在学前音乐教育中的优化策略

一、积极优化课前网络在线教学内容

（一）提升网络在线学习课件的制作质量

网络在线学习的核心素材是多媒体教学课件。在高校学前教育专业音乐教师制作相应的多媒体教学课件过程中，应当基于学生的音乐素养发展需求，有效提升多媒体课件制作质量，从而为学生的网络在线学习奠定良好的教学素材基础。在线上线下相结合的混合教学模式的运用过程中，一切教学活动的开展都基于学生的网络在线自主学习。为了更好地提升混合教学模式下的学前音乐教学质量，首先就需要对网络在线学习课件的内容进行优化。

在网络在线教学课件的制作过程中，由于高校学前教育专业音乐教师并非专业的计算机、多媒体应用型人才，网络在线教学课件难免出现技术上的漏洞。为了有效弥补网络在线教学课件的技术漏洞，高校学前教育专业音乐教师应在通过网络在线学习提升自身课件制作质量的基础上，积极与同事交流网络在线学习课件的制作经验，从而达到提升网络在线学习课件制作质量的目标，并且课件的内容要更加具有趣味性、知识性、应用型以及教育性。通过提升网络在线学习课件的制作质量，能够更好地引导学生提升学习兴趣，并且帮助学生通过充分的网络自主学习，有效掌握相关的音乐知识，促使学生构建线上线下相结合的混合教学模式的学习基础，从而进一步提升学生的网络在线学习效果，为后续的线下课堂学习做好充分的准备。高校学前教育专业音乐教师在制作相应网络在线学习课件的过程中，还可以有效利用学前音乐教学资源库中的现有教学资源，进行相应的整合与优化，促使网络自主学习课件能够发挥相应的网络在线教育指导价值，并且通过对网络在线学习课件的不断整合与优化，不断适应高校学前教育专业学生的最新学习需求，促使相应的网络自主学习课件发挥应有的教学引导作用。

（二）加强对于学生网络在线学习的指导

在提升网络在线学习课件制作质量的基础上，高校学前教育专业音乐教师还应当加强对于学生网络在线学习的指导，通过网络在线互动交流的途径，与学生展开充分的网络教学互动，从而有效提升学生线上网络自主学习的质量。

教师在网络在线指导过程中，一方面可以通过主动的网络在线指导，帮助学生有效理解网络教学课件的内容与知识重点，促使学生有效把握其中的关键知识点，从而取得良好的网络在线学习效果；另一方面，高校学前教育专业音乐教师还可以根据学生在网络自主学习中遇到的问题，随时通过网络在线指导，帮助学生答疑解惑，从而以问题为导向，有效拓展学生网络自主学习的深度与广度，获得良好的网络教学效果。通过教师在学生网络自主学习过程中的有效指导，能够使学生的网络自主学习更为顺利地开展，使学生在网络自主学习的过程中毫无后顾之忧，充分利用师生网络在线沟通过程，不断拉近师生间的距离，最终使学生与教师成为朋友，从而使其在更加信任教师的基础上，不断提升学生网络自主学习以及线下课堂学习的积极性，有效地建立"教学相长"的师生关系，促使高校学前教育专业音乐教师在学生的网络自主学习过程中，发挥出更为积极的网络教学指导作用。

由此可见，在学生的网络自主学习过程中，通过高校学前教育专业音乐教师的网络教学指导，能够从根本上提升学生网络自主学习的质量，并且积极构建起良好的师生关系，促使学生在网络自主学习过程中，能够获得具有实际价值的知识与能力发展，从而整体性提升学生的网络自主学习质量。

（三）优化学生网络在线学习的过程与途径

在课前网络学习活动开展过程中，学生网络学习开展的形式，不再局限于对网络教学课件的自主学习，高校学前教育专业音乐教师还能够通过网络自主学习过程与途径的优化，积极创新学生网络自主学习的形式，促使学生在新颖的网络自主学习模式下，有效提升学习质量、发展学习能力，进而整体性提升学生的网络自主学习效率。

具体就网络在线学习的过程与途径优化而言，高校学前教育专业音乐教师首先能够通过远程网络会议软件的支持，与学生开远程网络会议，并且在远程网络会议系统的支持下，引导学生积极开展网络合作学习，促进学生通过网络合作学习的过程，在充分掌握课程知识的基础上，更好地提升学生的合作学习能力。与此同时，教师还能够通过网络教学课件的有效设计，为学生设计具有互动性的课件内容，使学生学习相关课件的过程中，进行积极的选择性互动，从而根据学生对课件的选择，分别展现相应的音乐知识，促使学生能够在对所选择课件进行充分互动的基础上，学习到自身更为感兴趣的音乐知识。

总而言之，在优化学生网络在线学习的过程与途径的过程中，高校学前教育专业音乐教师应运用创新性思维，积极优化创新学生网络自主学习的形式与内容，从而在网络自主学习过程中，不断促使学生提升学习质量，掌握关键知识，从而为线上线下相结合的混合教学模式的开展，奠定坚实的网络自主学习基础，促使学生获得良好的音乐素养。

二、合理优化线下课堂学习活动开展的模式

（一）对于自主探究学习的优化

自主探究学习是基于学生的学习好奇心，引导学生通过小组合作的过程，主动探究专业知识的高效教学方式。在学前音乐混合式教学的线下课堂学习活动开展过程中，高校学前教育专业音乐教师应充分引导学生基于"互联网+"在线学习的基础，有效开展自主探究学习，从而获得良好的学习成效。

在线上线下相结合的混合教学模式中，线下课堂教学活动具有重要的教育意义，能够使学生对网络自主学习中所获得的音乐知识进行进一步的巩固，从而使学生在网络自主学习中所获得的音乐知识，内化为学生的音乐素养，外化为学生的学习能力，从而为学生成为学前教育专业应用型人才奠定素养和能力基础。

具体到高校学前音乐线下课堂教学活动的开展过程中，自主探究学习是一种常见的教学活动开展模式。在自主探究学习过程中，高校学前教育专业音乐教师首先为学生设定相应的自主探究学习目标，之后为学生提供相应的自主探究学习素材，引导学生通过自主探究学习，达到教学目标的相应要求，从而在进一步巩固学生对知识的理解应用能力基础上，培养学生的自主探究学习素养。

为了进一步优化自主探究学习的过程，教师对于自主探究学习的目标设定，可以从单一的自主探究学习目标设定，转变为开放性的自主探究学习目标设定，引导学生发挥自身的聪明才智，灵活运用音乐知识，在学生学习个性特点的引导下，开展多元化的自主探究学习，从而有效实现自主探究学习的开放

性目标。根据自主探究学习的过程，引导学生收获良好的自主探究学习效果，并在开放性的自主探究学习目标的引导下，有效地满足不同学生的自主探究学习需要，促使学生能够在更为开放的自主探究学习过程中，进一步发展自身自主探究学习能力，从而切实提升自主探究学习活动的开展效果。

（二）对于小组合作学习的优化

在线上线下相结合的混合教学模式中，小组合作学习是线下课堂教学的重要组成部分，利用有效的小组合作学习，再加上教师的科学指导，能够切实提升学生的合作学习能力，并促使学生有效地掌握相关课程专业知识，对于提升高校学前教育专业学生的学前音乐学习效果，具有重要的促进作用。

具体而言，在线上与线下相结合的高校学前音乐混合教学模式下，对于小组合作学习的优化，首先就需要充分激发学生的小组合作学习动力，在为学生提供小组合作学习任务的基础上，通过对于学生合作学习手段、方法的全面指导，促进各小组学生进一步提升合作学习效率，以此实现对于小组合作学习过程的优化。

同时利用高校学前音乐教育工作者对于各小组学生小组合作学习任务的科学设计，需要使学生小组合作学习任务更加体现出合作性、互动性的特点，充分引导合作学习小组中每一名学生对于合作学习过程的参与，在促进全体学生都能够通过小组合作学习获得良好学习收益的基础上，不断提升全体学生的合作能力与学习能力，促进全体学生通过充分的合作，学会与人相处，学会育人交往，以此不断促进学生的全面发展。而高校的线下小组合作学习还能够基于"认知观"的运用，不干涉学生的学习动机，有效倡导学生利用各种各样的学习动机，开展相应的小组合作学习，从而实现小组合作学习的多元化发展。

（三）对于研究性学习的优化

胡红杏博士在专著《研究性学习课程实施研究》中指出："知识经济的发展，促使支持教育和教学活动的'学习观'发生了根本性的变革。传统的学习观是'输入—产出'，即单纯追求'知识传递'，追求如何把现成的知识输入学生的头脑之中，以求得高效的产出。而现代的学习观，即建构主义的学习观是'知识建构'，即主动解决问题。所谓'学习'，是学习者与自身对话、与他人对话、与客观世界对话的过程，在这个过程里，每个学习者都有一套对信息和世界的解读方法。学习作为建构知识的活动，一方面成为学生不断探索、不断质疑、不断表达个人见解的历程；另一方面还超越原有的个人化行为，成为团队精神的体现和群体意识发展的契机。学习观的根本变革，是变革学生的学习方式，成为世界课程改革的焦点，研究性学习应运而生。"① 由此可见，研究性学习的重点在于不断探索、不断质疑、不断表达个人见解。

在高校学前音乐教育领域中，对于研究性学习的优化，应当注重在研究性学习过程中，学生个体行动与整体研究相统一，积极激发学生个体的研究思维与创新能力，利用具备创新价值的研究学习过程，勇于突破传统课堂教学活动的藩篱，获得更为新颖并具有开放性特点的学习研究成果，从而促进学生在研究性学习过程中，能够通过创新性研究过程，不断创新相关的知识理念，由此获得良好的研究性学习开展效果。

三、有效优化课后网络教学辅导过程

（一）积极发挥课后网络教学辅导的拓展教育利用

高校学前音乐混合式教学不仅包括课前在线学习，以及线下课堂教学活动开展的环节，教师的课后网络教学辅导也同样重要。通过教师的课后网络教学辅导，能够促使教师更为准确地把握学生的学习情况，从而根据不同学生的不同学习现状，进行更具有针对性的课后网络教学辅导。

具体到线上线下相结合的混合教学模式的运用过程中，不仅需要有效开展网络在线自主学习以及线下课堂教学活动，还应注重发挥高校学前教育专业音乐教师的课后网络教学辅导价值，促使学生更为有效地掌握相关的音乐知识，并通过高校学前教育专业音乐教师的课后网络辅导，有效完善自身的音乐知识体系，从而获得良好的学习效果。

在高校学前教育专业音乐教师的课后网络辅导过程中，应基于学生网络在线学习以及学生开展线下课堂学习活动，进一步帮助学生巩固现有的音乐知识，促使学生能够在教师的课后网络辅导下，更好地完善自身的音乐知识体系，并有效促进师生距离的缩短，使学生在与教师的课后网络沟通过程中，逐渐增进与教师的友谊，从而真正地和教师成为朋友，获得更多学前音乐学科以外的人生观、价值观引导，在有效落实"立德树人"根本任务的基础上，进一步促使学生通过教师的网络辅导，实现全面发展，还能更好地凸显教师网络辅导的内在价值。因此，我们可以说教师的课后网络辅导不仅对学生专业知识的学习有帮助，还能够在促进学生的人格完善，人生观、价值观发展的基础上，

---

① 胡红杏:《研究性学习课程实施研究》，中国社会科学出版社，2017，第 17 页。

为学生的全面发展带来更多的裨益。例如，高校学前教育专业音乐教师利用丰富人生经验，有效地使学生形成健全的人格以及正确的人生观、价值观，从而在缩短师生距离的基础上，促进学生通过教师的网络辅导，获得更多高校学前音乐教育以外的知识。

（二）有效利用课后网络教学辅导帮助学生巩固知识

在线上线下相结合的混合教学模式中，教师应有效利用课后网络辅导帮助学生巩固知识。教师在课后网络辅导过程中，首先需要对学生网络在线学习以及线下课堂活动的效果进行评价，通过发现学生的学习短板和学习问题，有效帮助学生弥补相应的学习短板，解决学习问题。同时，教师通过课后网络辅导过程，还能够进一步加深学生对于音乐知识的理解，从而在帮助学生巩固音乐知识的基础上，为学生更好地形成音乐素养和学习能力奠定坚实的基础。

高校学前教育专业音乐教师在开展课后网络辅导活动中，如果遇到学生询问相关学习问题，应当知无不言、言无不尽地为学生讲明相应的学习问题，从而促使学生有效巩固音乐知识。与此同时，高校学前音乐教师在课后网络辅导过程中，应基于学生的网络在线学习效果以及线下课堂活动效果，对学生进行更加具有针对性的个性化教师辅导。以发掘学生学习潜力为基础，努力促进学生通过高校学前教育专业音乐教师的有效辅导，更好地获得音乐素养与学习能力，并且充分地发挥学生的个性化特点，促使学生的音乐学习体系能够形成个性化色彩。

总而言之，高校学前教育专业音乐教师的课后网络辅导能够有效地帮助学生获得线上网络自主学习以及线下课堂学习活动所需要的支持，并且积极促进学生实现自身音乐知识体系的个性化发展，从而有效为学生构建起具有个性化的音乐素养。

（三）基于课后网络教学辅导的过程开展客观的教学评价

高校学前教育专业音乐教师的课后网络辅导不仅能够拓展学前音乐教育价值、帮助学生巩固知识，还能够通过教师科学、客观的教学评价，进一步提升高校学前教育专业学生的学习能力，促使学生形成音乐素养。

学者周景坤在专著《教学型高校教师区分性评价研究》中指出："'评价'，即指按照一定的标准做出价值判断；'教育评价'是指通过对教育信息进行分析整理，依此对教育过程和结果进行价值判断，是对教育工作的管理体制、人力资源和物质条件及其绩效进行质和量的评价，是教育评价客体对评价主体需要满足程度的一种判断；'教师评价'是教育评价的重要组成部分，是针对具体的教育教学活动做出的价值判断；'高校教师评价'是依据高校的培养目标及其教师的责任和义务，运用现代教育评价的理论和方法对教师工作进行质量和数量判断。"① 由此可见，高校学前教育专业音乐教师的课后网络教学评价是其教育过程的重要任务，应该对其引起高度重视。

总体而言，高校学前教育专业音乐教师的课后网络教学评价要有针对性，针对不同学生的不同学习效果，指出不同学生今后的学习发展方向。通过高校学前教育专业音乐教师的课后教学评价，促使学生认识到自身的短板与缺陷，从而有效地进行弥补，同时促使学生开展后续的学前音乐学习活动。

---

① 周景坤：《教学型高校教师区分性评价研究》，中国社会科学出版社，2020，第6页。

第六章 高校落实混合教学模式的注意事项

第一节　课堂教学活动方面

一、通过组织课堂教学活动提升混合教学模式质量

（一）积极提升课堂教学活动开展质量

高校学前音乐的混合式教学模式，其教学的核心仍然是课堂教学活动。通过课堂教学活动的高质量开展，能够促使学生有效吸收和理解自身在课前在线学习中获得的知识，并基于不同教学活动的不同开展形式，在实践中加以运用，从而在根本上提升高校学前音乐课程教学的实效性。

在线上线下相结合的混合教学模式中，线下课堂教学是其重点，而线下课堂教学一般围绕着教学活动而展开。各式各样的教学活动的开展，对于学生的学习能力发展以及音乐素养提升的效果是显而易见的。在高校学前音乐线下课堂教学活动中，需要以培养学前教育专业应用型人才的发展目标为导向，积极完善教学活动内容，促使高校学前音乐的线下课堂教学活动有效发挥出应有的育人价值，从而在全面提升高校学前音乐线下课堂教学活动的质量基础上，有效地通过教学活动的组织与开展，协同提升学生的音乐素养和学习能力，使学生能够更好地朝着学前教育专业应用型人才的方向发展。

为了有效地提升高校学前音乐线下课堂教学活动的开展质量，高校学前教育专业音乐教师应当在科学设计教学活动的基础上，给予学生指导，在"以学生为主体，以教师为主导"的基础上，有效发挥自身的教学主导作用，促进学生积极地参与到各种教学活动之中，并利用教学活动点评，帮助学生切实提升参与线下教学活动的积极性，从而在高校学前音乐线下课堂教学全过程当中，为学生树立积极主动的教学活动参与观念，使学生通过参与教学活动，促进音乐素养和学习能力的协同发展。

（二）通过课堂教学活动为学生巩固音乐知识

就学前教育专业学生的长远职业发展而言，丰富的音乐知识是确保学生实现高质量职业发展的基础。在高校学前音乐线下课堂教学活动中，教师应当有效帮助学生发展与巩固音乐知识，促进学生在乐理学习、视唱练耳、奥尔夫音乐教学法、学前儿童音乐教育、儿童歌曲钢琴弹唱、合唱与指挥等教学活动

中，切实获得可用的音乐知识，从而促进学习效果提升。

学生音乐知识的增长，应在高校学前音乐线下课堂教学活动中进行，促使学生在参与高校学前音乐教学活动中，有效地掌握音乐知识，为学生的职业发展奠定良好的知识基础。在具体的高校学前音乐线下课堂教学活动的开展过程中，为了帮助学生发展与巩固音乐知识，教师需要通过对于自主探究学习、小组合作学习、研究性学习等教学活动的精心策划，有效地将音乐知识内容融入上述各种学前音乐教学活动开展过程当中，并有效促使学生在线下课堂教学活动的参与过程中，潜移默化地学习音乐知识，并且理论与实践相结合，从而更为有效地提升高校学前音乐教学的整体质量。

（三）利用课堂教学活动帮助学生树立积极的主动学习观念

美国学者皮特金在专著《学习的艺术：如何学习和学什么》中指出："学习的艺术并不只是学习单一学科或技能的诀窍。它更多与学习者及其智力，而不是与特定的学习内容相关。一旦掌握这门艺术，它便能应用于生活的方方面面，从而使你成为一位多面手，并具备快速适应能力。新时代的人必须学习，否则便会被淘汰。社会的发展越来越快、变化越来越快，发展过程也日益错综复杂。所以，人们必须适应环境和运气的突然逆转，就像无数人正在做的那样。他们往往必须在极短时间内，了解一些前所未知的事物。"[①] 而在高校学前音乐教学过程中，学生必须积极树立起主动学习观念，从而在以自主学习为核心的线上线下学习过程中，有效发挥自身的学习能力，不断取得学习进步。

在高校学前音乐课堂教学活动的开展过程中，教师应有目的地通过自主探究学习、小组合作学习、研究性学习等学习活动的设计，积极促使学生树立起良好的主动学习观念，为学生发展出可用的自主学习能力，在"以学生为主体，以教师为主导"的学习过程中，充分发挥学生的主体学习优势，促使学生能够通过主动学习的方式，有效提升音乐素养和学习能力，以此促进学习效果提升。

---

① 皮特金:《学习的艺术：如何学习和学什么》，洪友译 . 中国发展出版社，2006，第 7 页。

二、通过教师的课堂教学指导完善混合教学机制

（一）通过教师的课堂教学指导提升课堂教学活动开展质量

教师的课堂教学指导是高校学前音乐混合式教学中的一个关键性环节。通过教师科学、客观的课堂教学指导与点评，可达到帮助学生查缺补漏、提升学习质量的教学目的，从而为学生奠定更为坚实的基础。

在线上线下相结合的混合教学模式中，高校学前音乐的线下课堂教学以开展教学活动为主要的教学形式，而在各种教学活动的开展过程中，应积极凸显教师的教学指导作用，利用教师对于高校学前音乐线下课堂教学活动的科学设计，有效提升高校学前音乐线下课堂教学活动的育人能力，促使更多学生被培养成学前教育专业应用型人才。

教育专著《教师教学质量提升手册》中指出："著名教育家陶行知曾经说过：'要想学生好学，必须先生好学。惟有学而不厌的先生才能教出学而不厌的学生。'这就是说，教师在自己的职业发展中，必须树立终身学习的态度，切实提升专业水平和处理教育、教学实际问题的能力，科学地运用专业理论知识，不断创新、总结、积累知识，自我发展，自我充实与更新，与学生共同成长。若要达到这一目标，老师就必须探索适合自己的课堂教学模式，大胆创新，勇于进取，用新的理念指导自己的课堂教学，并通过课堂教学实践，形成自己的教学风格，使课堂上的学生个个成为爱学习，对学习有探索欲的学生。时代在创新，对教师的要求也在不断提高。教师应紧跟时代的步伐，不断提升自己的职业素质，刻苦钻研业务知识，拓宽自己的知识面，努力使自己成为一个合格的知识传播者。"[①] 由此可见，教师在自身的职业发展过程中，首先要提升自身专业能力，并依靠自身专业能力形成相应的教学指导风格，从而有效地提升教学指导的效果。

（二）利用教师科学的课堂教学指导帮助学生查缺补漏

在线上线下相结合的混合教学模式中，教师应在积极考查学生网络在线学习效果的基础上，利用科学的课堂教学指导，帮助学生查缺补漏，促使学生在提升学习效果的基础上，更好地解决自身的学习问题，从而获得更佳的学习效果。具体而言，学生在线上网络自主学习过程中，可能会遇到各种各样的学

---

① 教师职业与健康指导小组：《教师教学质量提升手册》，辽海出版社，2011，第2页。

习问题，部分学习问题能够被学生主动发现，通过教师的引导与自身的探究学习进行解决。而另一部分学习问题，学生可能发现不了，面对这样的问题，就需要高校学前教育专业音乐教师在课堂教学过程中，有效地帮助学生查缺补漏，积极地引导学生解决相应的问题。

教师在帮助学生查缺补漏的过程中，既要注重对学生的群体性学习问题进行集中解决，又需要对学生的个体化问题进行针对性解决，促使全体学生有效解决学习问题，从而更加有效地开展后续的线下课堂教学活动。教师在帮助学生查缺补漏的过程中，需要充分凸显以学生为中心的教育理念。在教师帮助学生解决具体学习问题时，需要积极利用教育心理学理念，促进学生通过解决学习问题，获得学习自信力，并充分引导和激励学生，进一步提升其学习积极性。通过教师为学生指出相应的学习问题，引导学生通过自主学习的途径解决相应问题，教师则作为学生学习问题解决的引导者。通过引导学生自主地解决学习问题，能够使学生在提高自身学习质量的基础上，更好地发展自主学习能力，并通过教师的有效引导，找到正确的学习方向，从而切实实现对学生学习效果的提升。

（三）通过加强教师的课堂教学指导引导学生有效提升学习效果

在线上线下相结合的混合教学模式中，线下课堂教学作为混合式教学的重点，需要高校学前教育专业音乐教师予以更多的关注，教师需利用有效的教学指导手段，引导学生充分提升学习效果。具体到学前音乐线下课堂教学活动的设计过程中，教师首先要明确本次课堂教学活动的总体教学目标，并在之后的具体活动设计过程中，充分体现相应的教学目标，从而有效地促使学前音乐线下课堂教学活动获得预计的教学效果。

在学生开展以自主探究学习、小组合作学习、研究性学习为主的线下课堂教学活动的过程中，高校学前教育专业音乐教师应积极对学生参与教学活动的过程进行观察，还应该以"参与者"的身份，主动地参与到学生的学习活动开展过程中，从而有效引导学生提升学习活动质量，帮助学生构建自主、合作、探究学习能力。

在学生完成相应的线下课堂教学活动之后，高校学前教育专业音乐教师应站在教师点评的角度，对参与线下课堂教学活动的学生给予恰当的教学评价，并且准确地指出学生在参与线下课堂教学过程中的不足与优势，从而帮助学生有效弥补不足，并且进一步激励学生发挥通过线下课堂教学获得的优势，以此对全体学生的线下课堂教学活动参与质量作出公正、客观的教学评价。

三、利用课堂教学活动全面提升学生自主、合作、探究学习能力

（一）利用课堂教学活动提升学生自主学习能力

高校学前音乐的课堂教学活动，应以自主、探究、合作学习作为主要形式，促进学生通过参与相应的课堂教学活动，有效地提升与发展自主学习能力，从而更好地促进学生主动收获音乐知识，形成良好的音乐素养。

在线上线下相结合的混合教学模式的开展过程中，高校学前教育专业音乐教师应积极利用教学活动的设计与开展过程，有效发展和提升学生的自主学习能力，促使学生在线下教学活动的参与过程中，积极利用自主学习的方式展开学习探究活动，从而在主动发现知识的基础上，进一步促使学生形成良好的自主学习能力。

具体到学前音乐线下自主探究式教学活动的开展过程中，教师首先需要为学生提出本次教学活动的整体目标，并引导学生基于教材、教学课件以及其他的教学资源，有效地开展自主探究学习活动。在学生积极开展自主探究学习活动的过程中，教师需要充分地观察学生的自主探究学习过程，如果发现学生出现学习偏差，及时地进行纠正，从而确保全体学生能够顺利地开展自主探究学习活动。在全体学生完成自主探究学习任务之后，教师应利用考核与测评的手段，对学生的自主探究学习成果进行检验，并基于学生的自主探究学习成效，作出科学、客观的教师点评，从而激励学生进一步发展自主探究学习素养。

通过这样的学前音乐线下课堂教学自主探究学习活动的开展，能够在有效提升学生自主探究学习能力的基础上，进一步地发挥教师的主导性教学作用，促进教师在有效指导学生自主探究学习的过程中，更好地为学生树立积极的学习观念，促进学生提升自主探究学习质量，帮助学生养成良好的自主探究学习习惯。

（二）利用课堂教学活动提升学生合作学习能力

在线上线下相结合的混合教学模式中，合作学习是线下课堂教学的重点内容，主要以小组合作学习的形式开展。高校学前教育专业音乐教师通过对小组合作学习活动的前期设计，有效引导各小组学生基于相同的合作学习目标，积极开展合作学习，从而在有效发展学生合作学习能力的基础上，促使学生通过小组合作学习更好地发现新知。

具体到小组合作学习活动设计阶段，高校学前教育专业音乐教师应当基于小组合作学习目标，对学生小组合作学习的过程、小组合作学习的效果、小组合作学习的方式进行科学设计，并在之后的小组合作学习活动的开展过程中，充分落实教师对本次小组合作学习的设计目标以及具体设计理念。在学生开展小组合作学习活动的过程中，教师需要对各小组学生进行观察，还可以"参与者"的身份积极参与到学生的小组合作学习的过程中，从而有效提升学生小组合作学习的质量。在小组合作学习目标实现的基础上，高校学前教育专业音乐教师还应充分地鼓励"组间互动"，促使各小组学生基于本小组的合作学习成果展开交流，从而进一步促使学生提升合作学习能力以及音乐素养。利用这样的教师指导学生开展小组合作学习活动的过程，能够在有效提升学生学习效果的基础上，为学生构建起可用的合作学习能力，从而促进学生通过线下课堂的小组合作学习过程，获得更为良好的学习效果。

（三）利用课堂教学活动提升学生探究学习能力

在线上线下相结合的混合教学模式下的线下课堂教学活动开展过程中，对于学生探究学习能力的启发，具有重要的教育意义。在发展学生探究学习能力的过程中，主要通过自主探究学习以及基于小组合作的研究性学习的形式，对学生探究学习能力进行发展。在学生的自主探究学习过程中，高校学前教育专业音乐教师需要积极引导学生掌握先进有效的自主探究学习方法，从而促使学生的自主探究学习能力实现质的提升。而在以小组合作为基础的研究性学习过程中，高校学前教育专业音乐教师除了要为各个学生小组科学设计研究性学习目标外，还需要对各小组学生的研究性学习过程进行观察，并且以"参与者"的身份主动地参与到各小组的研究性学习活动中，从而更好地培养全体学生的探究学习能力。

总体而言，高校学前教育专业音乐教师在组织学生开展自主探究学习以及研究性学习的过程中，需要有目的地发展学生的探究学习能力，促使学生基于现有的音乐知识基础，充分开展对学前音乐专业知识的自主探究以及合作探究，从而在有效发展学生的探究性学习能力的基础上，促使学生通过自主探究以及合作探究的途径，有效发展音乐素养和学习能力，促使学生朝着成为学前教育专业应用型人才的目标更好地发展。

第二节　线上线下教学结合方面

一、充分重视线上线下相结合的混合教学体系构建

（一）依托线上线下相结合的模式有效开展混合式教学

高校学前音乐混合式教学概念的提出与不断完善，促使线上的"互联网＋"教学与线下的课堂教学的关系更加紧密，使学生能够通过线上线下相结合的学习过程，形成良好的音乐素养，也更好地确保了高校学前音乐课程育人质量的提升。

混合教学模式的主要特征就是以线上线下相结合的方式进行教学。在线上线下相结合的混合教学模式中，高校学前教育专业音乐教师应有效地整合线上线下的教育资源，促使学生通过线上线下相结合的混合教学模式，有效发展音乐素养和学习能力，以此朝着培养学前教育专业应用型人才的课程教育目标不断前进。

具体到线上线下相结合的混合教学模式中，线上的网络自主学习是线上线下相结合的混合教学模式的开展基础。高校学前教育专业音乐教师应在为学生有效设计网络自主学习课件的基础上，积极引导学生基于网络自主学习课件开展网络自主学习活动。学生在开展网络自主学习活动过程中，高校学前教育专业音乐教师还需要通过网络交流的途径，帮助学生有效地解答学习问题，促使学生更为高效地完成网络自主学习任务。

在学生充分进行网络自主学习的基础上，高校学前教育专业音乐教师应当组织学生有序开展线下课堂教学活动，通过以自主探究学习、小组合作学习、研究性学习为主的线下课堂教学活动的开展，积极促进学生将线上网络自主学习获得的知识，内化为自身的音乐素养，外化为自身的学习能力，从而更好地促使学生获得学习发展。通过线上线下相结合的混合式教学模式，要为学生发展出可用的专业素养，从而培养出学前教育专业应用型人才。

（二）注重发挥学生的线上网络自主学习优势

在线上线下相结合的混合教学模式中，高校学前教育专业音乐教师应注重利用线上网络自主学习的过程，积极发挥学生的线上网络自主学习优势，促

使学生有效地获取音乐知识，以此更好地提升高校学前音乐教学水平。

在线上网络自主学习过程中，学生应基于教师提供的教学课件，开展以线上名师课堂、翻转课堂教学、导学 PPT、微课视频学习、思维导图、教学任务清单、教学内容分享与讨论、知识点动画等形式的网络在线自主学习。利用线上网络自主学习过程，能够使学生有效地掌握学前音乐课程中的专业知识，为之后的线下课堂教学活动的开展，预留出更多的活动开展空间。在线上网络自主学习过程中，高校学前教育专业音乐教师应注重利用在线辅导的方式帮助学生答疑解惑，并在学生完成线上网络自主学习任务之后，利用网络测验的方式，有效检查学生的线上网络自主学习成果，并基于学生的线上网络自主学习效果，给予学生恰当的教学评价。

总体而言，学生的线上网络自主学习是线上线下相结合的混合教学模式开展的基础。教师可利用对网络自主学习课件的有效设计，引导学生开展有序的线上网络自主学习活动，并通过对学生线上网络自主学习的实时指导，促进学生能够获得更高的学习效率。在学生完成线上网络自主学习任务之后，教师应通过科学的检测与测评，充分掌握学生的学习状况，并且对学生作出恰如其分的教学评价，以此整体性地构建起学生线上网络自主学习的体系，使学生充分发挥出网络自主学习优势。

（三）基于学生线上网络自主学习成果开展线下课堂教学活动

在学生充分开展线上网络自主学习活动的基础上，高校学前教育专业音乐教师应积极引导学生基于线上网络自主学习成果，开展线下课堂教学活动。线下课堂教学活动的开展，需要与学生的线上网络自主学习内容充分对应，使学生的线上网络自主学习成果内化为学生的音乐素养，外化为学生的学习能力，促使学生更好地朝着成为学前教育专业应用型人才的课程教育目标发展。

在线下课堂教学活动开展过程中，教师需要积极地发挥主导性作用，利用以自主探究学习、小组合作学习、研究性学习为主的线下课堂教学活动，有效地帮助学生提升对音乐知识的掌握能力，加深对学前音乐教育的理解与认同，从而更好地促进学生有效发展自身的音乐素养。

在以自主探究学习、小组合作学习、研究性学习为主的线下课堂教学活动开展过程中，还需要高校学前教育专业音乐教师积极参与到各种线下课堂学习活动之中，以此促进活动质量的提升。在学生完成线下课堂教学活动之后，高校学前教育专业音乐教师应根据学生的活动表现，进行科学、客观的点评，在指出学生不足的基础上，在发现学生参与线下课堂教学活动过程中发现其的闪光点，并利用激励性评价的方式，进一步激发全体学生的学习自信心，促使全体学生能够在今后的教学过程中，更加认真努力地进行学习。

二、有效利用线上线下相结合的途径提升学前音乐教育质量

（一）有效利用线上网络自主学习的途径提升学前音乐教育质量

线上网络自主学习是开展学前音乐混合式教学的前提条件。学生通过有效的线上网络自主学习途径，能够在更为便捷的"互联网+"自主学习过程中，有效收获音乐知识，从而更好地促进自身音乐素养的提升。

在高校学前音乐线上线下相结合的混合教学模式中，如果说线上自主学习主要是为了发展学生的知识素养的话，那么线下课堂学习活动的开展过程就是将学生的知识素养内化为学生的学习素养，外化为学生的学习能力的过程。在"以学生为主体，以教师为主导"的高校学前音乐教育理念的指导下，通过线上线下相结合的混合教学模式的有效运用，充分发挥学生的线上网络自主学习能力，使学生的知识素养获得显著提升。

具体而言，线上网络自主学习是线上线下相结合的混合教学模式开展的基础，学生在开展线上名师课堂、翻转课堂教学、导学PPT、微课视频学习、思维导图、教学任务清单、教学内容分享与讨论、知识点动画等形式的网络自主学习基础上，能够有效地发展自身的网络自主学习能力，并且充分掌握其中的音乐知识，还能使自己养成良好的网络自主学习习惯。在网络自主学习过程中，学生首先应对高校学前教育专业音乐教师提供的网络自主学习课件进行学习，之后再利用网络搜索引擎检索的功能，针对自身感兴趣的知识点进行进一步的网络检索，并基于此开展自主学习，促使自身获得更为丰富的线上网络自主学习成果。在线上网络自主学习过程中，教师能够在为学生树立先进的网络自主学习理念基础上，有效地确保学前音乐教育质量的提升，实现高校学前音乐教育质量的发展。

（二）教师加强对于学生线上线下学习过程的指导

在有效开展线上网络自主学习以及线下课堂教学活动的过程中，教师应充分加强对于学生线上线下学习过程的指导，从而在充分凸显高校学前教育专业音乐教师的教学主导作用的基础上，促使学生提高学习效果。

具体到线上网络学习的教师在线指导过程中，一旦学生遇到学习问题，就能够通过网络直接向教师请教，而高校学前教育专业音乐教师在收到学生发

送来的求教信息之后，可以根据学生的学习问题，进行相应的网络在线教育指导，对于其中可拓展的教学内容，还可以为学生发送相关的拓展教学课件，促使学生更为全面地掌握音乐知识。利用线上网络学习的教师在线指导，能够有效确保学生网络自主学习质量的提升，从而帮助学生发展出更好的网络学习能力。而在线下课堂教学活动的开展过程中，教师的课堂指导则更为重要。在开展以自主探究学习、小组合作学习、研究性学习为主的线下课堂学习活动的过程中，教师首先需要对线下课堂学习活动进行整体性的设计，为学生明确本次课堂学习活动的整体目标，继而组织学生自主开展形式各异的课堂学习活动。在课堂学习活动开展过程中，教师既可以对课堂学习活动的开展情况进行充分观察，从而在活动结束之后作出科学、客观的教学点评；又可以"参与者"的身份参与到线下课堂学习活动之中，帮助学生有效提升课堂学习活动的开展质量。通过这样的教师线上线下指导方式，有效加强了高校学前教育专业音乐教师对于学生线上线下学习的指导作用。

（三）基于线下课堂教学活动提升学生对于音乐知识的运用能力

在线上线下相结合的混合教学模式中，线下课堂教学活动的开展具有重要的教育意义，是将学生在线上网络自主学习中获得的音乐知识，内化为学生的音乐素养，外化为学生的学习能力的关键过程，从而在有效发展学生对于音乐知识的运用能力基础上，促使学生获得专业素养。

具体到高校学前音乐的线下课堂教学活动开展过程中，高校学前教育专业音乐教师首先应对线下课堂教学活动进行科学设计，明确每一次线下课堂教学活动的具体目标，并结合学生线上网络自主学习的基础，完成相应的线下课堂教学活动设计。在线下课堂教学活动开展过程中，高校学前教育专业音乐教师应积极引导学生基于自主探究学习、小组合作学习、研究性学习等线下课堂学习活动，展开自主、合作、探究学习，促使学生在参与线下课堂学习活动的基础上，积极地将自身在线上网络学习中所获得的音乐知识，运用于线下课堂教学活动中，从而有效地促使学生掌握相应的音乐知识，并能够探索出相应音乐知识的应用途径，从而协同提升自身的音乐素养和学习能力，促使学生不断朝着成为学前教育专业应用型人才的课程整体目标前进。

三、基于线上线下相结合的途径有效提升学生学习效果

（一）充分发挥线上线下相结合的混合教学优势

高校学前音乐的混合式教学模式应当在线上与线下的两个教学侧重点中，加强线上线下教学的互补作用，从而利用高质量的线上线下结合教学过程，真正发挥出学前音乐混合式教学的优势，促进学生掌握切实可用的音乐素养和学习能力。

在线上线下相结合的混合教学模式中，教师应当充分发挥线上线下相结合的混合教学优势，促使线上线下教学深度融合，有效为学生提供广阔的学习发展空间，从而建立起完善的高校学前音乐教育线上线下相结合的混合教学体系。

网络在线自主学习是线上线下相结合的混合教学模式的开展基础。在此过程中，学生需要通过网络学习媒介，对教师提供的网络学习课件进行认真的学习以及深入的分析，从而在掌握网络教学课件教学内容的基础上，使自己形成网络学习知识基础，从而有效发展自身的网络自主学习能力。

在网络在线自主学习过程中，教师通过组织以自主、合作、探究学习为主要形式的线下课堂教学活动，促使学生将自身在网络自主学习中获得的音乐知识运用在自主探究学习、小组合作学习、研究性学习等具体的线下课堂教学活动过程中，有效地形成知识运用能力，还能帮助学生在整体上提升自身的学习水平。

利用这样线上线下相结合的混合式教学模式，能够切实凸显线上网络教学以及线下教学活动的优势，并且促使学生的线上网络学习与线下学习活动充分融合，从而为学生培养出可用的音乐素养。

（二）有效统筹学生线上线下学习的学习关系

在采用线上线下相结合的混合教学模式的学前音乐教育中，高校学前教育专业音乐教师应当积极帮助学生有效统筹线上线下学习的关系，促使学生能够充分利用线上网络学习为线下课堂教学活动提供知识基础，同时有效利用线下课堂教学活动巩固线上网络学习所获得的音乐知识。

具体而言，在线上线下相结合的混合教学模式中，线上网络自主学习与线下课堂活动教学，是一个密不可分的教学整体。学生将在线上网络自主学习中所获得的知识通过线下课堂教学活动得到进一步的巩固；同时线下课堂学习

活动的过程也需要学生线上网络学习知识的支撑。在有效统筹学生线上线下学习的学习关系的过程中，高校学前教育专业音乐教师应积极引导学生将线上网络学习与线下课堂教学活动当作一个整体来看待，在充分利用线上网络自主学习获取音乐知识的基础上，有效运用线下课堂教学活动将在网络自主学习中习得的音乐知识，内化为自身的音乐素养，外化为自身的学习能力，促使学生实现学前音乐学习的专业化发展，为将来成为一名卓越的学前音乐教育工作者做好充分的准备。

（三）积极利用线上线下相结合的方式提升学生学习效果

在线上线下相结合的混合教学模式中，高校学前教育专业音乐教师应积极引导学生有效利用线上线下相结合的方式提升自身的学习效果。如上面所述，高校学前音乐的线上线下教学是一个密不可分的整体，其根本目的是培养学前教育专业应用型人才。在此背景下，一切线上线下教学都需要围绕整体教学目标开展。学生的音乐素质和学习能力的发展，体现了教学效果。

具体到线上线下相结合的高校学前音乐混合式教学过程中，为了更好地提升学生的学习效果，高校学前教育专业音乐教师应积极发挥教育主导作用，基于线上网络自主学习课件的精心设计，为学生打牢线上网络自主学习的基础；基于对于线下课堂教学活动的有效规划，促使学生积极地将通过线上网络自主学习所获得的音乐知识，内化为自身的音乐素养，外化为自身的学习能力。通过线上线下相结合的混合教学模式的运用，有效实现线上线下教学的辩证统一，从而切实利用线上线下相结合的方式，从根本上提升高校学前教育专业学生的学习效果，促使他们有效发展成为学前教育专业应用型人才。

第三节　教学实践延伸方面

一、线上线下相结合的混合教学模式实践途径研究

（一）线上线下相结合的混合教学模式加强教学实践的必要性研究

高校学前音乐课程教学的最终目的是培养学前教育专业学生日后作为教师应掌握的学前音乐教育、教学能力，使学前教育专业学生有效发展自身的音乐素养。线上线下相结合的混合式教学模式的实践过程，对于高校学前教育专

业学生的学前音乐教育、教学能力以及学前音乐教育素养的养成，具有关键性的促进作用。

在线上线下相结合的混合教学模式中，加强高校学前音乐教学的实践性，是具有充分性以及必要性的教学先导条件。高校学前音乐课程是一门以"实践性"为主的课程，通过发展学生的知识实践能力，能够有效提升学生的音乐素养及学习能力。在引导学生开展线上线下的学习实践过程中，高校学前教育专业音乐教师应促使学生将所学的音乐知识在实践中加以运用，从而在提升学生学习实践能力的基础上，为学生构建起可用的学前音乐实践能力。

具体对于高校学前音乐课程中乐理学习、视唱练耳、奥尔夫音乐教学法、学前儿童音乐教育、儿童歌曲钢琴弹唱、合唱与指挥等知识的实践，应当放在线上线下相结合的环境中开展。教师首先引导学生在线上网络自主学习过程中，对于上述高校学前音乐知识展开自主学习，继而在线下的课堂教学活动中集中组织学生对相关学前音乐知识展开课堂实践，从而以学生的网络在线实践为基础，以课堂教学实践为重点，有效提升高校学前教育专业学生的综合实践能力。通过注重实践的高校学前音乐线上线下相结合的混合教学模式的开展，有效促进学生以实践为导向，积极巩固自身的音乐知识，使学生提升学习能力。

（二）利用"互联网＋"教学开展教学实践

学者王冰在专著《荷风传韵：新媒介环境下的课堂教学实践与探究》中指出："教育正发生全新的变革。在'互联网＋'背景下，新媒介环境不仅仅是现代设备、信息技术、互联网技术在教育上的应用，还涵盖了利用互联网技术建立的各种教育和学习平台。'互联网＋教育'，即利用网络技术、多媒体技术等现代手段，建立在现代电子信息通信技术基础上的教育，它以学习者为主体，学生和教师之间主要运用多种媒体和多种交互手段进行系统教育和通信联系。这样的全新教育形态带来了教育思维方式、学习方式、课程教学模式等方面的全面改革与挑战。"[①]由此可见，"互联网＋"教学模式有效突破了传统教学模式的限制，使学生能够在获得更为丰富的"互联网＋"学习资源的基础上，有效提升自身的网络在线学习能力，从而取得良好的"互联网＋"学习效果。

在高校学前音乐"互联网＋"教学的有效开展过程中，学生应该基于线上

---

① 王冰：《荷风传韵：新媒介环境下的课堂教学实践与探究》，上海社会科学院出版社，2020，第3页。

的"互联网+"学习过程，展开相应的学习实践活动，对于具体的高校学前音乐知识，通过"互联网+"实践的方式加以检验，从而有效发挥"互联网+"在线学习的实践优势，促使学生有效掌握实践能力。

（三）通过线下课堂教学完善教学实践

在线上线下相结合的混合教学模式中，线下课堂教学是整个混合式教学体系的重点，通过引导学生在线下课堂教学的过程中有效开展学习实践，能够在帮助学生完善学前音乐知识体系的基础上，更好地促进自身提升学习实践能力，从而获得良好的高校学前音乐课堂教学效果。

具体而言，在高校学前音乐课堂实践的教学环节中，教师应该根据特定的教学内容，为学生设置有效的学习实践环节，以此检验学生对于高校学前音乐知识的掌握程度。通过学生在课堂上现场进行的学习实践活动，有效提升学生实践能力，促进学生更好地提高自身对学前音乐知识的运用能力，还会努力展示自身的知识运用素养，从而取得良好的教学实践效果。

例如，在线下的课堂教学实践过程中，高校学前教育专业音乐教师可以基于学生的钢琴学习基础，引导学生进行相应的钢琴弹唱学习实践；或者是基于学生的儿童歌曲钢琴弹唱学习基础，引导学生进行相应的儿童歌曲钢琴弹唱实践。通过对课堂教学的实践检验过程，真正有效地发挥高校学前音乐课程的"实践性"价值，在促使学生掌握可用的学习能力的基础上，使学生形成更为积极的学习实践态度，从而促使学生更好地朝着成为学前教育专业应用型人才的目标前进。

二、利用线上网络教学实践提升学前音乐学科教学质量

（一）积极引导学生基于线上网络学习开展学习实践活动

在高校学前音乐混合式教学过程中，线上网络学习的开展是学生后续线下课堂学习的先导条件。学生通过完善的线上网络自主学习过程，能够充分掌握音乐知识，并且结合自身对音乐知识的理解有效开展之后的课堂学习活动。

线上网络教学是线上线下相结合的混合教学模式的开展基础，就线上网络教学过程而言，教师应当更好地倡导学生通过线上网络学习，积极开展学习实践活动，从而有效提升学生的线上网络学习效果。

具体到学生基于线上网络学习开展高校学前音乐学科知识学习实践活动的过程中，首先应基于自身对网络在线学习的知识的理解，对音乐知识进行检

验。通过学生在线上网络学习环境下的自主化学习实践过程，有效促使学生在发展学习实践能力的基础上，更好地巩固在网络学习中所获得的音乐知识，从而为学生培养出可用的学习能力。此外，学生在实践过程中，还能够有效促进自身加深对于相关学前音乐知识的掌握程度，促使学生在更为熟练地掌握相关学前音乐知识的基础上，有效形成良好的知识应用能力，促使学生在线上网络学习的基础上，更加灵活地运用所学知识开展实践练习，有效地促进学生将网络在线学习与学前音乐知识的实践运用相统一。

总体而言，将线上网络学习与学前音乐知识的实践运用相结合，能够在整体上提升学生的学习质量，促使学生有效地将学习、实践相统一，培养学生具备良好的知识应用能力，从而有效提升学生学习的效率以及效果。

（二）促进学生有效提升线上网络学习实践能力

在学前音乐课程教学开展过程中，通过线上网络学习的过程，应达到有效提升学生音乐实践能力的目的，从而使学生有效地通过在线网络自主学习，获得良好的实践能力。

具体而言，学生在乐理学习、视唱练耳、奥尔夫音乐教学法、学前儿童音乐教育、儿童歌曲钢琴弹唱、合唱与指挥等专业知识的互联网在线学习以及实践练习过程中，需要将学习内容与互联网学习背景下的实践过程有效统一，促使学生通过有效的学习实践过程，形成良好的音乐素养。例如，学生在儿童歌曲钢琴弹唱的实践练习中，大多数学生会遇到缺少钢琴而难以开展学习实践的现实问题。而通过计算机网络技术的运用，能够使学生通过下载并安装"键盘钢琴"软件，有效地利用计算机开展儿童歌曲钢琴弹唱的学习实践，从而进一步方便了学生的学习实践，促使学生更好地获得了由计算机网络技术带来的学习便利。

通过有效的线上网络学习以及学前音乐实践的过程，能够促使学生在发展实践能力的基础上，养成良好的学习与实践相结合的学习习惯，促使学生在线上网络学习的过程中，不断利用实践过程检验自身线上学习成果，从而促使学生实现了线上网络学习与学前音乐实践的良性循环。

（三）促使高校学前教育专业音乐教师加强对于学生线上网络学习的实践引导

就教师的实践能力而言，学者丁俊兰在专著《师范生双导师制视域下的教师实践能力提升》中指出："王冬玲在综合学者们的观点后，倾向教学实践能力内涵是'它是一种教学活动方式，这种方式是为实现特定的教学目标而采用的，并具有一定的普适性'。她还提出'与教学理论相比较，教学实践能力是为顺利完成教育教学目标，依据一定的教育理论基础知识，而表现出来的与课堂情境相符合的教学行为'。冷蓉认为：'教学实践能力是指教师在所学理论基础上，在培养人的教育实践活动中，所要具备的心理和生理特征，主要以逻辑思维能力、语言表达能力为基础，是动作技能和智力技能的综合体现。'①由此可见，教师的教学实践能力与对学生的实践指导息息相关，是教师整体教学能力的基础。

具体到学前音乐教育领域，高校学前教育专业音乐教师应加强对于学生线上网络学习的实践引导，积极利用网络在线沟通的方式，帮助学生随时解决学前音乐实践过程中所遇到的问题，并且基于自身的教学经验，为学生提出更为专业化、系统化的网络在线学习实践策略，促使学生在教师的实践引导下，更为出色地完成网络在线学习实践任务，帮助学生在养成良好的学习实践能力的基础上，获得良好的学习效果。

三、利用线下课堂活动实践深化混合式教学效果

（一）基于课堂教学活动有效促进学生开展学习实践活动

课堂教学活动是高校学前音乐混合式教学的重要环节。学生在充分进行线上的"互联网+"自主学习之后，会产生种种学习问题，而教师在帮助学生正确解答学习问题的基础上，通过课堂教学活动的有序开展，能够促使学生更为牢固地掌握相关音乐知识，促使学生在丰富多彩的课堂教学活动中，有效发展音乐素养。

在线上线下相结合的混合教学模式中，高校学前音乐课堂教学是整个教学过程中的重点。为了更好地提升学生的学习实践能力，高校学前教育专业音乐教师应基于课堂教学活动的开展，积极促进学生开展相关学习实践活动，从而取得良好的课堂教学效果。

具体就线下课堂教学活动的教学实践而言，应以学生为主体，积极引导学生在开展各项学习活动的过程中对自己所学的音乐知识进行检验。利用自主探究学习、小组合作学习、研究性学习等教学活动的有序开展，积极引导学生

---

① 丁俊兰：《师范生双导师制视域下的教师实践能力提升》，吉林人民出版社，2019，第 12 页。

在主动参与线下课堂学习活动的过程中，利用学习实践的方式，检验自身对学前音乐专业知识的掌握程度。通过学生在线下课堂学习活动过程中对所学知识的实践运用，高校学前教育专业音乐教师能够充分掌握学生的学习情况，并在之后的教师指导过程中，更加具有针对性地对学生展开个体化或者群体性的教学指导。

总体而言，通过引导学生在线下课堂教学活动中积极开展对学前音乐知识的实践运用，能够使学生的学习活动内容更加充实，也更加利于教师了解学生的具体学习状况，从而为学生音乐知识的学习和学习技能的发展奠定良好的学习实践基础，促使学生利用课堂教学活动的学习实践发展出更加完备的音乐素养和学习能力。

（二）通过课堂教学活动积极提升学生的学习实践效果

在学生通过开展课堂教学活动对学前音乐知识进行实践运用的基础上，高校学前教育专业音乐教师应促使学生进一步通过课堂教学活动来提升自己的学习实践效果，从而使学生形成切实可用的学习实践能力。

在通过课堂教学活动积极提升学生学习实践效果的具体过程中，高校学前教育专业音乐教师应利用对于课堂教学活动的有效设计与组织，引导学生在主动参与课堂教学活动的基础上，有目的地发展自身的实践能力。通过开展课堂教学活动对学前音乐知识进行实践运用的教学过程，能够有效激发学生产生强烈的学习兴趣，并在主动学习思维的引导下，主动完成课堂教学活动任务，将学前音乐知识与技能应用于实践中，从而从根本上通过课堂教学活动提升自身的学习实践效果。

具体到高校学前音乐课堂教学活动的开展过程中，教师需要根据学生学习实践的具体需求，有效地对学前音乐课堂学习活动进行设计，在有效发展学生自主、合作、探究学习能力的基础上，更好地突出高校学前音乐课堂学习活动的实践价值，引导学生将乐理学习、视唱练耳、奥尔夫音乐教学法、学前儿童音乐教育、儿童歌曲钢琴弹唱、合唱与指挥等音乐专业知识，充分与课堂教学活动的实践相结合，从而更好地促进学生提升学习实践效果。

（三）促使高校学前音乐教师有效发挥对于学生课堂实践的指导作用

在高校学前音乐课堂教学活动的开展过程中，高校学前音乐教师应当有效发挥对于学生课堂实践的指导作用，促使学生能够以更为积极的学习心态参与课堂教学活动，并完成其中的学习实践任务。

在高校学前音乐课堂教学活动的开展过程中，高校学前教育专业音乐教师应充分发挥自身的教育主导作用，科学组织课堂学习活动，积极促进学生通过主动参与课堂教学活动，有效地发展自身的实践素养。高校学前教育专业音乐教师需要在开展课堂教学活动的全过程中，对于全体学生的课堂学习活动表现进行认真观察，并且总结出学生存在的共性问题和个性问题，在学生完成课堂学习活动之后，分别进行群体性的教育指导以及个体性的教育指导，从而确保高校学前教育专业学生有效发展音乐素养和学习能力。

通过高校学前教育专业音乐教师对于学生课堂活动以及学前音乐知识与技能实践的有效指导，能够更好地帮助高校学前教育专业学生掌握学前音乐教师必备的品格与关键的能力，促使高校学前教育专业学生更好地朝着成为学前教育专业应用型人才的方向发展，从而使高校学前教育专业学生的实践能力不断提升，真正地将他们培养成为学前教育专业应用型人才。

第七章

混合教学模式的教育效果检验途径

第一节　课堂中教师观察学生的学习反应

一、注重在课堂教学过程中观察学生的学习表现

（一）注重在课堂教学过程中观察学生的学习兴趣

高校学前教育专业学生对于学前音乐课程的学习兴趣，决定了他们音乐学习质量的高低。高校学前教育专业音乐教师应在课堂教学过程中认真观察学生的学习表现，并且利用有针对性的教育方式，不断激发学生的学习兴趣。

在对课堂教学过程中学生的学习表现进行观察时，高校学前教育专业音乐教师首先应注重对学生学习兴趣的观察。通过对学生学习兴趣的有效观察，能够促使高校学前教育专业音乐教师更加了解学生的学习规律，把握学生的学习兴趣点，从而在不断调整课堂教学手段的过程中，利用大多数学生更为喜欢的教学方法开展高校学前音乐教学，从而实现高校学前音乐教学质量的根本性提升。

具体而言，学生的学习兴趣在很大程度上决定了学生的学习效果。高校学前音乐教师在对学生的学习兴趣进行观察时，能够积极主动地根据学生的学习兴趣，有效调整教学策略及教学方法，促使更多的学生在高校学前音乐教学的过程中，有效发展学习兴趣，并且基于学习兴趣的发展，充分激发他们在高校学前音乐学习过程中的学习积极性，促使学生以更为主动的学习姿态，参与到各项课堂教学活动过程中，从而切实有效地提升学生的学习质量。

总而言之，高校学前教育专业音乐教师对于学生学习兴趣的观察，是一种动态的教学方式，教师可利用对于学生学习兴趣的观察，不断调整、完善课堂教学模式，促使课堂教学形式能够满足更多学生的学习兴趣发展需要，从而取得良好的高校学前音乐教学效果。

（二）注重在课堂教学过程中观察学生的学习方法

高校学前教育专业学生在学前音乐课程学习的过程中，会利用自身独特的学习方法开展相应的学习活动。因此，高校学前教育专业音乐教师在注重观察学生学习兴趣的同时，还应注重观察学生的学习方法，从而利用更加利于学生学习、便于学生理解的教学形式，有效开展高校学前音乐课程的教学，从而

切实地提升高校学前音乐课程的教学育人质量。

具体到高校学前音乐教学过程中，高校学前教育专业音乐教师对学生的学习方法进行观察时，应注重对于学生个体以及学生群体的学习方法进行观察，既注重对于学生个体独特学习方法的观察，又注重对于学生群体通用学习方法的观察。高校学前教育专业音乐教师在对学生的学习方法进行充分观察的基础上，能够根据学生的学习方法特点，有效调整课堂教学形式，更好地促进学生在符合自身学习方法特点的课堂教学形式中，发展出可用的学习技能。

总体而言，高校学前教育专业音乐教师对于学生学习方法的观察，是为了更好地把握学生的学习特点以及学习习惯，在掌握学生个体独特学习方法以及学生群体通用学习方法的基础上，有效地总结学生个体以及学生群体的学习特点，从而通过对高校学前音乐课堂教学形式的及时调整，更好地适应学生的个体性学习发展需要以及群体性学习发展需要，最终达到有效提升高校学前音乐课堂教学质量的目的。

（三）注重在课堂教学过程中观察学生的学习效果

高校学前教育专业音乐教师在对学生学习兴趣以及学习方法充分展开观察的基础上，还应注重在课堂教学过程中观察学生的学习效果，从而根据学生的学习效果，确定下一步的教学策略，从而实现有效教学。

高校学前教育专业学生的学习效果包括"显性学习效果"以及"隐性学习效果"两个方面，"显性学习效果"易被高校学前教育专业音乐教师观察到，而"隐性学习效果"往往不容易被高校学前教育专业音乐教师发现。为了更为准确地观察学生的学习效果，高校学前教育专业音乐教师应在充分观察学生"显性学习效果"的同时，注重观察学生的"隐性学习效果"，从而更为全面地掌握学生的学习效果发展现状，也能够为下一步的课程教学提供重要的课程教学设计参考。通过对学生课堂学习效果的有效观察，能够促使高校学前教育专业音乐教师有效检验不同教学方法对于学生学习的促进作用，从而选用有效的教学方法，为学生提供更加利于学习、便于理解、易于运用的高校学前音乐课程教育。

总体而言，高校学前教育专业音乐教师对于学生学习效果的观察，能够促使教师选用适合学生的能提升学生学习效果的教学策略，开展有效教学，基于对学生"显性学习效果"以及"隐性学习效果"的了解，灵活采用高校学前音乐课堂教学手段，从而使高校学前音乐课堂教学更加适应学生的实际学习发展需要，实现教学效果的根本性提升。

二、通过课堂教学互动掌握学生的学习反应

（一）通过课堂教学互动掌握学生的学习特点

高校学前教育专业学生会因为自身学习习惯的不同，在课堂教学互动中体现出自身独特的学习特点。在开展高校学前音乐混合式教学过程中，学前教育专业音乐教师应注重掌握学生的学习特点，以便更好地基于学生的学习特点展开具有针对性的教学与指导。因此，高校学前教育专业音乐教师在观察学生的学习反应时，应注重通过课堂教学互动的形式掌握学生的学习特点，从而根据学生的个体学习特点以及群体学习特点，开展更加符合学生学习特点的针对性教学。

具体到课堂教学互动过程中，高校学前教育专业音乐教师可以基于对于课堂教学互动的内容设计，为学生提供一个良好的课堂师生互动机会，并根据课堂师生互动的具体过程，有效了解与把握学生的学习特点。在学生的学习特点被高校学前教育专业音乐教师充分掌握之后，高校学前教育专业音乐教师所要做的就是根据学生的个体学习特点以及群体学习特点，积极调整自身的课堂教学策略，利用符合学生学习特点以及学习习惯的课堂教学手段，不断提升高校学前教育专业学生对于学前音乐课程学习的适应性，从而帮助学生在更加利于学习、便于发展、易于掌握的课堂学习过程中，有效学习学前音乐知识与发展技能，从而更好地促使学生形成音乐素养和学习能力。

总体而言，通过课堂教学互动掌握学生学习特点，可以使高校学前教育专业音乐教师更方便对自己的教学方法进行调整，从而充分参考学生的个体学习特点以及群体学习特点，为全体学生设计出更为有效的课堂教学形式，促使全体学生都能够获得学前音乐知识与技能。

（二）通过课堂教学互动发现学生的学习问题

高校学前教育专业音乐教师在通过课堂教学互动掌握学生学习特点的同时，还需要通过课堂教学互动及时发现存在于学生身上的学习问题，通过对学生个体性学习问题以及群体性学习问题的了解，更加有针对性的帮助学生解决个体性学习问题以及群体性学习问题，以此有效地促进学生提升学习效果。

在具体的课堂教学互动开展过程中，高校学前教育专业音乐教师既可以通过教学提问的方式了解学生的学习状况，又可以通过设置课堂师生互动活动的方式发现学生的学习问题。高校学前教育专业音乐教师在发现学生的学习问

题之后，应当利用有针对性的教学方法，有效地帮助学生解决学习问题。如果是学生产生的群体性学习问题，那么高校学前教育专业音乐教师要先进行教学反思，找出导致群体性学习问题出现的根本原因，从而利用有效的教学方法，集中解决群体性学习问题。

总而言之，高校学前教育专业音乐教师应在通过课堂教学互动发现学生的学习问题的基础上，积极调整自身的教学手段，帮助学生解决个体性学习问题；在出现群体性学习问题的过程中，教师应积极进行教学反思，从而以正确的教学手段，有效地帮助全体学生解决群体性学习问题，从而达到整体性提升学前音乐教学质量的目的。

（三）通过课堂教学互动掌握学生的学习质量

学生在学习高校学前音乐课程时的学习质量，决定了他们日后职业发展中取得的成就，因此高校学前教育专业音乐教师应注重对学生学习质量的观察，并通过有效的课堂教学互动，准确地掌握学生的学习质量。

在开展相关的教学互动过程中，高校学前教育专业音乐教师应对学生的学习基础进行整体性的了解，之后在乐理学习、视唱练耳、奥尔夫音乐教学法、学前儿童音乐教育、儿童歌曲钢琴弹唱、合唱与指挥等学前音乐课程的教学过程中，积极开展与学生的教学互动，并通过教学互动的过程，有效掌握学生的学习质量。

高校学前教育专业音乐教师在充分掌握学生的学习质量的基础上，应加强对于学习质量偏低的学生的针对性指导，促进学习质量偏低的学生通过教师的针对性指导切实提升学习质量。对于学习质量处于中游的学生，高校学前教育专业音乐教师应当为他们介绍更加适合他们学习发展的学习方法，从而引导他们通过自主学习有效提升学习质量。对于学习质量较高的学生，高校学前教育专业音乐教师应当积极勉励他们保持现有学习现状，积极拓展自身的学习能力，从而"百尺竿头，更进一步"，进一步地提升自身的学习质量。由此可见，通过课堂教学互动掌握学生的学习质量，能够促使高校学前教育专业音乐教师更为全面地掌握班级学生的整体学习质量，从而根据不同学生的不同学习质量基础，分别进行针对性的教学指导。

三、基于对学生学习反应的了解积极调整课堂教学方式

（一）针对学生的群体性学习问题及时调整教学方法

学生在学习过程中难免会遇到一些学习问题，而一些课程教学的难点，很可能成为大部分学生都会遇到的群体性学习问题。高校学前教育专业音乐教师应注重观察学生出现群体性学习问题的动向，从而在找准问题出现根源的基础上，更好地帮助学生解决这些群体性学习问题。

当学生出现群体性学习问题时，高校学前教育专业音乐教师应在第一时间进行教学反思，从自身的教学方法上寻找导致学生出现群体性学习问题的原因，从而及时地利用教学方法的调整，有效地帮助学生解决群体性学习问题。

具体而言，在线上线下相结合的混合教学模式中，教师能够通过线上、线下等多种途径观察学生的学习现状，一旦学生出现群体性学习问题，教师就能够通过调整教学方法的方式及时解决这些群体性学习问题。教师在对学生学习反应进行了解时，要注重对于学生学习反应的总结，总结出何种教学因素会导致何种教学效果，从而积极、灵活地调整自身的教学方法，帮助学生获得更加易于运用、便于学习、利于发展的学习效果。具体到教师解决学生群体性学习问题的过程中，高校学前教育专业音乐教师应在充分找到导致学生出现群体性学习问题的原因的基础上，"对症下药"式地开展教学方法的调整，基于解决群体性教学问题的导向，积极帮助学生弥补学习缺陷，促使学生能够以更加积极主动的学习姿态，开展线上线下的高校学前音乐课程学习。通过对学生群体性学习问题的有效解决，能够确保班级中的大多数学生通过学前音乐学习形成良好的音乐素养和学习能力，从而更好地促使学生成为学前音乐教育应用型人才。

（二）基于对学生学习反应的了解不断完善教学形式

在开展高校学前音乐线上线下相结合的混合教学模式的过程中，高校学前教育专业音乐教师应基于对学生学习反应的了解，不断完善教学形式，根据学生的不同学习反应，采取不同的教学策略加以应对，从而使高校学前音乐教学更为适应学生的具体需求，促进更多的高校学前教育专业学生获得良好的音乐素养。

具体到网络在线自主学习过程中，教师应在为学生提供网络自主学习课件的基础上，充分观察学生对网络自主学习课件的学习反应与学习效果，从

而对于网络教学课件制作经验进行总结，以此不断提高网络教学课件的制作质量，促使网络教学课件更为符合学生的学习能力现状，也更加便于学生开展网络在线自主学习。

而在线下课堂教学活动的开展过程中，高校学前教育专业音乐教师应基于对自主探究学习、小组合作学习、研究性学习等教学活动开展效果的反思与总结，及时调整线下课堂教学活动的开展形式，促使线下课堂教学活动能够不断适应学生的实际学习发展需要。利用线下课堂教学活动开展形式的不断调整与完善，积极促进学生提升参与线下课堂教学活动的质量，促使更多的高校学前教育专业学生能够通过对线下课堂教学活动的参与过程，有效发展音乐素养和学习能力，积极朝着成为学前教育专业应用型人才的方向发展。

（三）基于对学生学习反应的了解有效提升教学效率

在线上线下相结合的混合教学模式中，高校学前教育专业音乐教师应基于对线上网络自主学习指导与线下课堂教学活动的设计与总结，对学生学习反应进行了解，继而通过教学形式的有效调整，达到有效提升教学效率的目的。

在具体的线上网络自主学习过程中，高校学前教育专业音乐教师应根据对学生的网络自主学习效果与反应的观察，及时地调整对学生网络自主学习的指导方法，并且利用对于网络自主学习课件制作的持续性完善过程，为学生的线上网络自主学习提供强有力的支撑。通过对学生学习反应的及时观察，不断提升网络自主学习过程中的教师指导价值，利用更为科学的教师指导方式，促使学生的线上网络自主学习实现学习收益的最大化发展。

在具体的线下课堂教学活动的开展过程中，高校学前教育专业音乐教师应不断通过对学生参与线下课堂教学活动过程的观察，以及对学生参与线下课堂教学活动效果的总结，有效调整线下课堂教学活动的开展模式，从而有效地提升高校学前音乐课程的教学效率。

总而言之，无论在线上网络自主学习过程中，还是线下的课堂教学活动开展过程中，高校学前教育专业音乐教师都应积极观察学生的学习反应，从而积极调整教学策略，以此达到有效提升高校学前音乐教学效率的目的。

第二节 交流中教师获取学生的想法

一、通过网络在线师生交流的途径获取学生的想法

（一）通过网络在线师生交流的途径了解学生的职业发展观

在建立新型的师生关系的基础上，师生在线交流的过程能够使教师更为准确地获取学生的内心想法，从而更加有利于针对不同学生的不同思想动态特点，开展相应的具有针对性的教育指导。

在高校学前教育专业学生中，一些学生不是将成为一名学前音乐教育工作者作为自身的学习发展目标，而只是通过高校学前音乐学习过程获取相应的学历；大多数学生想通过高校学前音乐学习成为一名真正的学前音乐教育工作者。

高校学前教育专业音乐教师应通过网络在线师生交流的途径，充分了解学生的职业发展观，积极鼓励学生树立从事学前教育工作的职业发展理念，而对于确实不想从事学前教育工作的学生，也不必强求，应当尊重他们的职业发展观念。

在利用师生网络在线交流的途径了解了全体学生的职业发展观之后，高校学前教育专业音乐教师需要对具有从事学前教育工作职业理想的学生进行重点培养，使他们形成良好的音乐素养和学习能力；对于确实不想从事学前教育工作的学生，高校学前教育专业音乐教师也不应放弃，应积极利用线上线下相结合的混合教学模式帮助他们掌握更多的基础知识，使他们在日后无论从事何种职业，都能够获得由高校学前教育专业学习所带来的裨益。

总而言之，高校学前教育专业音乐教师通过对学生职业发展观的了解，对真正想从事学前教育工作的学生进行重点培养；而对于不想从事学前教育专业的学生，则可以加强对基础知识的教育，使他们也能够获得更好的学习效果。

（二）通过网络在线师生交流的途径了解学生的学习观念

在网络在线师生交流的过程中，高校学前教育专业音乐教师除了能够通过网络在线师生交流了解学生的职业发展观，还能够通过网络在线师生交流的

途径了解学生的学习观念。高校学前教育专业音乐教师在充分了解全体学生学习观念的基础上，应当对全体学生进行积极指导，促进全体学生形成更为积极的学习观念，从而更好地提升高校学前音乐课程的教学效果。

对于部分学习观念落后的学生，高校学前教育专业音乐教师应给予鼓励，鼓励他们积极转变自身的学习观念，树立高校学前音乐学习的高效课程学习观念，以此提升学习质量。

对于具备正确学习观念的学生，高校学前教育专业音乐教师应在肯定他们的正确学习观念的基础上，有效引导他们不断发展自身的学习观念，由主动学习发展为积极学习，由获得良好的学习效果发展为获得卓越的学习效果，从而促使具备正确学习观念的学生能够提升学习质量。

总体而言，高校学前教育专业音乐教师通过网络在线师生交流的途径了解学生的学习观念，能够针对不同学习观念的学生进行有针对性的学习观念辅导，从而在提升全体学生学习观念的基础上，更好地提升高校学前音乐教育效果。

（三）通过网络在线师生交流的途径了解学生的学习体验感

在线上线下相结合的混合教学模式的线上网络自主学习以及线下课堂教学活动的开展过程中，学生的学习体验感往往对学生的学习质量产生直接影响。高校学前教育专业音乐教师应积极通过网络在线师生交流的途径了解学生的学习体验感，从而为后续的教学与指导过程提供更为明显的参照。

通过网络在线师生交流途径了解学生学习体验感的过程，能够使高校学前教育专业音乐教师更为准确地了解自身对网络自主学习课件的制作与教学效果，以及自身对线下课堂教学活动的组织和引导效果。通过对学生的学习体验感进行分析，能够有效掌握学生学习兴趣的发展规律，从而在今后的网络自主学习课件制作、网络自主学习指导以及线下课堂教学活动的设计过程中，采取更加利于学生接受的形式开展上述各种混合式教学活动，促使学生在不断提升学习体验感的基础上，实现学习质量的持续提升。

利用这样以学生为中心的高校学前音乐教学调整，能够使高校学前音乐的教学过程更好地提升学生的学习体验感，从而促使学生在获得良好的学习体验感的基础上，进一步发挥主体学习作用，开展更为积极主动的高校学前音乐学习，以此有效达到从根本上提升高校学前音乐教育效果的目的。

二、通过面对面沟通的途径掌握学生的想法

（一）通过面对面沟通的途径掌握学生的学习意愿

在师生开展"互联网+"形式的沟通交流的同时，面对面师生沟通仍然不可或缺。高校学前教育专业音乐教师通过面对面沟通的途径，能够更为准确地把握学生的思想动态，从而为学生的长远发展提供更多切实可用的意见或建议。相比师生网络在线沟通交流，师生面对面沟通的方式更为直接，能够更好地帮助高校学前教育专业音乐教师掌握学生的想法。在师生面对面沟通的过程中，高校学前教育专业音乐教师要先充分掌握学生的学习意愿，并且对于学生加以引导，促进更多学生养成更为强烈的学习意愿，并基于自身的当面指导，将学生的学习意愿充分地转化为学习动力。

就大多数学生而言，他们的学习意愿也同职业发展观念一样，是发展成为一名优秀的学前音乐教育工作者。对于抱有这样学习意愿的学生，高校学前教育专业音乐教师应对其加以肯定，并鼓励他们不断通过高校学前音乐学习，有效地拓展自身的学习能力，促使他们形成更为专业化的音乐素养，从而帮助这些学生更好地发展成为学前教育专业应用型人才。

而部分学前教育专业学生的学习意愿只是顺利通过考试，并且成功拿到高校文凭。对于这些学生，高校学前教育专业音乐教师应基于积极的教育指导，引导他们认识到成为一名优秀的学前音乐教育工作者的重要职业发展价值，促使他们在改变自身学习意愿的基础上，形成更为积极主动的学习意愿。

（二）通过面对面沟通的途径了解学生的学习反馈

高校学前音乐教师在进行面对面沟通的过程中，应当积极了解学生的学习反馈，并利用学生的学习反馈，有效地完善自身的网络在线教学课件制作、线上教学指导以及线下课堂教学活动设计过程，从而找到有效提升教学质量的可行性路径。

在具体的师生面对面沟通过程中，高校学前教育专业音乐教师应当以师生平等的对话沟通方式听取学生的心声，促使学生在面对面的沟通过程中，增加对于高校学前教育专业音乐教师的信任感。高校学前教育专业音乐教师应当引导学生知无不言、言无不尽地与自己进行沟通，以此作为自身进一步提升教学质量的参考。基于面对面沟通的过程，高校学前教育专业音乐教师还能够充分地根据学生的学习反馈，对学生的学习观念进行指导，引导学生更为注重高

校学前音乐课程的学习，并且养成更为积极的学习观念。

总体而言，高校学前教育专业音乐教师通过面对面沟通的途径了解学生的学习反馈，对于自身提高学前音乐教学质量具有重要的意义。高校学前教育专业音乐教师应在充分注重学生学习反馈的基础上，有效完善网络在线教学课件的制作、网络在线教学的指导以及线下课堂教学活动的设计过程，以此整体性地提升高校学前音乐教学质量。

（三）通过面对面沟通的途径掌握学生的学习现状

通过面对面沟通的途径，不仅能够使高校学前教育专业音乐教师了解学生的学习意愿，获得学生的学习反馈，还能够进一步地掌握学生的学习现状。在把握学生学习现状的基础上，促使高校学前教育专业音乐教师有效明确自身在开展高校学前音乐教育过程中的教育效果，并对不同学习现状的学生进行有针对性的学习理念指导，促使全体学生形成更为积极主动的学习观念。

具体到师生面对面沟通的过程中，对于学习现状不佳的学生，高校学前教育专业音乐教师应积极鼓励其提升学习水平，形成良好的学习能力，争取早日获得学习上的进步。对于学习现状处于中游的学生，高校学前教育专业音乐教师应当鼓励其更好地发挥主观学习意愿，积极主动地提升自身的学习质量，争取早日成为优秀学生。对于学习现状良好的学生，高校学前教育专业音乐教师应当积极鼓励其保持现有的学习状态，并且进一步发挥自身的学习优势，使自己的学习更上一层楼。高校学前教育专业音乐教师通过与学生的面对面沟通，能在掌握学生学习现状的基础上，根据不同学生的不同学习现状，对于学生的学习进行指导，从而使全体学生在获得高校学前教育专业音乐教师针对性指导的基础上，进一步激发学习动力，发展自身的学习能力，并且充分挖掘自身的学习潜力，从而提升学习质量。

三、通过日常师生交流了解学生的想法

（一）通过日常师生交流了解学生的职业发展理念

师生间的日常交流过程，不仅能够促进师生距离的拉近，还能够帮助学生消除与教师的距离感，使教师与学生成为彼此的朋友。

虽然有一些学前教育专业学生并不想在毕业后从事学前教育工作，但是学前教育专业的绝大多数学生仍然是将成为学前教育工作者作为自身的职业发展方向的。在日常的师生交流过程中，高校学前教育专业音乐教师应当有效了

解学生的职业发展理念，并对真正想成为一名优秀学前音乐教育工作者的学生进行重点辅导，从而更好地帮助学生实现职业发展理想。通过日常的师生沟通交流过程，高校学前教育专业音乐教师应引导学前教育专业学生积极朝着学前教育职业发展目标进行努力，促使更多的学前教育专业学生能够以成为一名卓越的学前教育工作者为自身的职业理想，从而在今后的高校学前音乐学习过程中，以发展自身职业专长的思维，有效开展高校学前音乐学习，最终促使更多学生发展成为学前教育专业的应用型人才。

　　总体而言，通过日常的师生交流沟通过程，能够使高校学前教育专业音乐教师更为准确地了解学生的职业发展理念，高校学前教育专业音乐教师应不断地向学生渗透学前教育专业的职业发展理念，促使更多学生能够立志成为一名优秀的学前教育工作者。高校学前音乐教师可通过与学生的日常交流沟通，引导学生树立积极的职业发展理念，从而更好地促使学生形成音乐素养。

（二）通过日常师生交流了解学生的学科学习观念

　　在通过日常师生交流了解学生的职业发展理念的基础上，高校学前教育专业音乐教师还可以通过日常师生交流了解学生的学科学习观念。学前音乐教育是学前教育的重要组成部分，而出色的学前音乐教育能力，则是优秀的学前教育工作者必备的职业素养。在日常的师生交流沟通过程中，高校学前教育专业音乐教师应有效地了解学生的学科学习观念，并且让学生充分了解学前音乐学科对于学生音乐专业能力的发展具有不可替代的作用。通过师生间日常交流沟通，逐渐为学生建立起积极的学科学习观念，从而促使学生在线上线下相结合的混合教学模式中更为积极主动地开展各项学习活动，以此达到培养学前教育专业应用型人才的学前音乐学科教育目的。

　　总体而言，在日常的师生交流沟通过程中，高校学前教育专业音乐教师应基于"发展式"教育理念，站在学生的角度上帮助学生规划自身未来的职业发展，从而促使学生认识到学前音乐学科对于自身素养培养的重要性。利用持续不断的师生日常沟通交流，促使学生对学前音乐学科学习引起高度重视，从而在更加主动的学习过程中，有效发展学前音乐专业知识及学习技能，促进学生真正成为学前教育专业应用型人才。

（三）通过日常师生交流了解学生的学习效果

　　在日常的师生交流沟通过程中，高校学前教育专业音乐教师应有目的地了解学生的学习效果，从而对学生进行更加具有针对性的教学指导。高校学前教育专业音乐教师在了解学生学习效果的过程中，应积极总结不同学生对于不同教学模式的接受能力，从而在之后的线上线下相结合的混合教学模式运用过程中，有效地根据学生的学习能力基础，开展网络自主学习课件设计、网络在线教师指导以及线下课堂教学活动设计。通过掌握学生的学习效果，还能够促使高校学前教育专业音乐教师有效地获得自身教学方法以及教学质量的反馈，从而根据学生的学习效果，对相应的教学方法以及教学策略进行调整，使更多的学生有效提升学习效果，并且形成良好的音乐素养和学习能力。

总体而言，高校学前教育专业音乐教师需要在日常的师生交流沟通过程中，有目的地获取学生的学习效果信息，并且充分根据学生的实际学习效果，对教学方法以及教学策略进行及时调整，加强对教学效果良好的教学方法以及教学策略的运用，不断淘汰教学效果不佳的教学方法以及教学策略，从而在线上线下相结合的混合教学模式中，更加有效地提升高校学前音乐的教学质量，有效地为学生打牢成为学前教育专业应用型人才的基础。

第三节　实践中教师观察学生采用的手段

一、积极开展网络在线师生互动

（一）积极开展网络在线师生互动的意义研究

在高校学前音乐混合式教学有序开展的同时，高校学前教育专业音乐教师应积极开展网络在线师生互动，并且基于高质量的师生互动过程，积极了解学生的学习状态，从而在为学生提出可行性学习建议的基础上，更好地促进学生提升自身的学习积极性，提高自身的学习质量。

就师生网络在线互动的意义而言，张艳红博士在专著《网络师生互动的心理学研究》中指出："互动也叫相互作用，在教育学和心理学中大多是指人与人或群体之间发生的相互影响。网络师生互动是以计算机和互联网为媒介，采用文本、语音或视频等方式进行的教师和学生之间的人际交流。这种交流既可以发生在师生群体之间，又可以发生在师生个体之间；它既包括在线同步交流，又包括线下异步交流；既可以发生教学情境中，又可以发生在教学情境之外；交流的内容既有教师对学生的知识传递、方法辅导、人格培养、情感教育或答疑解惑，又有学生向教师提出的问题、困惑或者观点，还有师生之间的信息或情感分享以及师生共同的知识构建等。"① 由此可见，随着师生网络在线互动的不断发展，既能够通过师生网络在线互动交流实现知识的传递，又能够通过师生网络在线互动交流实现对学生人格与价值观的培养，因此师生网络在线互动交流具有十分重要的教育意义与育人价值。在高校学前音乐教学的网络在线师生互动过程中，教师应当充分尊重学生，为学生建立起和谐平等的网络互动交流平台，从而更为有效地通过师生网络在线互动交流，把握学生的思想动态。

（二）利用网络在线师生互动增进师生友谊

在师生网络在线互动交流的过程中，为了有效地提升师生互动交流的质量，应切实促进师生距离的缩短，从而在拉近师生距离的基础上，有效利用网络在线师生互动增进师生友谊，以此切实提升网络在线师生互动的互动价值与互动效果。

通过网络在线师生互动的过程，学生能够在充分信任教师的基础上，将一些日常交流过程中难以启齿的问题告诉教师，而教师需要在充分尊重学生的基础上，为学生充分地解答各种学习、生活难题，从而更好地拉近师生间的距离，增进师生间的友谊。通过师生间友谊的建立，能够使学生具备更为积极的学习心态，在教师的有效引导下，积极完善自身的学习品格，从而获得更为出色的学习效果。

与此同时，在通过网络师生互动交流增进师生友谊的基础上，高校学前教育专业音乐教师还能够充分基于网络师生互动，对学生的学习以及人生观、价值观进行有效引导，促使学生通过师生网络互动，有效形成完善的学习观念，树立正确的人生观、价值观，从而更加利于学生实现全面发展。

（三）通过网络在线师生互动有效观察学生的学习表现

在网络在线师生互动的过程中，高校学前教育专业音乐教师应积极观察学生的学习表现，并根据学生的学习现状，提出具体的学习指导意见，从而有效地促进学生提升学习质量。高校学前教育专业音乐教师通过对学生学习表现的有效观察，能够及时地发现存在于学生身上的学习问题，并且针对具体学生的具体学习问题，提出更加具有针对性的问题解决方案。通过师生网络在线交流互动的途径，能够促使高校学前教育专业音乐教师更为关心学生的学习质量，从而以"发展式"的学习指导过程，不断帮助学生提升学习效果，提升学

---

① 张艳红：《网络师生互动的心理学研究》，中国社会科学出版社，2018，第3页。

习质量，并且有效促进学生实现基本道德素养的发展以及人格的完善，从而真正体现出师生网络互动交流的教育价值。

总而言之，基于高质量的师生网络在线互动，需要教师在充分观察学生的整体学习表现的基础上，为学生提供具体化的学习促进方案，并且基于对学生的学习指导，有效地渗透道德素养教育以及健全人格教育，促使学生能够通过教师的网络互动指导，有效促进自身的全面发展，为未来成为卓越的学前音乐教育工作者做好充分的准备。

二、有序进行学科知识的考试与测评

（一）基于网络在线教学开展随堂知识测评

教师对于学生随堂知识能力的测评，是一种便捷的学习效果考量方法。通过教师不断开展的随堂知识测评，能够促使学生将自身的真实学习状态，较为完整地展现在教师面前，从而更加便于教师把握学生的学习水平，并且根据随堂知识测评结果，更好地提升后续教学的质量。

在线上线下相结合的混合教学模式中，学生的网络在线自主学习尤为重要。高校学前教育专业音乐教师应基于网络在线教学，有效地对学生开展随堂知识测评，促使学生更好地了解自身对于音乐知识的掌握程度，也帮助教师更为准确地掌握学生的学习状况。

在基于网络在线教学开展随堂知识测评的过程中，高校学前教育专业音乐教师应当有效设计随堂知识测评的内容，既可以通过试卷测评的形式进行随堂知识测评，又能够通过组织学生开展课堂学习活动的过程，进行实践性的随堂知识测评。通过多种形式的随堂知识测评，能够使高校学前教育专业音乐教师更为客观地把握学生的网络在线学习效果，并根据学生随堂测评的结果，有效发现学生的个体性学习问题以及群体性学习问题，从而在后续的教学指导过程中，分别对学生的个体性学习问题以及群体性学习问题加以解决。

总而言之，基于网络在线教学开展随堂知识测评的过程，能够使高校学前教育专业音乐教师更好地了解学生的网络在线学习效果，并且有效掌握学生的网络在线学习现状，及时发现学生存在的学习问题，从而积极解决这些学习问题，有效地帮助全体学生积极提升网络在线学习的效果。

（二）通过线下课堂教学积极进行学科知识测评

在开展线上网络随堂知识测评的基础上，高校学前教育专业音乐教师还应当在线下课堂教学的过程中，积极进行学科知识测评。在线下课堂教学知识测评的过程中，高校学前教育专业音乐教师应基于乐理学习、视唱练耳、奥尔夫音乐教学法、学前儿童音乐教育、儿童歌曲钢琴弹唱、合唱与指挥等知识基础，有效地为学生设计"开放式"的学前音乐学科知识测评，针对具体科目的科目特点，有效设计灵活的线下课堂知识测评形式，促使学生能够在多元化的知识测评过程当中，有效地展现自身的知识水平，从而更加有利于教师在后续教学过程中对学生进行有针对性的辅导。

具体到通过线下课堂教学进行学科知识测评的过程中，教师需要以学生的学习能力为先导，有效通过各学科的知识测评过程，掌握学生学习能力的发展现状。通过线下课堂教学进行学科知识测评的途径，高校学前教育专业音乐教师应在整体性掌握班级学生对于学科知识掌握程度的基础上，更加留意学生个体的学习特点以及学习特长，从而在后续的线上线下相结合的混合教学模式开展过程中，积极引导学生发挥自身学习特长，有效提升学生的学习质量。

（三）根据整体学习进度安排有效组织开展考试

高校学前音乐学科的考试，是整体性考查学生学习状况的核心知识考核模式，对于高校学前音乐教学进度产生重要影响。在乐理学习、视唱练耳、奥尔夫音乐教学法、学前儿童音乐教育、儿童歌曲钢琴弹唱、合唱与指挥等课程的教学过程中，高校学前教育专业音乐教师应当根据整体的学习进度安排，组织相应的学科课程考试，从而从整体上把握学生的学习情况，有效了解学生的学习缺点及不足，发现学生的学习潜力，以此实现对于学生学习质量的整体性了解。

在具体的考试过程中，高校学前教育专业音乐教师应根据科目的特点，选择考试所采用的形式。例如，对于乐理，由于其是一门理论性学科，高校学前教育专业音乐教师就应当采取笔试的方式来进行考核。又如，对于儿童歌曲钢琴弹唱，由于其是一门实践性的学科，高校学前教育专业音乐教师就应当采用让学生用钢琴弹唱儿童歌曲的方式进行考核，从而有效地掌握学生在儿童歌曲钢琴弹唱方面的实际水平。通过对不同学前音乐科目采用不同的考试形式，力求通过学前音乐考试对学生的整体学习状况进行科学、客观的检验，从而反映出学生的学习问题以及学习水平，以此更好地促使高校学前教育专业音乐教师在后续的教学工作中对学生进行有针对性的指导。

三、切实促进师生的线下互动交流

（一）师生线下互动交流的意义分析

高校学前教育专业音乐教师与学生的线下互动交流，不仅能够有效拉近师生间的距离，还能够促使高校学前教育专业音乐教师更为直接地对学生的学前音乐学习加以指导，从而有效地促进高校学前音乐教学的教学质量得到根本性的提升。

师生线下互动交流具有重要的教育意义以及教学促进价值。在学前教育专业的师生线下互动交流过程中，高校学前教育专业音乐教师能够通过与学生的日常交流、交往，有效地掌握学生的性格特点、学习特点，从而在线上线下相结合的混合教学模式开展过程中，更好地根据学生的性格特点、学习特点，开展有针对性的教育指导，促进学生有效提升学习效果。高校学前音乐教师在掌握学生的性格特点以及学习特点的基础上，还应该对学生进行健全人格的教育、道德素养教育，以及人生观、价值观方面的辅导，积极促进学生通过师生的线下交流互动，有效地实现全面发展。与此同时，师生的线下互动交流还能够进一步拉近师生间的距离，促使教师和学生在建立平等和谐的师生关系的基础上，进一步发展成为彼此的朋友，从而促使学生更加信任教师，以便在后续的线上线下相结合的混合教学过程中，更为积极地开展各种线上线下学习活动，从而有效地提升自身的学习质量。

总体而言，师生线下互动交流能够在帮助高校学前教育专业音乐教师掌握学生性格特点以及学习特点的基础上，促使学生更为有效地提升自身的学习质量，而且更加有利于高校学前教育专业音乐教师开展针对学生的健全人格教育、道德修养教育、人生观教育、价值观教育，从而积极促使学生实现全面发展。

（二）利用师生线下互动交流有效观察学生的整体学习效果

在师生线下互动交流的过程中，高校学前教育专业音乐教师应基于对学生性格特点以及学习特点的把握，有效通过师生线下互动交流的途径，观察学生的整体学习效果，从而为后续的线上线下相结合的混合教学提供可靠的参照。通过有效的师生线下互动交流，能够使高校学前教育专业音乐教师在日常的师生交往过程中，有效了解学生的学习意愿以及学习状况，从而帮助高校学前教育专业音乐教师了解学生的整体学习效果。高校学前教育专业音乐教师在掌握学生的整体性学习效果的基础上，需要利用线上线下相结合的混合教学模式，有效地帮助学生积极提升学习质量，并针对不同学生的不同性格特点、学习特点，采取有针对性的教育指导策略，从而使每一名学生都能够获得高校学前教育专业音乐教师有针对性的教学指导，以此更好地发展自己的学习能力，提升自身的整体学习效果。

总体而言，高校学前教育专业音乐教师通过线下师生互动交流的途径，能够有效地了解学生的整体学习效果，并根据不同学生的性格特点、学习特点，进行具有针对性的教学指导，从而促使全体学生在获得符合自身性格特点以及学习特点的教学指导的基础上，提升自己的整体学习效果。

（三）通过师生线下互动交流掌握学生的思想动态

高校学前教育专业音乐教师不仅承担着学前音乐学科的教育责任，还肩负着落实"立德树人"根本任务，有效培养学生养成正确价值观以及良好道德素养的思想政治教育使命。通过师生线下互动交流的过程，能够使高校学前教育专业音乐教师在有效掌握学生思想动态的基础上，基于"社会主义核心价值观"导向，为学生有效渗透相应的道德品质修养教育、人生观教育、价值观教育等思想政治教育，从而更加有利于学生的全面发展。

具体到高校学前音乐教学过程中，教师要在通过师生线下互动交流掌握学生思想动态的基础上，及时对学生的思想问题进行解决，避免学生因为思想问题而犯下错误。与此同时，高校学前教育专业音乐教师还应在有效把握学生思想动态的基础上，利用积极的思想教育引导过程，促使学生能够有效基于"社会主义核心价值观"的倡导内容，不断提高自身的思想素养以及道德品质，成为一名具有正确价值观的学生。

总体而言，高校学前教育专业音乐教师与学生进行的线下互动交流，应促使高校学前教育专业音乐教师准确把握学生的思想动态，促使高校学前教育专业音乐教师根据学生的思想发展现状，对学生进行思想教育，从而更好地促进高校学前教育专业学生的全面发展。

第四节　线上学习数据呈现及线下学习效果检验

一、线上学习时长、频率、考勤数据的呈现

（一）线上学习时长数据的呈现

学生在混合教学模式下线上学习的时长，直接影响到学生的线上学习的深度与质量，因此在开展混合教学模式下的线上教学评价过程中，高校学前教育专业音乐教师应当有意识地统计学生的线上学习时长数据，从而更为准确地把握学生的在线学习状况。而在混合教学模式下的教学效果检验过程中，学生的线上学习时长数据具有重要的参考价值，能够直观地反映学生的在线学习状况，帮助高校学前教育专业音乐教师更为准确地把握学生的互联网在线学习情况，并将线上学习时长数据作为之后线下课堂教学的参考，从而不断提升混合教学模式的整体教学质量。

具体而言，教师对于学生线上学习时长的统计，可以通过相应的互联网在线教育平台的拓展功能来实现，也可以让学生汇报自身以及所在学习小组的线上学习时长数据。教师在充分掌握学生线上学习时长数据的基础上，能够对全体学生的在线学习深度产生整体性的了解，从而在后续的线下课堂教学开展过程中，充分依据学生的线上学习基础开展符合学生学习能力的课堂教学活动。

与此同时，混合教学模式下学生线上学习时长数据的呈现，还可以帮助教师全面地了解学生在线学习的积极性，并基于学生线上学习时长数据基础，调整后续的混合教学内容。此外，教师基于对学生线上学习时长数据的观察，还能够不断地与学生进行交流沟通，明确影响学生线上学习时长的主要因素，从而在后续的线上教学过程中，不断调整教学方向以及教学细节，促使在线教学更为符合学生的学习习惯以及课程专业发展需要。

（二）线上学习频率数据的呈现

学生的线上学习频率数据是高校学前教育专业音乐教师开展教学评价的重要参考指标，通过对学生线上学习数据的整合分析，能够使高校学前教育专业音乐教师准确地把握学生的学习质量，从而根据不同学生的不同线上学习频

率数据，开展科学、客观的线上学习评价。

具体而言，在获取学生线上学习时长数据的同时，高校学前教育专业音乐教师还应对学生的线上学习频率数据进行收集整理、观察分析。通过学生线上学习频率数据的呈现，能够帮助高校学前教育专业音乐教师更为准确地把握学生线上学习的学习状况，从而根据学生线上学习频率，更为具有针对性地调整学前音乐教学节奏。

通过学生线上学习频率数据的呈现，还能够为教师的线上学习评价提供精准的参照，促使教师根据学生的线上学习频率数据，客观地评价学生线上学习的效果。教师根据学生学习频率数据开展教学评价的过程中，应注重观察学生的线上学习效果与线上学习频率之间的关系，以学生的实际学习效果作为教学评价的主要衡量标准，以学生的线上学习频率数据作为学生线上学习质量的参考以及对照，从而更加客观、公正地对学生的线上学习进行教学评价。

高校学前教育专业音乐在教师根据学生线上学习效果以及线上学习频率数据开展教学评价的同时，还应对线上学习频率相同、学习效果不同的学生进行学情分析，找到线上学习频率相同的学生获得不同学习效果的根本性原因，从而引导学习效果突出的学生向同学介绍自身的高效学习方法，进一步促进全体学生网络在线学习整体效率的提升。

（三）线上学习考勤数据的呈现

学生线上学习考勤数据是反映学生课前网络在线学习整体开展效果的一项重要指标。在线上学习考勤数据的呈现基础上，高校学前教育专业音乐教师应根据不同学生的不同线上学习考勤数据，对学生线上学习整体质量进行检验与客观评价，从而确保每一名学生都能够注重线上学习的考勤，确保全体学生线上学习出勤率得到整体性的提升。

对于学生线上学习考勤数据的呈现，要重点确保学生线上学习的出勤率。高校学前教育专业音乐教师应通过对具体考勤数据的分析，对于班级学生的整体出勤率有一个整体性的把握，同时对于线上学习出勤率偏低的学生进行相应的提醒，以此促进班级学生线上学习出勤率的整体提升。

在面对班级学生线上学习整体出勤率偏低的情况时，教师应就自身的线上教学规划进行相应的反思，通过对线上教学课程结构的整理及调整，确保线上教学课程能够更加适应班级学生的音乐学习发展需要，从而稳步提升学生线上学习的出勤率。对于学生线上学习出勤率普遍较高的线上教学课程，高校学前教育专业音乐教师应基于与学生的沟通，找到线上学习出勤率高的原因，从而在后续的高校学前音乐线上教学中，据此进一步改进线上教学方法，以此确保高校学前音乐线上教学效率的持续提升。

总而言之，学生的线上学习考勤数据是高校学前教育专业音乐教师检验学前音乐线上教学效果的一项重要标准。通过学生线上学习考勤数据的呈现，能够为高校学前教育专业音乐教师提供更为精准的线上教学效果参考，从而在分析学生线上学习考勤数据的基础上，进一步提升线上教学的教学质量。

二、每单元测试分数及线上课程考核分数数据的呈现

（一）每单元测试分数数据的呈现

在学前音乐线上教学以及线下课堂教学过程中，每单元的测试分数是反映学生线上、线下学习质量的重要信息。每单元测试分数数据的呈现，能够直观地反映出全体学生对该单元的学习情况以及学习质量，从而为高校学前教育专业音乐教师提供客观公正的高校学前音乐混合教学模式教学效果检验标准。

面对班级学生的不同成绩，高校学前教育专业音乐教师应在把握全体学生学习能力的基础上，更为关注学生个体的学习进展以及班级学生整体的学习质量，根据每单元测试分数数据的标准，去总结和反思本单元线上、线下教学的开展效果以及实施质量。

与此同时，通过每单元测试分数数据的呈现，还能够使高校学前教育专业音乐教师在把握班级学生整体学习效率的基础上，邀请本单元测试成绩突出的学生为其他同学介绍自身的有效学习经验，具体包括线上学习经验以及线下学习方法等，通过学生之间的学习经验交流，整体性地提升班级学生的学习能力与学习质量。

最后，对于每单元测试分数数据的呈现，还能够帮助全体学生进一步激发自身内在的学习动力。通过高校学前教育专业音乐教师对单元测试分数的评价，引导单元测试分数较高的学生继续保持自身的学习优势，促进单元测试分数偏低的学生反思自身的学习问题、弥补自身的学习短板，从而带动全体学生提升学习积极性，为了获得更加良好的学习效果而不断改进自身的学习方法。

（二）线上课程考核分数数据的呈现

线上课程的随堂考核是混合教学模式下学前音乐线上教学的重要组成部分，高校学前教育专业音乐教师应积极根据线上课程考核分数，不断调整在线教学结构，从而在线上教学方式不断改进的过程中，促进线上课程教学质量的

持续提升。

对于学生线上课程考核分数数据的呈现，能够较为客观地反映出每一次学前音乐在线教学的质量，促使高校学前教育专业音乐教师准确地把握学生的具体学习状况，并且根据学生具体的线上课程考核分数灵活调整下一阶段的教学安排。

对于线上课程考核分数偏低的学生，高校学前教育专业音乐教师应与其共同思考考核分数偏低的原因，发现学生存在于的学习问题，帮助学生不断地弥补学习漏洞，实现提升学生学习成绩的目的。对线上课程考核分数较高的学生，高校学前教育专业音乐教师应引导他们将自身的有效学习经验与全体学生进行分享，帮助班级全体学生切实提升线上学习效率，从而实现班级整体线上学习质量的跨越式提升。

由此可见，高校学前音乐线上课程考核分数数据的呈现，是衡量学生线上学习质量的重要指标。通过对高校学前音乐线上课程考核分数数据的统计以及分析，能够帮助高校学前教育专业音乐教师准确地把握学生的线上学习效果，从而在下一阶段的教学环节中，帮助学生寻找线上学习阶段遇到的学习问题，促使高校学前音乐混合教学模式下的线上、线下教学更加符合学生的学习习惯以及学习规律，以此不断提高混合教学模式下的教学质量。

三、学生讨论、回答问题及问卷提交情况数据的呈现

（一）学生讨论学习问题数据的呈现

在高校学前音乐混合教学模式中，学生对于学习问题的讨论，是提高教学质量的重要途径。对学前音乐线上教学学生讨论学习问题数据的搜集与整理，能够帮助高校学前教育专业音乐教师更为准确地把握学生线上学习的深度，促使高校学前教育专业音乐教师更为准确地把握混合教学模式的教学效果。因此，教师在高校学前音乐线上教学的学习问题设计过程中，应积极依照学生讨论学习问题的数据，寻找学生讨论学习问题的规律，从而进行灵活调整，以此提升高校学前音乐线上教学效率。

一般而言，学生讨论学习问题的数据，一般包括学生讨论学习问题的频率以及学生讨论学习问题的深度两个关键点。学生讨论学习问题的频率能够直接体现出学生线上网络自主学习的积极性以及参与度，利于高校学前教育专业音乐教师更为准确地检验学生线上网络自主学习的学习质量。学生讨论学习问题深度的数据，并不局限于单纯地以数字形式呈现，而是根据学生对特定学

习问题的讨论情况进行呈现。通过深入观察和分析学生讨论学习问题深度的数据，能够为高校学前教育专业音乐教师提供更为全面的线上教学效果参考，促使高校学前教育专业音乐教师更为客观地把握线上教学的开展质量以及实施效果。

整体而言，学生讨论学习问题的数据能够促使高校学前教育专业音乐教师更为准确、客观地把握线上教学的教学效果，并根据具体的学生讨论学习问题数据的呈现，及时调整和完善在线教学的内容，吸引学生更为积极、更为深入地开展对于学前音乐在线学习问题的讨论，从而不断提升在线教学质量。

（二）学生回答问题数据的呈现

在高校学前音乐的线上教学以及线下课堂教学阶段，学生对于学习问题的回答能够客观地反映出学生的线上、线下学习效果，促使高校学前教育专业音乐教师更为准确地把握学生的学习水平。对于学生回答问题的数据，一方面反映学生回答问题的积极性，另一方面体现学生回答问题的正确率。高校学前教育专业音乐教师在统计学生回答学习问题数据的过程中，既需要对学生回答学习问题的积极性、主动性进行研究分析，又需要对学生回答学习问题的正确率进行科学统计，从而更为客观、全面地掌握学生的线上、线下学前音乐学习发展状况。

具体而言，在高校学前教育专业音乐教师检验混合教学模式教学效果的过程中，学生回答学习问题的数据是一项重要的参考数据。通过对学生回答学习问题数据的整体分析，能够帮助高校学前教育专业音乐教师对班级学生整体的学习水平有一个全面的了解，从而准确把握全班学生的学习特点，在后续的学前音乐混合教学模式下，根据学生的学习特点以及学习规律灵活调整高校学前音乐教学内容。

就学生回答学习问题数据的分析而言，高校学前教育专业音乐教师应根据不同学习问题的特点，找出学生回答学习问题的内在规律，明确学生对于哪些学习问题的回答较为准确，对于哪些学习问题的回答较为困难，从而在准确把握学生学习规律的基础上，更为科学地整合教学内容，全面提升学生回答学习问题的积极性以及正确率，帮助全体学生通过对线上、线下学习问题的回答，不断提升自身的音乐素养。

（三）学习调查问卷数据的呈现

在高校学前音乐混合教学模式中，学习调查问卷的设计与发布，能够进一步帮助教师掌握全体学生的学习状况、学习特点以及学习规律，对于教师的教学效果检验具有重要的参考价值。教师在根据混合教学模式的线上、线下学习情况设计学习调查问卷的过程中，应当从学生学习效率、学生学习积极性、学生学习习惯三个重点入手，利用相应的调查问卷题目，准确地把握学生的学习情况，从而在之后的线上、线下教学中，准确利用问卷调查信息调整后续的教学部署，促使高校学前音乐混合教学模式不断适应学生最新的学习需要。

学习调查问卷的发布，可以通过线上网络调查的途径来实现。由教师根据混合教学模式的具体开展情况，列出相应的调查问卷题目，引导学生根据自身具体的线上、线下学习情况，去公正客观地完成学习问卷调查。之后，通过对学生问卷调查信息的收集整理，准确地展现出学习调查问卷的信息，并由教师对于具体的问卷调查信息展开合理分析，以此准确地把握学生的学习状况，为教师的教学效果检验工作提供客观的参照标准。

在完成学习问卷调查之后，高校学前教育专业音乐教师应根据具体学习调查问卷的数据呈现情况，对于混合教学模式下的线上、线下教学效果进行整体性的评估、检验，在找准学生学习规律的基础上，明确学生在混合教学模式下线上、线下教学中的学习短板，从而通过调整线上、线下教学内容，帮助学生进一步打牢学习基础、弥补学习短板，促进全体学生的线上、线下学习效率实现质的提升。

四、线下学习效果的检验

（一）小组学习自评分数的检验

在高校学前音乐混合教学模式下的线下课堂教学阶段，对于学生的小组学习质量检验，应当注重发挥各学生小组的自评优势，利用小组内的自我评价，准确得出本小组的线下课堂学习分数，从而为教师的整体教学效果检验提供重要的小组学习自评分数参考标准。

通过学习小组线下课堂学习自评的过程，能够准确反映不同学习小组的不同学习状况，反映出不同小组的不同学习问题，从而促使高校学前教育专业音乐教师根据学习小组的自评分数，更为准确、客观地把握混合教学模式下线下课堂教学的教学侧重点。

在各学习小组开展课堂学习自评的过程中，高校学前教育专业音乐教师应引导各小组学生从学习积极性、学习效果、小组合作情况三个方面客观地开展自评。当各学习小组完成小组学习自评之后，再由教师通过对各学习小组的课堂学习效果观察，了解各学习小组的实际课堂学习效率。在完成小组学习自评之后，教师应积极根据各学习小组的自评数据，进行整体以及具体的数据分析，从而找出不同学习小组线下课堂学习的差异以及总体规律，为之后的教学内容调整提供参考。

利用小组学习自评分数的数据，还能够帮助教师在掌握各小组课堂学习效果的基础上，进一步对各小组的小组合作学习能力进行了解，从而找到小组合作学习的高效方法，并给合作学习效果欠佳的学习小组介绍合作学习效果较好的小组的合作学习方法，从而在有效检验小组合作学习质量的基础上，不断促进各学习小组提升本小组的合作学习质量，促使各学习小组的小组合作学习能力得以全面性提升。

（二）小组间实践活动互评分数的检验

混合教学模式下的线下课堂教学效果评价，不仅局限于小组自评，包括小组间的教学实践活动互评。高校学前音乐教师在开展教育效果检验活动的过程中，应注重利用小组间的实践活动互评，更为准确、客观地掌握不同学习小组间实践活动的互动效果，从而根据小组间实践活动互评分数更为科学地制定和完善下一步的课堂教学方案。

小组间实践活动互评的评价内容，可以基于知识与能力、过程与方法、情感态度与价值观的三维目标展开。通过从知识与能力方面对小组间实践活动进行互评，准确评价不同小组间通过学习实践活动获得的知识以及提升的学习能力；通过从过程与方法方面对小组实践活动进行互评，准确反映出各小组在学习实践活动中的活动过程以及开展学习实践活动的具体组间互动方法；通过从情感态度与价值观方面对小组实践活动进行互评，力求反映出不同小组通过小组间实践活动获得的情感态度与价值观发展，从而全面、客观地反映出小组学习实践活动的开展状况以及开展质量。

高校学前教育专业音乐教师在开展线下课堂教学效果检验的过程中，应充分基于各学习小组间的实践活动互评分数进行相应的总结与分析，通过对于小组间实践活动互评分数的整体把握，帮助各小组找到优质、高效的小组互动途径。高校学前音乐教师利用教师评价与小组间实践活动互评相结合的方式，可以准确把握学习小组实践活动开展状况，更为科学、全面作出线下课堂教学评价，从而在不断发挥组间合作学习优势的基础上，进一步提升混合教学模式下的线下课堂教学活动开展质量。

（三）教师对学生评分情况的检验

在高校学前教育专业音乐教师开展教学效果检验活动的过程中，教师对学生的评分能够最为直接地反映出学生的学习状况，并且帮助学生通过自主评分与同学评分的对比，明确自身的学习优势，找出自身的学习短板，从而利用教师对于学生的评分，实现提升学生学习质量的目的。

教师对于学生线下课堂学习的评分，应从学生课堂学习积极性、课堂学习效果、课堂学习方法三个具体方面入手。在对学生课堂学习积极性进行评分时，需要教师密切观察班级学生的课堂学习表现，并且利用相应的学习积极性评分，准确地反映出不同学生在线下课堂学习中的不同表现。对于学生课堂学习效果的评分，一方面应充分根据随堂测试以及单元测试的分数指标进行量化的评分；另一方面需要在教师与学生进行充分沟通的基础上，通过对学生主观学习意愿的了解，进行相应的课堂学习效果评分。对于学生课堂学习方法的评分，应通过教师对各学习小组的观察，针对不同小组的不同学习方法，给出一个评分。通过教师对于学生课堂学习积极性、课堂学习效果、课堂学习方法三个方面的线下课堂学习评分，能够更为全面、更为准确地反映出每一个学生的线下课堂学习状况，方便全体学生在后续的课堂学习中提升自身的学习效率。

总体而言，教师在开展对于学生线下课堂学习的评分过程中，应全面地考虑学生的线下课堂学习表现，从而积极鼓励学生提升课堂学习兴趣，帮助学生找出存在于自身的课堂学习短板，从而更为科学、客观地检验学前音乐混合教学模式下线下课堂教学效果。

五、开展"多主体＋多方式"的开放性课程评价

为了进一步提升混合教学模式下学前音乐教育评价的质量，进一步打通教学评价体系与学生音乐素养发展相挂钩的"最后一公里"，在高校学前音乐教学评价过程中，还需要将"教师评价""学生自评""导师组评价"等多种评价手段相结合，积极发挥"线上＋线下"的混合式教学评价优势，从而在建立"多主体＋多方式"的开放性课程评价体系的基础上，充分提升教学评价的评价力度，更为全面、客观地评价学生的混合学习效果。

（一）积极开展"多主体＋多方式"的线下教学评价

首先，在"教师评价""学生自评""导师组评价"等多种评价手段相结合的教学评价过程中，高校学前教育专业音乐教师应基于现在小组活动参与度的考量标准，对于学生的小组活动参与积极性以及小组活动开展效果进行充分、客观的评价。同时，基于小组活动效果，对于学生的线上线下学习效果进行量化的分数评价。此外，高校学前教育专业音乐教师还应基于学生在小组活

动中展现的学习状态，以及小组合作程度，对学生进行感性的小组活动意见性评价。在量化的分数评价与感性的小组活动意见评价结合运用的过程中，教师可以了解学生在小组活动中的参与积极性与小组活动开展效果，帮助学生全面提升小组合作效率以及学习质量。

其次，高校学前教育专业音乐教师还应本着课堂展示评价与课外实践评价相结合的原则，积极引导学生在课堂展示过程中，将自身的线上线下混合学习体验完整、全面地展示出来，从而促使学生将课堂展示活动与课外实践活动相结合，形成"知行合一"的混合式学习效果，以此切实地提升自身学习能力。

最后，高校学前教育专业音乐教师还可以通过"个人展示"与"小组擂台赛"相结合的教学检验过程，引导学生通过个人展示的方式展示自己对于学前音乐知识的不同理解以及其线上线下相结合的混合学习效果；通过小组擂台赛的形式，在各小组间开展能体现出小组整体学习效果的比赛，促使学生在小组荣誉的激励下，更好地提升小组合作学习能力，并在擂台赛开展过程中充分展现本组的学习效果以及本小组对于学前音乐知识的独到见解，从而在课堂上实现多维度、全方位引导学生沉浸式学习的教学目的。

（二）协调开展"多主体 + 多方式"的线上教学评价以及作业评价

线上的"多主体 + 多方式"高校学前音乐混合式教学评价的实现，需要对学生的在线学习数据进行科学、客观的统计，利用学生的在线学习数据客观、公正地给出学生的线上学习成绩。此外，还可以利用"抖音"短视频等新媒体平台，引导学生在新媒体平台上共享自身有关音乐学习的媒体资源，利用新媒体平台的在线评价、点赞、互动转发等功能，进行开放式的学前音乐网络教学评价。在此过程中，学生不仅能够获得教师、同学以及导师组的评价意见，还能够基于自身的学前音乐学习短视频等媒体素材，充分地与网友展开互动交流，从而进一步凸显"多主体 + 多方式"线上教学评价的开放性，更好地提升学生的学习积极性。

就学生的作业评价而言，首先需要注重对于学生论文的评价。在学生完成论文之后，应以导师组评价为主要要评价方式，结合运用教师评价、生生互评方式，以学生论文的适用性为最基本的评价标准，努力发现学生论文中的亮点与创造性内容，加强导师组、教师、学生间基于论文的学术交流频率，从而全面、开放、客观、公正地对学生论文提出评价意见。

就一般测试与学生的音乐活动展示作业评价而言，首先需要教师在发挥自身主导作用的基础上，引导学生根据自身的测试结果以及音乐活动展示内容，阐述自身对于学前音乐学习的独到见解，鼓励学生在测试以及音乐活动展示作业中推陈出新，将自身对于知识的理解灵活地体现在测试以及音乐活动展示作品之中，从而进一步提升学生的学习创造能力。

在"线上＋线下"的教学评价过程中，重点在于激发学生的创新能力、学习整合能力、学问思辨能力，以此突出培养"高阶型""复合型"学前音乐教育人才的教学目标。

参考文献

[1] 黄瑾，阮婷.学前儿童音乐教育与活动指导[M].上海：华东师范大学出版社，2014.

[2] 吕春枝.民国课堂：教学方法的变革[M].北京：中国社会科学出版社，2018.

[3] 秦红斌.思维导图：走向高效的教与学[M].北京：电子工业出版社，2019.

[4] 马九克.微课视频制作与翻转课堂教学：手把手，教你把课堂搬上网[M].上海：华东师范大学出版社，2016.

[5] 斯坦诺维奇，韦斯特，托普拉克.理商：如何评估理性思维[M].肖玮，译.北京：机械工业出版社，2020.

[6] 迪恩，哈贝尔，彼得勒，等.提高学生学习效率的9种教学方法[M].钟颂飞，王权，王正林，译.北京：中国青年出版社，2013.

[7] 李卫平，李亚莉.青少年健全人格教育故事全集[M].北京：石油工业出版社，2008.

[8] 萧枫，姜忠喆.自主学习有办法[M].长春：吉林出版集团有限责任公司，2012.

[9] 学生生命与心理教育指导小组.学生智力因素的培养[M].沈阳：辽海出版社，2011.

[10] 胡庆芳.优化课堂教学：方法与实践[M].北京：中国人民大学出版社，2014.

[11] 张伟.泛在环境下高师院校网络课程的构建研究与教学实践[M].北京：新华出版社，2015.

[12] 段作章.教学理念如何走向教学行为[M].上海：华东师范大学出版社，2015.

[13] 陈东.网络教育学习指导[M].北京：电子工业出版社，2011.

[14] 赵国栋，赵兴祥.PPT云课堂教学法[M].北京：北京大学出版社，2017.

[15] 东尼·博赞.思维导图完整手册[M].郭胜阳，译.北京：中信出版社，2018.

[16] 陈兰香.云存储安全：大数据分析与计算的基石[M].北京：清华大学出版社，2019.

[17] 向登付.短视频：内容设计＋营销推广＋流量变现[M].北京：电子工业出版社，2018.

[18] 郑昊，米鹿.短视频：策划、制作与运营[M].北京：人民邮电出版社，2019.

[19] 杨剑飞."互联网＋教育"新学习革命[M].北京：知识产权出版社，2016.

[20] 余胜泉.互联网＋教育：未来学校[M].北京：电子工业出版社，2019.

[21] 王晨，刘男.互联网＋教育：移动互联网时代的教育大变革[M].北京：中国经济出版社，2015.

[22] 隗静秋，廖晓文，肖丽辉.短视频与直播运营 策划 制作 营销 变现[M].北京：人民邮电出版社，2020.

[23] 杨忠，王帅.看这本书，能帮你提高学习效率[M].北京：中央民族大学出版社，2012.

[24] 李杰.网络教育学习导论[M].成都：西南财经大学出版社，2018.

[25] 阿尼.混合式教学：技术工具辅助教学实操手册[M].孙明玉，刘夏青，刘白玉，译.北京：中国青年出版社，2017.

[26] 于淳，严啸，李烁，等.幼儿园实用音乐教学与活动设计[M].杭州：浙江大学出版社，2016.

[27] 陈泽铭.幼儿园音乐有效教学六讲[M].上海：华东师范大学出版社，2012.

[28] 富宏.幼儿园音乐教育活动设计与实施[M].北京：北京理工大学出版社，2019.

[29] 张伟.泛在环境下高师院校网络课程的构建研究与教学实践[M].北京：新华出版社，2015.

[30] 何俐，曾玲，夏艺诚，等.信息化环境下高职院校专业教学资源库建设研究[M].长春：吉林人民出版社，2017.

[31] 学生学习方法指导小组.学生自学学习的方法（下）[M].沈阳：辽海出版社，2011.

[32] 于忠海.教师教育的机理：与学生同生[M].成都：电子科技大学出版社，2017.

[33] 邵云飞，刘文彬，何伟.互联网＋教育：大学生研究性学习能力的理论与实践探索[M].北京：清华大学出版社，2016.

[34] 汪建红，马锦绣.以学为中心的课堂教学研究[M].杭州：浙江大学出版社，2017.

[35] 伯格曼，萨姆斯.翻转课堂与混合式教学：互联网＋时代，教育变革的最佳解决方案 [M].韩成财，译.北京：中国青年出版社，2018.

[36] 余文森.从有效教学走向卓越教学 [M].上海：华东师范大学出版社，2015.

[37] 穆萨拉姆.如何有效激发学生学习兴趣 [M].杨洋，译.北京：中国青年出版社，2020.

[38] 《如何培养学习兴趣》编写组.如何培养学习兴趣 [M].广州：广东世界图书出版公司，2010.

[39] 王兴高.与学生一起成长 [M].北京：九州出版社，2017.

[40] 刘翔平.师生沟通：教育如何说，学生才能听 [M].北京：北京师范大学出版社，2016.

[41] 李帮魁.研修转型：小组合作学习内在机制的实践研究——以小学数学课堂教学为例 [M].成都：四川大学出版社，2017.

[42] 胡红杏.研究性学习课程实施研究 [M].北京：中国社会科学出版社，2017.

[43] 周景坤.教学型高校教师区分性评价研究 [M].北京：中国社会科学出版社，2020.

[44] 皮特金.学习的艺术：如何学习和学什么 [M].洪友，译.北京：中国发展出版社，2006.

[45] 教师职业与健康指导小组.教师教学质量提升手册 [M].沈阳：辽海出版社，2011.

[46] 王冰.荷风传韵：新媒介环境下的课堂教学实践与探究 [M].上海：上海社会科学院出版社，2020.

[47] 丁俊兰.师范生双导师制视域下的教师实践能力提升 [M].长春：吉林人民出版社，2019.

[48] 张艳红.网络师生互动的心理学研究 [M].北京：中国社会科学出版社，2018.